우·주·법·계·가· 진·동·하·는

반야의 종소리

반야의 종소리

금하당 광덕대선사 撰著 | 송암지원 編纂

2006년 6월 15일 1판 1쇄 인쇄
2006년 6월 30일 1판 1쇄 발행

펴낸이   김인현
펴낸곳   도서출판 도피안사
편집진행 이상옥
디자인   안지미
영업   혜국 정필수
관리   혜관 박성근
인쇄   동양인쇄(주)
등록   2000년 8월 19일(제19-52호)
주소   경기도 안성시 죽산면 용설리 1178-1
전화   031-676-8700
팩시밀리 031-676-8704
E-mail   dopiansa@kornet.net

ⓒ 2006, 금하광덕 · 송암지원
ISBN 89-90223-27-X 04220
      89-90223-24-5(세트)

_ 眞理生命은 깨달음[自覺覺他]에 의해서만 그 모습[覺行圓滿]이 드러나므로
  도서출판 도피안사에서는 '독서는 깨달음을 얻는 또 하나의 길'이라는 신념으로 책을 펴냅니다.

우·주·법·계·가 진·동·하·는

반야의 종소리

새 불교운동의 로드 맵

The Roadmap of a New Buddhist Movement

金河堂 光德大禪師 撰著

松蘿至元 編纂

洞則 東熙 版畵

DOPIANSA 도서출판

대각구국구세운동을 위하여

귀의삼보하옵고,

반야바라밀다결사 불광운동의 법주이시며 도솔산 도피안사의 개산조이신 금하당 광덕대선사金河堂光德大禪師께서는 현대 과학기술의 물질문명에 둘러싸인 인류에게 부처님 정법의 바른 길을 열어 주시고자 온갖 어려움 속에서도 보살의 서원을 세워 위법망구爲法忘軀의 보현대행普賢大行으로 한 생애를 마치셨습니다.

그러한 선사先師께서 사바를 떠나신 지 어언 7년의 세월이 흘렀습니다. 그동안 적지 않은 시간이 있었건만 선사께서 뜻하신 바를 잘 살펴 바로 알지 못했습니다. 이에 선사 원적 7주년을 맞이하면서 새로운 각오와 경각심으로 부족하나마 선사께서 뜻하신 불사를 계승하고자 반야바라밀다결사의 정본 교과서正本敎科書를 출간하기로 했습니다.

이는 저때에 가섭존자께서 세존 입멸 후 가장 먼저 칠엽굴 결집을 단행하신 바를 들었던 것으로 비롯되었습니다.

그러나 송구하옵게도 선사께서 친히 발췌하고 집필한 원고를 오랫동안 방치하여 분삭, 탈락되거나 유실된 것이 많았습니다. 죄스런 마음 가눌 길 없어 반성하고 참회하며 자료를 찾고 보완하는 데 무려 3년여의 세월이 지난 이제야 겨우 책으로 출판하여 선사께서 펼치신 새불교운동의 지침으로 삼게 되었습니다.

이로부터 선사의 원력과 가르침인 대각구국구세운동이 더욱 왕성하여 아침해가 떠오르듯 만생령에 두루 미쳐 선사의 중생성숙 · 국토성취의 대원대행大願大行이 원만할 것을 믿어 의심치 않습니다. 거듭 선사의 대각구국구세大覺救國救世의 원만을 지심발원하옵니다.

나무 마하반야바라밀다.

불기2550(2006)년 2월 1일
보현도량 도솔산 도피안사
門人 松菴至元 頓首謹白

가슴 가득 반야바라밀다의 빛으로

── 김재영 | 동방대 교수, 「광덕스님의 생애와 불광운동」의 저자

마음이 답답하십니까?

살아갈 일이 힘겹고 막막하십니까?

경제적 곤란으로 울적하십니까?

그렇다면 지금 곧 이 책을 펴 드십시오. 당신의 가슴 가득 빛이
쏟아져 들어올 것입니다. 찬란하고 상쾌한 반야바라밀다의 빛이 쏟
아져 들어올 것입니다. 당신 앞에 성공의 문이 활짝 열려올 것입니다.

몸이 괴로우십니까? 한 몸 가누기가 힘들고 난감하십니까?

육신의 병과 장애로 불편하고 죽음의 공포로 두려워하십니까?

그렇다면 지금 곧 이 책을 펴 드십시오.

그리고, "나무 마하반야바라밀다." 이렇게 외쳐 보십시오.

당신의 몸 가득 빛이 넘쳐흐를 것입니다.

눈부시고 포근한 반야바라밀다의 빛이 넘쳐흐를 것입니다. 당신 앞에 건강과 안온의 지평이 푸르게 열려올 것입니다.

광명 천지가 열려올 것입니다.

광덕光德 큰스님은 이 책에서 반야바라밀다의 빛을 열어 보이고 계십니다. 겹겹이 닫혀 있던 우리 마음의 벽을 여지없이 허물어버리고 그 속에서 장엄 찬란한 마하반야바라밀다의 대광명을 가득 열어 보이고 계십니다.

큰스님은 우리 모두가 본래로 한 점 유예 없는 천진 부처님〔天眞佛〕이라는 진실을 드러내 보이고 계십니다. 내 생명이 지금 이대로 부처님 생명이라는 놀라운 진실을 드러내 보이고 계십니다.

큰스님은 우리가 지금 이 몸으로 한 점 유예 없이 이미 깨달아 있다는 진실을 드러내 보이고 계십니다. 수행해서 장차 깨달을 몸이 아니라 이미 온전히 깨달아 있다는 놀라운 진실을 드러내 보이고 계십니다.

큰스님은 이 나라가 구원겁래久遠劫來로 불광국토佛光國土로서 이미 완성되어 있다는 진실을 드러내 보이고 계십니다. 범죄와 증오가 들끓는 나라, 훌훌 벗어버리고 떠나고 싶은 이 나라가 다름 아닌 정토의 현장이며, 우리 사회가 이미 부처님 세상으로 완성되어 있다는 놀라운 진실을 드러내 보이고 계십니다.

내가 천진 부처님.
우리가 한 점 유예 없이 이미 깨달아 있는 천진 부처님들.
이 나라가 불광국토.
우리 사회가 한 점 유예 없이 이미 완성돼 있는
청정한 부처님 정토.

이것은 참으로 경이로운 소식입니다. 경천동지驚天動地할 구원의 소식입니다. 2천 6백여 년 전 붓다 석가모니께서 이 소식을 알리셨고, 오늘 큰스님께서 다시 이 소식을 선포하고 계십니다. 그리고 천진 부처님으로 살아가는 길, 부처님 정토를 장엄하는 길을 속속들이 남김 없이 넘쳐흐르도록 일깨우고 계십니다.

이 책을 읽는 동안, 부지불식간에 우리는 이미 천진 부처님이 되어 있고 이 사회는 이미 청정장엄국토로 빛나고 있습니다. 참으로 희유하고 놀랍지 않습니까?

이 책은 금하당 광덕대선사金河堂光德大禪師께서 호법월보護法月報에 실었던 원고를, 상좌 송암스님이 월보 인쇄과정이나 보존중에 분절되었거나 탈락된 것은 대선사의 저서에서 일일이 찾아 보충하고 다시 흐름을 잡아 중간 항목을 만들어 계통별로 묶었습니다. 독자들이 대선사의 가르침을 읽기 편하도록 엮어서 펴낸 것입니다.

프랑스 인으로 가톨릭 예수회 소속의 사제이며 서강대 종교학과에서 한국불교를 가르치는 서명원 교수님은 이 책을 추천했고, 또한 통칙스님의 작품인 판화의 선미禪味는 세간의 눈을 시원하게 열어주고, 이상옥 불자는 안목과 정성을 다했으며 묘덕심 불자를 비롯한 여러 선연들이 두루 동참했습니다.

이 책을 발간하는 뜻은 대선사 원적 7주기를 맞아 점차 망각해 가는 대선사의 반야바라밀다 사상을 새롭게 명념하고 바라밀다 운동을 다시 힘차게 점화하자는 다짐일 것입니다.

생각해 보면, 대선사의 반야바라밀다 사상은 아주 위대하고 불광운동은 참으로 역사적인 것이지만, 어쩌면 그것은 이제 출발선을 막 떠나 있는 것인지 모릅니다. 원론原論을 파종한 봄갈이 단계에 머물러 있는 것인지 모릅니다. 꽃피우고 열매 맺게 할 일이 태산처럼 남아 있는 것인지 모를 일입니다. 문도門徒와 후학後學들이 두려워하고 경계할 바가 바로 여기에 있는 것입니다.

아무쪼록 이 책은 반야바라밀다의 빛을 간명직절簡明直截로 열어 보인 광덕사상光德思想의 정본 교과서正本敎科書로서 이 땅의 불교를 다시 한번 일으켜 세우려는 후학과 대중들의 훌륭한 새불교운동〔般若波羅蜜多結社〕의 로드 맵이 될 것으로 기대합니다.

2550(2006)년 5월 1일

도솔산 도피안사 옥천산방玉川山房에서

무원거사無圓居士 김재영 합장

이 책은 금하당 광덕대선사金河堂光德大禪師의

대각구국구세사상大覺救國救世思想을 원만성취하기 위한 지침서로

대선사大禪師 원적圓寂 7주기週期를 맞이하여 발간합니다.

차례

제5장　마음의 힘

제 1장

행복 · 사랑 · 가정

1
행복의 실현자, 진리의 행자

• 우리가 보고 듣는 것이 아무리 거칠고 고통스럽더라도 그것은 한갓 흘러가는 구름이고 실제로는 없는 것이다. 반야지혜의 눈에는 그 모두가 공空이다.

참으로 우리의 생명인 진리의 실존, 그 아름다운 공덕은 형언할 수 없다. 완전한 지혜, 완전한 자비, 완전한 덕성, 완전한 생명─부처님의 무한공덕이 원만한 법성생명法性生命이다.

•• 이것은 우리 모두에게 주어진 위없는 행복이며 영광이다. 영원한 생명, 진리의 생명이 우리 모두의 본분本分이다.

그러므로 우리의 진실생명은 결코 병들지 않고 무너지지 않고 멸하지 않는다. 태양처럼 빛나고 무한공덕이 스스로 원만하다.

물에 던져진 달 그림자가 실實이 아니듯 미움과 고난과 온갖 두려움은 실재가 아니다.

우리 모두 영원한 광명, 본분생명을 돌이켜 보자. 이 어찌 아름답고 감사한 자신이 아니며 세계가 아니랴.

우리 모두 힘써서 부처님의 은혜로운 가르침을 배우자. 노력하여 망념에서 벗어나 진실한 자기 생명에 충실하자.

끝없이 성장하는 우리는 원래 끝없는 완성자에서 온 자가 아닌가.

허망虛妄에 사로 잡혀 본분을 잊고 사는 생활에서 활짝 벗어나자.

●●●내 생명은 거룩한 은혜의 생명이니 무한의 축복과 희망과 행복의 요소들이 원래 갖추어 있다. 이 은혜로운 우리의 본 모습을 잊지 말고 끊임없이 생활 위에 드러내자. 이것이 정진精進이다.

그리하여 망념에서 벗어나고 미혹의 감정에서 벗어나고 안이와 도피와 나약에서 벗어나 굳센 행복의 실현자가 되자.

우리 모두는 부처님 생명으로 살고 있는 진리 행자인 것이다.

나무 마하반야바라밀다.

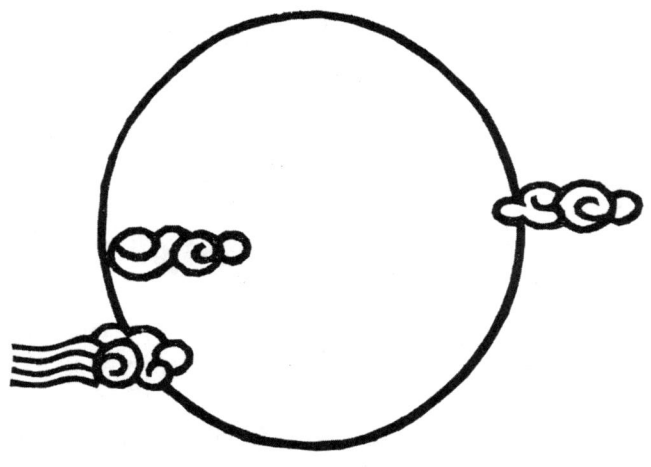

禪

2
행복이 오는 곳

● 행복은 어디에서 오는 것일까? 무지개 구름 타고 하늘에서 내려오는 것일까? 산 너머 저쪽에서 바람 타고 오는 것일까?

그렇다. 행복은 밖에서 오지 않는다. 밖에 누가 있어 가져다 주는 것으로 알고 기다린다면 아무리 기다려도 행복은 결코 오지 않는다. 만약 행복을 잡으려고 밖을 향해 쫓아가면 쫓아갈수록 행복은 멀리 달아나 영영 손에 잡히지 않을 것이다.

●● 부처님 국토, 행복의 나라는 먼 곳에 있지 않다고 했다. 부처님 은혜의 나라는 바로 나에게 있고, 당신에게 있고 우리 모두에게 있다고 했다.

모든 사람이 행복의 나라로 통해 있고, 행복의 나라로 열려 있으며, 행복이 자신 속에 가득가득 쌓여 있다.

●●● 믿음을 가지고 지혜롭게 그리고 멈추지 않고 정진하는 사람, 앞으로 나아가는 사람, 그 사람이 행복을 누릴 사람이다. 그 사람이 바로 눈을 뜬 행복나라의 주인이다.

자, 지금 주어져 있는 이 자리에서 감사하고 노력하자. 기쁨을 머금고 희망을 불태우자. 끊임없이 감사하며 정진하는 사람이 행복의 과실을 얻는다.

당신은 감사의 천사
당신에게 감사를 받으면
그 사람은 행복해진다.

당신은 기쁨의 천사
당신이 기뻐하면
온 천지가 기뻐한다.

당신은 빛의 천사
당신이 빛나면 온 가족, 온 이웃이 행복해진다.
당신에게 축복 받고 칭찬 받고

사랑 받을 때

당신과 사랑하는 그 사람이 행복해진다.

모두 모두는 당신의 사랑, 감사, 기쁜 얼굴을 기다리고 있다.

성 안 내는 그 얼굴이
참다운 공양구요
부드러운 말 한마디
미묘한 향일로다

3
행복합시다

우리 모두 행복하자. 모두의 행복을 위해 서로서로 돕자.

이런 마음이 되었을 때 적은 아예 없다. 남에게 거친 말을 들었더라도 그 사람의 행복을 부처님 앞에 기원하자.

내가 옳다고 자기 변명할 것 없다. 더욱이 상대방의 잘못을 말하거나 분개할 것 없다.

'부처님이 다 알고 계시다', 이 한 가지 사실만으로 우리는 행복하다. 서로의 잘못을 함께 슬퍼하고 상대를 위해 오로지 기도하고 그에게 감사하자.

우리 모두는 불자佛子다. 감사하고 합장하는 마음으로 살아가자. 그 가운데 찬란한 빛이 비쳐온다.

•• 우리 모두 항상 밝은 얼굴이 되자. 언제나 밝은 말을 하자.

밝은 표정을 짓는 것만으로도 이웃에게 기쁨을 보시하는 것이라 했다. 거리를 밝게 하는 것도, 몸매를 단정히 하는 것도, 이웃에게 좋은 마음을 주고자 하는 자비심이다.

만나는 사람에게 미소와 밝은 말의 행을 하자.

••• 행복은 밖에서 오는 것이라 생각하여 남이 나에게 잘해 주기만 기다린다면 행복은 찾아오지 않을 것이다.

밖에서 찾기보다는 지금 받고 있고 누리고 있는 행복에 감사하자. 나를 둘러싼 가족과 환경과 나의 심장 고동치는 생명의 맥박 속에 이미 무한의 행복 요건은 넘치도록 주어져 있다.

감사하고 감사하자. 밝은 희망으로 끊임없이 행복의 문을 열어 가자. 감사와 희망과 정진으로 행복을 가꾸어 가자.

4
행복해지는 길

● 　우리는 지금 부처님을 생각한다. 우리는 부처님의 진리 속에 완전한 가호와 인도를 받으며 살고 있다. 우리는 지금 부처님에 대한 믿음 속에서 지극히 평화로운 가운데 앉아 있다. 어떤 두려움도 없다. 불안도 없다. 부처님의 끝없는 자비가 나와 함께 하고 있기 때문이다. 이 평화로움이여, 이 안온함이여.

●● 　내가 지금 숨쉬며 살고 있는 생명은 부처님의 생명이며 진리생명이다. 그것은 무한생명이다. 그러므로 나는 완전하고 건강하다.

　내가 품고 있는 자비심은 진리에서 온 것이니 무한이다. 그래서 나는 언제나 완전하고 행복하다.

　내 마음에 깃든 지혜는 부처님에게서 온 것이니 무한이다. 그래서 나는 언제나 평화롭고 매사를 이루며 원만하게 조화한다.

나에게 깃든 넘쳐나는 힘과 자신감, 성취감 등. 이 모두는 부처님으로부터 와서 나에게서 솟아난다.

나는 평화롭고 행복하다. 온 생활이 부처님 은혜 속의 생활이다. 감사한다. 부처님, 그리고 온 이웃, 가족에게 감사한다.

●●● 행복을 구해도, 그래도 행복하지 않은 사람은 행복을 남편에게서 구하고 있거나 아내에게서 구하고 있거나 부모나 자녀에게서 구하고 있지 않는가 살펴보자. 또 윗사람이나 아랫사람에게서 구하고 있지나 않은가 돌이켜 보자. 그런 사람은 행복해지기 어렵다. 행복을 밖에서 올 것으로 알고 밖에서 구하기 때문이다.

마음을 안으로 돌이켜야 한다.

나에게 깃들어 있는, 이미 나에게 있는 행복을 보고 믿고 캐내야 한다. 그러면 온갖 행복이 이미 거기 있는 것을 발견하게 되리라.

자신에게 갖추어진 행복을 자각한 사람, 이 사람은 지상에 살되 천국에 사는 사람이다.

그런 까닭에 지금 살아가는 하루 하루가 행복한 나날이다.

눈을 돌이키자. 우리 모두에게 이미 주어진 행복에 눈뜨자. 그리고 감사하자. 행복의 햇살은 더욱 눈부시게 우리 앞에 빛나리라.

5
행복을 창조하는 생활

● 부처님의 행복론.

부처님께서는 사바세계라는 대립과 갈등, 아만과 독선으로 이어지는 세간의 생활을 싫어하고, 인간이 이 지상에서 영위하는 삶을 부정하여 『법구경』에서 이렇게 설하시고 있다.

"그대들의 매일 매일의 삶은 숲속의 나뭇가지에서 나뭇가지로 목표도 없이 분주하게 건너다니는 원숭이의 재주와 흡사하다."

그러나 이렇게 세간적 행복의 길을 가차없이 짓밟는 말씀에도 불구하고, 부처님이 성도成道 후에 중생들을 위해서 45년 간 전도傳道에 열정을 기울여서 설하신 것은 결국 중생들을 보다 더 행복한 길로 인도하는 일이었다.

세간적 삶에서 보면 풍요롭거나 좋아 보이지 않는 출가걸식出家

乞食의 생활이 행복과는 동떨어지거나 등지고 있는 것처럼 보일지도 모른다. 끊임없이 떠도는 구름 같은 수행자들의 생활은 행복과는 정말 거리가 있는 것이라고 생각될지도 모른다.

•• 고타마 싯다르타가 행복을 구하는 사람이었다면, 무엇을 바라고서 행복에 차 있는 듯한 그 고귀한 왕궁생활을 버릴 필요가 있었는가 하고 생각하는 것에도 이유가 없는 것은 아닐 것이다. 그러나 그러한 사실에도 불구하고 부처님은 역시 행복을 추구한 사람이었고, 부처님이 설하신 말씀은 확실히 중생들을 행복한 길로 인도하는 것이었다.

『대길상경』이라는 경전에서 부처님은 이렇게 설하시고 있다.

"능히 스스로를 제어하고 청정한 행을 닦아 네 가지 성스러운 진리를 깨닫고, 마침내 열반을 실현할 수 있다면 그것보다 더한 인간의 행복은 없다. 그때 사람은 생사生死의 두려움으로 마음이 흔들리지 않고, 세상의 헐뜯음과 칭송 · 칭찬과 경멸로 마음이 기쁘거나 우울해지지도 않으며, 근심도 없고 성냄도 없어서 더 없는 안온 속에 머물 수가 있을 것이다. 인간의 행복은 이것보다 더한 것이 없다."

다시 말하면 부처님의 법문은 결국 모든 인간으로 하여금 진정한 행복을 얻도록 하는 데 있었고, 진정한 행복이란 다름 아닌 열반을 실현하는 것임을 말씀하고 계시는 것이다.

●●● 기도와 행복창조.

불교는 깨달음의 가르침을 말하는 종교다. 진리를 깨달아 바른 마음, 바른 행으로써 인간과 국토의 완성을 추구하는 것이다. 이것을 『반야경』에서는 '성취중생 정불국토成就衆生 淨佛國土'라고 말씀하고 있다.

불교를 믿으면 재난이 없어진다든가 불행한 사태가 호전된다는 등 현세적 이익이 있는 것을 말한다. 불교가 깨달음의 종교인데, 현세 이익의 결과를 가져오는 이유는 무엇일까?

그것은 다름 아닌 깨달음의 진리를 행하기 때문이다. 깨달음이란 생명과 존재의 근원적 실상이다. 그러므로 거기에는 불행도 고통도 일체 재난도 없다. 불교를 믿는 사람들이 이 가르침을 믿고 마음으로 받고 행으로 닦아 가는 데서 본래 완전한 진리공덕이 자신과 환경에 나타나게 된다.

이렇게 완전한 진리의 공덕을 현전시키는 것이 기도다. 기도를 통하여 진리의 말씀을 몸 전체로 믿고 행하며 깨닫는다는 것은 그대로 스스로가 진리로 바뀌고 환경을 진리공덕으로 장엄하게 되는 것이다. 구한다고 얻어지는 것이 아니라, 마음에 있는 것이 이루어진다는 것을 알고 일심으로 기도하여 부처님의 공덕생명을 내 것으로 하는 데서 행복은 창조되는 것이다.

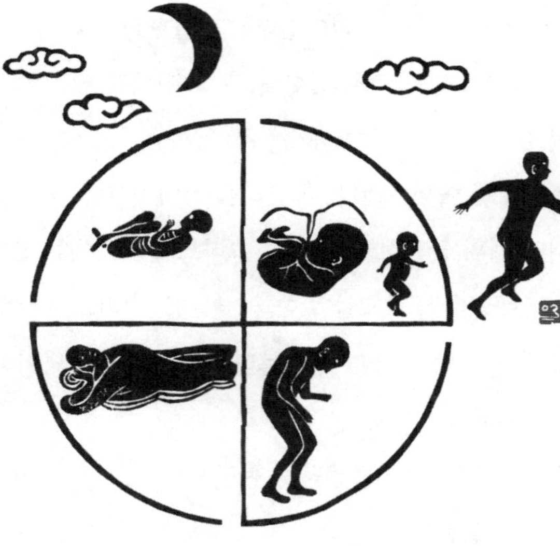

6
행복의 문을 여는 길

우리는 누구나 평화를 구하고 행복을 구하며 성공을 꿈꾼다. 진리의 실현과 깨달음을 구한다. 그래서 많은 수행, 많은 노력을 반복한다. 그렇지만 진리의 실현, 행복의 실현이 어떻게 이루어지는가를 알고 있는 사람은 흔치 않다.

오늘날 널리 행해지고 있는 염불이나 기도에서도 착실한 수행의 마음가짐을 알고 있거나 가지고 있는 사람이 드물다.

평화, 행복 그 모두는 진리에서 오는 것이며, 법에서 오는 것이다. 그러므로 진리의 실현으로서의 행복은, 마땅히 진리의 은혜, 부처님의 은혜를 생각해야 한다.

우선 단정히 앉아 호흡을 조절한다. 호흡을 완만하게 반복하면서 그 호흡을 마음의 눈으로 계속 지켜 가는 것이다. 그리고 부처님의 진리광명 무한공덕이 자신에게 충만한 것을 확신하고 감사하며 염불한다. 우리에게 필요한 모두가 진리이신 부처님, 은혜이신 부처님으로부터 완전하게 무한으로 공급되고 있는 것을 깊이 믿고 감사하는 것이다.

여기서, 장차 받을 은혜가 아니라 이미 받고 있는 현실적인 은혜라는 것을 잊어서는 안 된다. 이 현실적인 은혜에 대한 감사, 이것이 행복의 문을 여는 기본이다.

•• 우리에게 인식되는 현상이 어떻게 나타나 보이더라도 진리이신 부처님께서는 이미 우리에게 필요한 모든 것을 다 주셨다는 사실을 깊이 믿어야 한다.

부처님의 은혜가 우리가 인식하는 현상계에 나타나느냐 그렇지 못하느냐는 전적으로 우리 자신의 마음에 달려 있다.

부처님의 은혜로운 축복을 마음에서 깊이 긍정하고 그 구체적인 현실화를 확신해야 한다. 가령 비디오 테이프에 녹화된 영상이라 하더라도 텔레비전 세트에 장착해야 화면에서 그 내용을 볼 수 있다. 텔레비전 세트에 장치하는 행동이 바로 부처님 은혜에 대한 감사이며, 은혜로운 부처님에 대한 확신에 찬 감사행이라 할 것이다.

진리에서 주시는 바를 현실적으로 받으려면, 부처님께 구하는 것에 못지 않게 이미 주신 것을 믿으며, 스스로도 남에게 베푸는 마음을 갖고 실천할 때, 진리이신 은혜의 마음이 우리의 마음속에서 구체적 형태를 갖추는 것이다.

그렇기 때문에 이미 주신 부처님 은혜를 확신하는 감사행이 행복 성취의 관문이라 할 것이다.

●●● 우리는 자칫 다른 사람이 누리고 있는 행복과 자신이 누리고 있는 행복을 비교하기 쉽다.

그래서 자신이 남보다 행복하다고 생각하고 오만해지던가, 또는 그 반대로 다른 사람이 더 행복하다고 생각하고서 비굴해지거나 부러워할 수 있다.

이것은 마땅치 않은 태도다. 진리이신 부처님께서는 이미 우리에게 필요한 은혜를 모두 주셨고, 다만 그것이 우리의 현실에서 구체적으로 나타나는 과정에 있는데, 만약 비굴해지거나 오만해진다면 부처님 은혜의 통로를 어둡고 거친 감정으로 가로막는 일이 되고 만다.

행복은 진리에서 오며 진리는 절대이다. 절대 실현이다. 그 연장에서 오는 행복은 이것 또한 절대자의 자기 연장이라 할 것이다. 그러므로 자기의 행복과 남의 행복을 상대적으로 비교해서는 안 된다. 부처님의 은혜는 크신 은혜, 절대의 은혜임을 깊이 깨닫자. 믿자.

감사와 찬탄이 행복을 부른다

● 　우리가 인격적으로 향상하고 정신적으로 보다 성장하자면, 자신이 진리의 몸, 즉 밝고 너그럽고 덕성스러운 몸인 것을 알아야 하고 잊지 말아야 한다.

　그래서 밝고, 넓고, 너그러우며 따뜻한 심성을 키워가야 한다. 그러자면 매일 누군가를 위해 도움이 될 것을 생각하면서 살아야 한다.

　청을 받아 벗이 되고, 청을 받아 도움을 주는 것이 아니라, 청하지 않아도 벗이 되고 내지 도움을 줄 마음 자세여야 한다.

　그리고 또 한 가지 중요한 것이 있다. 항상 부처님의 자비하신 은덕을 생각하고 감사하며 동시에 주위의 모든 사람들을 존중하고 찬탄하고 감사하는 습관을 가져야 한다.

　부처님께 감사하고, 이웃에게 감사할 적마다 우리의 정신은 한층 향상하게 된다.

감사와 찬탄은 부처님 무량공덕에 대한 깊은 신뢰이며, 이미 받고 있는 것에 대한 깊은 긍정이어서, 내 마음에서 감사·찬탄할 적마다 자신은 보다 밝아지고 은덕은 더욱 깊어진다.

공기가 없는 대기권 밖 높은 층에서는 눈부신 태양도 어둡다고 하지 않는가. 공기가 없어 햇빛을 반사하지 않기 때문이다.

대기권 내에 들어와서 빛은 밝고 따뜻하며, 이 빛을 충분히 반사하여 한 곳으로 집중시킬 때 뜨거운 태양열도 얻게 된다.

부처님의 크신 은덕도 그 은덕을 알고 감사할수록 은덕은 더욱 뜨겁게 우리와 환경을 감싸 성장하게 된다.

●● 『보현행원품』에는 부처님의 무량공덕을 찬탄할 것을 가르치고 있다. 부처님 공덕을 지닌 온 국토, 온 이웃, 모든 사람과 모든 일에 감사하고 찬탄할 것을 우리는 배웠다.

칭찬할 때에 칭찬하는 사람의 마음이 밝아지고 즐거워지며 또한 칭찬 받는 사람의 마음을 밝게 하고 용기를 주고 그 안에 잠재하고 있는 지혜와 덕성과 그 밖의 능력들을 유발하게 한다.

또 우리의 주변에 드리우고 있는 혼탁한 분위기가 맑아지고 서로에게서 자비롭고 지혜로운 기운이 흘러나 우리의 마음과 환경은 더욱 밝아진다. 따뜻한 행복감과 번영과 건강이 깃들게 되는 것이다.

이와 반대로 상대하는 사람에게 서로 단점만을 발견하고 그 단점을 지적하거나 또는 공격하거나 그것을 바로 잡으려 하면, 어느 사이 단점만을 보는 마음은 거칠어지고 어두워진다. 서로 유쾌하지 않다.

단점을 지적 받은 상대방의 마음도 어둡고 불쾌해진다. 반항적이게 되고 거칠어지며 열등감을 갖게 된다. 가정이나 단체의 분위기가 흐려지고 거칠어져서 밝고 명랑해야 할 환경을 어둡게 만든다.

●●● 그러므로 우리는 매사에 부처님의 무량공덕과 대자비하신 표현과 우리를 키우시는 지극하신 자비은덕을 생각해야 한다. 설사 나에게 대립적으로 나타난 사람에게도 실로는 나를 연마하고 향상시키고자 하는 자비한 뜻이 깃들어 있음을 알아야 하고 감사해야 한다.

그러므로 우리는 모든 사람에게 감사하고 모든 일에 감사하여 평화와 찬탄과 용기로 더불어 함께 살아야 한다.

사랑은 늙음을 예방한다

● 평화로운 마음, 자비로운 마음은 인생의 늙음을 멈추게 한다. 반대로 따뜻한 사랑을 잃었을 때 사람은 급격히 늙어 간다.

부모, 자녀, 부부, 사업, 중생을 사랑하고 진리를 사랑하는 데서 인생은 밝아지고 젊어진다.

●● 사람의 가슴에서 사랑의 감정이 식어갈 때 몸도 마음도 차츰 시들어간다.

아름다워지고자 하면 먼저 생각하는 것이 아름다워야 한다.

미워하고 원망하고 또는 슬퍼한다면 아무리 타고난 용모가 아름답더라도 그 살결, 그 표정에서 추한 그림자를 드러낸다.

••• 따뜻한 마음, 자비로운 마음으로 살자. 사랑하는 마음으로 살자.

사랑이 눈에 생기를 주고 피부에 젊음을 보태준다. 다만 세간의 사랑이 애욕으로 변하여 육체적·정신적 정력을 흩어버리면 얼굴에서는 윤택한 빛을 잃고 나이는 설사 젊더라도 거친 피부, 겉늙은 용모로 바뀌어 간다.

사랑하는 순수한 감정이 젊음을 지켜 준다. 그러므로 사랑은 높은 덕성에 이어져야 한다.

자비를 바탕으로 하는 뜨거운 사랑이 참으로 인생의 매력을 길러 준다.

어린이의 본래 능력을 키우자

1. 어린이에게는 부처님 공덕이 원만하고 무한한 가능성이 있는 것을 믿고 대한다.

어린이가 본래 가지고 있는 자신의 지혜와 능력을 열어 가는 것이 성장이고 그것을 돕는 것이 교육이다.

2. 연령에 따라서 적절하게 신앙에 관한 이야기를 들려 주고 큰 진리가 성인에게서 나타나고 있는 것을 알게 해준다.

어린이의 신앙심은 직관력을 키워 주며 그것은 위대한 발명의 길잡이가 된다.

3. 아무리 작은 일이라도 잘한 것이 있으면 칭찬해 주고 착하고 큰 능력이 있는 것을 말로 인정해 준다.

결점을 되뇌어 강조하는 것은 결코 좋지 않다.

4. 사랑한다는 이유로, 자식이라는 이유로, 어린이에게 부모의 생각을 일방적으로 강요해서는 안 된다.

어린이들의 개성을 존중하고 자유로운 환경에서 그 개성을 스스로 키워가도록 돕는다.

5. 자유는 결코 방임이 아니다. 남에게 불편을 주는 것은 자유가 될 수 없으므로 어릴 때부터 진정한 자유를 인식시키고, 만약 그른 버릇이 있으면 반드시 고쳐 주도록 한다.

고치는 방법은 남에게 잘해주는 것이 자유에 따르는 책임이라는 사실을 말해 준다.

6. 어린이에게 어른의 일을 도울 기회를 마련하고, 그때마다 잘한 것을 칭찬한다. 그리고 되는 일은 분명히 되고, 안 되는 일은 끝까지 안 된다는 원칙을 심어 준다.

처음에는 안 되다가 떼쓰면 된다는 잘못된 인식을 심어 주면 안 된다.

7. 어린이를 칭찬하는 것은 방종을 기르는 것이 아니다. 어린이 자신에게 원만한 능력이 있는 것을 깊이 믿게 하는 기도의 말이다.

8. 어린이에게 명랑한 마음을 키우는 것은 식사만큼이나 중요한 일이다. 과중한 공부나 일로, 어린이에게 어두운 마음이 자라지 않도록 유의해야 한다.

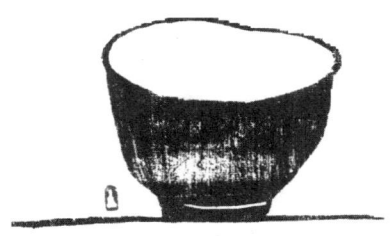

부드러운 말 한마디 미묘한
향이로다

10

어린이의 자기 계발

• 어린이들은 부모에게 많은 것을 요구한다. 부모들은 그 요구가 어린이를 바르게 성장시킬 수 있는 것이라면 힘껏 돕고 칭찬도 하지만 그렇지 못한 경우에는 요구를 들어 주어서는 안 된다.

다소 시간이 걸려도 이치와 사리를 설명해 주고 납득시켜야 한다. 설령 울고 무엇이나 집어 던지는 행패를 부리더라도 그릇된 요구를 들어 주어서는 안 된다.

또 부모가 어린이에게 무엇인가를 시켰을 때, 어린이가 불응하면 그것을 그대로 놔두거나 체념해 버리면 결국 어린이는 부모를 얕보고 무시하게 되고 그만 버릇없는 아이로 되고 만다.

•• '부모는 내가 울고 떼쓰면 다 들어 준다'고 어린이가 생각하여,

거기에 길들어 버리면 그 아이를 바로 잡기는 힘들게 된다.

고집 부리고 버릇없는 아이는 제 고집을 버리고 유순한 마음이 되었을 때, 부모나 가족들이 얼마나 기뻐하는가, 그리고 자신도 얼마나 편하고 기쁜가를 알게 해야 한다.

스스로 순종의 기쁨을 깨달을 때까지 부모는 그 자식을 포기하거나 후퇴하지 않는 것이 어린이에게 도움이 된다.

●●● 무엇보다 어린이에게 자신이 착한 마음, 지혜로운 마음의 주인공인 것을 신뢰하고, 어려운 일도 능히 해낼 수 있는 힘이 있다는 것을 믿어 주고 말해 주어야 한다.

어린이가 어른의 말씀을 듣고 생각하고 거기에 따라 노력하는 성실성은 평소에 아주 작은 일에서부터 키워가게 된다는 사실을 어느 때나 잊어서는 안 된다.

바른 일, 착한 일은 비록 작은 일이라도 칭찬해 주며, 그릇된 일이나 나쁜 일은 하지 않는다는 마음씨를 크게 키워 가야 한다.

11

환경은〔가정〕우리의 마음과 행위가 만들어 간다

● "진리를 깨달음으로써 그 사람이 거룩하게 되고 행복하게 되며, 진리의 지혜와 능력을 회복하여 창조의 힘을 발휘하게 되고, 그것이 가정이나 사회, 나라에 행해질 때 평화와 번영이 깃들게 됩니다."

이것을 불교에서는 중생성숙衆生成熟 · 불토성취佛土成就라고 한다.

'일체유심조一切唯心造' 라는 부처님의 말씀에서 알 수 있는 것처럼 불국토 건설의 모든 환경은 우리의 마음과 행동이 만든다.

애정 넘치는 따뜻한 환경도, 찬바람 몰아치는 적막한 환경도 모두 자기가 만든다.

자기의 마음가짐과 행위에 따라서 육체라는 환경이나 가정이라는 환경, 나아가서는 사회나 국가적 환경까지도 만들어진다.

•• 불자는 이 나라를 부처님 나라로 만들 것을 부처님으로부터 부촉받은 사람들이기에 불토성취의 임무가 있으며, 이 불국에는 불자 개개인의 가정이 그 터전이 된다.

가정은 온갖 고난을 박차고 평화와 번영을 만들어 갈 지혜와 용기가 샘솟는 곳이고, 거친 세파에 시달린 영혼들이 안식을 얻고 치유를 얻으며 새 희망을 키워 가는 곳이다.

그러기에 가정은 생명의 보금자리이며, 힘의 근원이다. 해서 부처님 나라는 당연히 여기에서 꽃이 핀다.

이러한 가정이 진리의 바탕에서 이루어져 가고, 진리로서 굴러 갈 때 거기에 부처님 나라의 행복이 그대로 담아져 온다.

••• 부처님의 가르침을 가정 속에서 피워낼 때 우리의 생명, 우리의 생활, 우리의 사회가 향기롭고 따뜻하고 활기 넘치게 된다. 한 집안의 가장인 나에게, 한 집안의 주부인 나에게, 주어진 환경이 어떤 것이든 그 일차적인 원인이 자기의 마음 씀씀이와 행위에 있다는 것을 우리 불자는 잘 알고 있다. 그러기에 무엇보다 먼저 자기 마음을 바꾸고 자기 행동을 고침으로써 환경을 개선하는 것이다.

설령 자신에게 책임이 없어 보이는 운명적인 것이라고 하더라도 역시 원인의 설정자는 자기인 것을 지혜의 눈은 보는 것이다. 불자는 가정을 불토화佛土化함으로써 나라를 불국화佛國化한다.

趙州石橋

12
5월

● 싱그러운 오월의 하늘, 피어오르는 신록의 향풍香風, 그 속을 물 결치는 꽃과 새들의 노래, 분명 오월에는 생명의 찬가가 가득 넘쳐 있다.

이러한 자연환경과 계절의 조건은 우리 인생의 모습을 새삼 돌 아보게 한다. 관세음보살의 대자대비, 지장보살의 대비원력을 얼마 만큼 솔직하게 받아들이고 있는가를 생각하게 한다.

●● 대자연은 부처님이 안겨준 크신 은덕을 그대로 받아들여 각자의 특징 있는 개성을 다 발휘하여 삼라만상에 조화롭게 동참하여 장엄 한다.

진실로 우리 인간이 이러한 오월의 의미를 내 것으로 할 때, '부처님오신날'이 있는 오월은 분명 은혜의 달이 될 수밖에 없다.

부처님의 탄신을 우리는 곧잘 찬란한 아침 해에 비유한다.

그렇지만 이 땅에 부처님 오심은 결코 형상이 있는 광명으로 비유될 수는 없다.

왜냐하면 그늘진 곳도 있고, 햇빛을 모르는 어두운 굴 속도 있고, 또 얼음지대가 있는가 하면 식힐 길이 없는 열풍의 더위지대도 있기 때문이다.

그런데 부처님에게는 그런 것이 없다. 무릇 일체 중생에게 고루 오셨으며, 일체 국토 어느 곳에나 자비의 손을 내미시고, 어느 때나 훈훈한 은덕으로 우리를 감싸고 계신다.

자비하신 위신력은 우리의 마음속 어둠도 슬픔도 불안도 어리석음도 모두 없애버리고 자비와 지혜와 용기와 위력과 환희로 가득 채워 주셨다.

그때만이 아니다. 오늘만이 아니다. 미래의 약속도 아니다.

'영원한 지금', 부처님의 자비하신 은혜는 우리의 생명, 우리의 국토를 밝혀 주시고 감싸 주시고 붙들어 주고 계신다.

●●●이 오월을 가정의 달이라 한다. 그리고 어린이날, 성년의 날, 어버이날, 스승의 날, 노동절 등도 오월에 있다.

특히 불자는 어버이날이 이 오월에 있음을 명심해야 한다.

부모님의 은공을 모르고 부모님께 효성할 줄 모르는 자는 금수禽獸만도 못하다고 해도 무방할 것이다.

　　사람이란 이성과 도덕 감성을 스스로 가지고 있는 것인데, 효를 모르거나 외면하는 자는 의식적으로 효라는 본성의 빛〔本地風光〕을 등지기 때문이다.

　　효란, 조상님의 은덕에 대한 보답이거나 자손의 도리라는 사실을 넘어서, 우리 개인을 부모와 과거의 조상과 먼 미래의 후손까지를 하나로 잇는 정신적 가족공동체 의식의 발로다.

　　그러므로 효는 어떠한 경우에도 나눌 수 없는 피의 공동체라는 의미가 뿌리가 된 자연스런 귀숙의식歸宿意識의 표현이다.

　　이런 점에서 오늘의 효도의 실천은 새로이 살피는 바가 있어야 하겠다.

제 2장

반야바라밀다

13
반야바라밀다를 행하는 사람

• 『반야심경』 첫머리에 이르시기를, "관자재보살이 반야바라밀다를 행하니 오온이 모두 공空하여 일체 고난에서 벗어났다"고 하셨다.

반야바라밀다를 행하니 오온이 모두 공하여 자재해탈을 이루었다는 말씀이다.

반야바라밀다는 법이며, 모든 부처님의 근원이며, 일체 중생, 일체 존재의 진실생명이다.

오온五蘊이란 우리의 육체를 구성하고 움직이고 있는 듯이 보이는 다섯 가지 요소다. 색色·수受·상想·행行·식識, 즉 물질·감각·표상·의지·마음, 그 모두가 공해서 걸림이 없다는 말이다.

인간을 둘러싼 물질적·정신적 온갖 요소가 없는 바에야 무슨 고난·불행·액난이 따로 있을까. 있을 여지가 아예 없다.

•• 실로 있는 것이란 반야바라밀다, 법성진여뿐이다. 표현을 바꾸

면 부처님뿐이라는 말이다. 일체가 부처님이요, 일체가 부처님의 거룩하고 자비한 공덕장엄뿐이다. 부처님 이외에는 아무것도 없다.

반야바라밀다 부처님은 시간에 매이지 않는다. 시간 이전자以前者, 영원자다. 공간 이전자, 무한자다. 그러므로 일체 지혜, 일체 권능이 자존한다. 궁극적 실존이기에 다른 것이란 없다. 하나마저 초월했기 때문에 일체一體가 일체一切라는 말이다. 단독자, 전성자全性者, 절대를 넘어선 유일자다. 그러므로 모두는 부처님의 공덕장엄이다.

선善 이외에 무엇이 있을 것인가. 일체 고액이란 없는 것이다. 원래 없었다. 관자재보살은 여기에 이르러서 모든 고액에서 영원한 해탈자임을 확인한 것이다.

그런데도 우리 주변에 고액이 있다면 그것은 실로 있는 것이 아니고 미혹된 마음의 소산이다. 그 미혹된 마음이란 꿈을 꾸는 마음이다.

꿈은 꿈꾸는 동안에는 있지만 깨고 나면 없다. 어떤 꿈이라도 꿈은 꿈이다. 반야바라밀다를 행할 때 오온은 없는 것이다. 그러므로 자연 일체 고액에서 벗어난다.

자, 이제 우리 모두 반야바라밀다를 행하여 꿈을 깨자. 우리는 반야바라밀다, 원래 반야바라밀다이며, 생명의 지혜자이며, 건전자이며, 완전자다.

●●● 반야바라밀다는 진리실상이다. 영원한 진실자며 완전자다. 어

느 물건도 진리의 완전을 흔들 수 없다.

아무리 검은 구름이 덮었을지라도 태양은 완전한 채 빛나고 있는 것처럼 우리 인간의 반야바라밀다 공덕도 그와 같다. 언제나 완전하다.

어쩌다가 반야바라밀다의 원만성이 의심되더라도 그것은 미신이고 미망이다.

미망을 버리자. 자신의 잘못된 신념을 바꾸자. 오직 반야바라밀다 무량공덕장엄이 홀로 있을 뿐, 그리고 이것이 진리실상이다.

이 진리 앞에 불완전·불행·고난 등이 있다는 미망을 어서 떨쳐버리자. 육체적 감각에 사로잡힐 때 미망의 구름은 더욱 짙어간다.

반야바라밀다 공덕만이 충만한 반야바라밀다 실상實相에 마음을 돌리자.

14
무아법문無我法門을 닦자

● '나[我]'를 비우고[空], 모두를 받들어 섬길 때 이 작은 '나'는 크고 넓은 일체 속으로 뻗어 나가 그와 더불어 함께 하게 된다.

이보다 더 큰 자기 발전이 있을까. 나를 비우고 남을 섬길 때 향하는 곳 모두가 자기이다.

모든 것이 자기와 하나가 된다. 그러니 어찌 나를 상傷하게 할 자가 있을까!

진리대로 살고자 하는 모든 사람은 이런 경지를 향하여 나아가고 있다.

●● 부처님은 무아無我를 말씀하셨다. 나를 비우고 남을 섬길 때, 참다운 자기가 태어나고 참 자기가 크게 성장해 간다.

무아의 가르침은 나의 주장, 나의 집착을 비우게 하고 지혜를 얻게 하며, 작은 나에서 해방된 진리인 자기에 눈뜨게 한다.

그래서 참으로 거룩한 자기, 참으로 자비로운 자기, 참으로 지혜와 용기가 넘치는 자기, 육체와 물질에 매이지 않은 자유로운 자기를 알게 한다.

거기에서 지극히 따뜻하고, 지극히 너그럽고, 지극히 지혜로우며, 지극히 복되고 굳세고 용기 있는 자기를 나타내게 된다.

그래서 참된 자기로 살게 되며 참된 가정, 참된 사회, 행복한 국토환경이 그 앞에 열린다.

●●● 불자는 모름지기 잠잠히 앉아 부처님을 생각하자.

모든 집착, 모든 두려움 모두 비우고 부처님을 생각하자.

끊임없이 부처님을 염할 때 자비하신 부처님 위신력이 거침없이 넘쳐난다.

그래서 지혜와 힘이 넘치고 자비와 위덕이 성장한다.

부처님을 염하는 것은 자기가 염하는 듯 생각되지만 실로는 부처님과 함께 염하는 것이다.

15

진리의 행자가 되자

● 　인간의 참된 모습은 법성法性이며 불성佛性이다. 그러므로 진리의 몸은 먼 데서 구할 것이 아니라 자신에게서 구해야 한다. 왜냐하면 인간은 진리를 간직한 존재이며 부처님의 무한공덕을 지니고 있는 불자이기 때문이다.

●● 　우리는 어둡고 어리석고 고난 많은 세계에 살고 있는 듯이 보여도 그것은 미혹이고, 실로는 진리의 세계에서 진리로 살고 있는 것이다. 이것이 인간의 참된 모습, 인간의 참된 진실이다.

　부처님의 가르침은 오직 인간의 진실을 말씀하신다. 참으로 있는 실지의 설파다.

　그러므로 우리는 부처님의 가르침을 깊이 믿고 부처님 가르침의 뜻을 마음속에 깊이 새겨야 하리라.

생활 가운데서 잊지 아니하고 끊임없이 깨달음의 길을 닦아 가야 할 것이다.

●●● 진리의 몸, 법성의 몸에 침범할 존재는 없다. 완전무결하기 때문이다.

우리가 진리의 생명을 지니고 있으면서도 현상계에서 침범 당하고 상해傷害를 입는 것은 우리가 진리의 몸임을 잊고 있기 때문이다.

자신이 곧 법성신法性身이라는 자각을 포기했거나 망각한 데서오는 것이다.

자신의 진실을 망각하면 보고 듣는 바깥경계에 빠져들어 잡된 마음을 일으키고 생각하며 밖에 있는 허상의 존재들이 참된 자기의 힘보다 우월하다고 생각하여 흔들리고 두려워함으로 미혹을 더하고 장애를 받게 된다.

우리를 둘러싸고 있는 어떤 물건도 우리를 해칠 존재가 아닌 것을 믿고 오직 있는 것은 진리뿐이며 일체와 화합된 법성뿐임을 깊이 생각해야 한다.

그래서 진실한 불자로 성장하여 진리의 실천 행자가 되자.

16
무한에서 얻는 방법

● 내가 여기 있다는 사실은 범부가 여기 있다는 뜻이 아니다. 진리이신 부처님의 무한공덕이 충만한 생명이 여기 있다는 말이다.

부처님의 무한공덕이 충만한 생명이란 많은 수행을 하여 장차 얻어질 몸이 아니라 지금 우리의 현존, 나의 생명이 바로 그것이다. 반야의 눈으로는 그것을 보고 무지의 눈으로는 범부로밖에 보이지 않는 것이다.

설사 우리가 지혜의 눈이 없어 인간 존재가 범부로 보이고 고난과 장애와 불안이 가득찬 존재로 보일지라도 일찍이 우리 인간 우리 생명이 부처님 공덕의 완전실현이라는 사실, 진리실상에는 추호도 변함이 없다는 것을 알아야 한다.

그래서 인간은 원래가 항상恒常되고, 영원하고, 즐겁고, 청정한 것이다. 결정코 일체 고와 장애를 멀리 벗어난 원만자존자인 것이다. 인간은 즐거운 존재며, 자유로운 존재며, 스스로 존재하는 권능자임을 알자. 괴로움과 재난이 영영 끊긴 청정경계가 인간의 본래 경계인 것이기에⋯⋯.

●● '나'라는 인간 존재가 진리적 존재인 것을 알자.

부처님의 지혜가 그것을 보셨고 반야바라밀다 법문이 그것을 밝혀 주셨다.

영원한 존재 무한공덕의 인간을 믿자. 불성이 인간의 본성이며 진면목인 것이다. 불성이며 법성인 인간, 이외의 다른 뜻은 없다. 우리는 이와 같은 진리공덕을 지닌 자이므로 진리세계에 고뇌는 없는 것이다.

그런데도 우리는 육체에 사로잡혀 오직 육체만을 자신으로 알고 물질과 온갖 현상 속에서 자신을 본다. 그것은 그림자며, 자취이며, 실이 아니다.

우리는 끊임없이 반야바라밀다를 염하여 육체적 자기, 물질인간, 불안과 고난이 충만한 인간이라는 그릇된 생각들을 모조리 소탕해야 한다.

반야광명에는 일체 어두운 그림자, 온갖 장벽이 무너지고 없다. 오직 '반야바라밀다'의 진리본연상, 완전성취상, 원만구족상, 청정신성상, 무한광명상만이 오롯이 드러난다. 우리는 오직 반야바라밀다 진리세계의 문을 열고 인간의 유한적인 곳에서 무한광명으로 나아간다. 인간생명이 깃든 진리광명을 전면 현출시킨다.

그러므로 우리 모두 반야바라밀다를 끊임없이 염하자.

●●● 무한공덕의 근원인 부처님, 일체 진리의 근원인 법성法性, 그것은 한편으로는 무한의 부富이며, 무한의 자원이다. 우리가 필요로 하는 모든 것을 무한대로 공급할 수 있는 무진장無盡藏의 보고寶庫이다.

우리의 마음이 법성진리法性眞理로 순화됨에 따라 우리는 무한공급을 끊임없이 받을 수 있는 자기로 바뀐다. 이러한 진리의 무한공급과 통하자면 우리의 마음은 끊임없이 반야를 염하여 바라밀다로 순화되어야 한다.

그러므로 길을 걸을 때도 차를 탔을 때도 원만구족圓滿具足 대자대비 부처님을 생각하자. 일체지혜, 무한공덕, 원만구족한 반야바라밀다를 염하자. 그럴 때 현실세계의 현상에 진리의 무한대를 나타낼 수 있게 된다. 우리의 마음속에서 원하는 것이 바른 것이고, 진실한 것이고, 더욱이 남에게 도움을 줄 수 있는 것이라면 공급의 물결은 더욱 줄기차게 흘러나올 것이다.

두려움 없이 자신을 가지고 힘차게 부처님을 생각하고, 반야바라밀다를 염하자. 무한의 근원에 통하여 지혜와 힘과 원만한 조화를 얻도록 하자. 이렇게 하는 데서 우리의 진실한 소망은 아름답게 결실 結實한다.

17
밝은 마음 무한 창조

● 불자의 삶은 부처님의 끝없는 은혜의 삶이다.

부처님의 빛나는 지혜와 지극하신 자비와 막힘 없는 위력이 우리 생명에 너울친다. 이와 같은 부처님의 크신 은혜를 알고 믿고 살아가는 불자의 삶은 언제나 희망과 용기가 넘쳐난다.

어떠한 어려움이 닥쳐도 두려워하지 아니하고 결코 꺾이지 않는다. 왜냐하면 어려운 현실은 허망한 것임을 알며, 사라져 가는 일시적 모습인 것을 알며, 다시 그 뒤에는 밝은 은혜의 물결이 밀려오고 있는 것을 알기 때문이다.

이것은 분명 불자의 권능이요, 무엇과도 바꿀 수 없는 영광이고 자랑이다.

그러므로 불자는 어려운 일을 당해도 결코 불평하지 않고 오히려 밝게 웃으며 감사한다. 불평을 생각할 시간에 희망을 생각하고 발전을 구상한다. 밝은 희망이 그 마음에 그려질 때 밝은 창조는 새로이 움트기 시작한다. 그러므로 어두운 생각, 불쾌한 현상에 사로잡히지 않는다. 그런 것을 마음에 두고 생각이 거기에 머물렀을 때 그때부터 어둠이 찾아오기 때문이다.

•• 우리 모두 언제나 마음에서 희망을 그리고 번영을 생각하자.

보다 향상하고 발전하며 번영하는 것은 불자에게 주어진 권능이며 특권이다. 언제나 마음 비우고 반야바라밀다를 염하자. 분노, 미움, 슬픔 그밖에 온갖 망령된 생각 모두 비우고 털어 내고 내 마음생명에 원래로 빛나는 부처님의 대자대비 은덕을 생각하자.

학업을 닦는 자는 학업의 원만한 성취를 생각하고, 불화한 사이에서는 화목한 서로를 생각하고, 병든 자는 넘치는 건강을 생각하고, 사업을 경영하는 자는 왕성한 발전을 생각하자.

부처님의 진리광명은 우리의 생명 밑바닥에서부터 우리 생활 전체의 완전한 성숙과 원만한 발전을 가꾸고 계신다.

이 사실을 굳게 믿자. 그래서 나의 진실생명이며 부처님의 은혜로운 법인 반야바라밀다를 염하자.

우리의 기원은 우리의 힘으로 이루어지느니보다 부처님 위신력으로 이루어진다.

우리 모두 굳게 믿자. 반야바라밀다 법문이 일체를 성취시킴을 굳게 믿자.

우리의 바른 믿음[正信]은 진리의 위신력에 의하여 반드시 이루어진다. 우리가 희망한 대로 즉시에 이루어지지 않았다 하여 중단하거나 실망하지 말자. 진실을 믿고 그 진실의 바탕에 뿌려진 신념의 싹은 반드시 성장하여 꽃피고 결실한다. 중도에 그 뿌리를 파헤치거나 하던 일을 포기할 때 모든 일은 그르친다.

진실의 대지大地에 뿌려진 신념의 종자를 훌륭하게 가꾸는 길은 끊임없는 정진이다. 독경하고 염불하여 번영의 종자를 끊임없이 가꾸어 가야 한다.

●●●우리는 가정의 평화를 위해서도 자신의 건강을 위해서도 바라밀다의 진실공덕을 언제나 바로 쓰도록 노력해야 한다. 비관적·퇴영적 상상력이 우리 현상에 후퇴와 비관을 가져온다는 것을 명심하자. 마음이 침울해지거든 부처님 광명을 생각하고 반야바라밀다를 염하자.

어려운 일이 밀려와 마음이 무겁거든 반야바라밀다를 염하고 부처님 광명이 사태를 호전시키고 있는 것을 생각하자. 반야를 닦는 우리는 반드시 성공한다.

18
불자의 직업은 보살도

• 사람은 누구나 재질, 능력을 가지고 있다.

그 능력은 육체적 자아에서 온 것이 아니라 진리이신 부처님에게서 온 것임을 알아야 한다.

그러므로 우리는 자신의 능력을 사용할 때 자신의 목적[이기적]에만 사용해서는 안 된다. 진리공덕으로부터 얻어진 능력은 모름지기 부처님의 거룩한 뜻에 부합되도록 사용해야 한다.

자신의 능력이 자기의 것이라고만 믿는 데서 능력은 한계에 부딪치게 되고 이기에 치우치게 된다.

'나의 능력은 부처님의 은혜로운 진리공덕에서 온 것이고 나의 것이란 하나도 없다'고 아는 데서 그 사람은 겸허하고 자비롭게 되고 끝없이 성장하며 설령 남의 나쁜 평가에도 동요하지 않는다.

뿐만 아니라 항상 감사하고 부처님 공덕을 찬탄하며 끊임없이 정진하여 이웃에게 도움이 되고자 힘쓰게 된다.

•• 아무리 어려워 보이는 일을 당하더라도 마음은 의연하여 동요하지 말아야 한다.

우리의 생명이 부처님 진리광명이므로 어떤 어려움도 우리를 흔들지 못한다.

우리의 인생행로는 반드시 평탄하지는 않다. 평탄하지 않은 길을 달림으로써 우리는 오히려 건강하게 단련될 수 있다. 어려움이란, 우리들 자신 안에 깃든 무한의 힘을 구체적 형태로 끌어내는 중요한 계기다.

고난에 맞붙어 힘써 정진함으로써 우리들 자신 속에 깃든 무량공덕은 더욱 크게 열리고 성숙하지 못한 정신적 능력은 더욱 연마되어 빛나는 자기로 가꾸어진다. 그렇다고 고난이 오기를 바랄 것까지는 없다.

어떠한 경우에도 수난을 예찬하는 것은 옳지 못하다. 다만 인생행로에 나타난 고난을 피하지 말고, 맞부딪쳐 극복하며, 전진하고 성장하고 향상의 계기로 삼아야 한다는 말이다.

••• 모든 사업은 그 종류가 어떤 것이든 이웃의 수요를 채워 주고 편

의를 제공하며 사회발전에 기여하는 것이 본질이다.

설사 이윤이나 보수를 받더라도 그것은 부수적이다.

따라서 모든 사업의 근본성격은 신성한 보살도다.

그러므로 어떤 사업이든 이기적 이득을 앞세우면 쇠퇴하고 공심公心과 성실로 보살심을 발휘하면 사업이 발전하고 보람을 누리며 나아가 나라가 부강해진다.

우리 모두 '나의 사업, 나의 직업은 보살도다'라고 하는 신념을 굳게 갖자.

그리고 보다 순수한 양질의 봉사, 무아의 헌신으로 보살국토를 이룩해 가자.

19
현상 저 너머를 보자

• 부처님은 반야바라밀다의 실현이시며, 법성法性이시며, 진여眞如이시며, 무상의 진리이시다. 끝없는 선공덕善功德이 원만하시고 한없는 지혜가 넘쳐 나신다. 그러므로 우리가 끊임없이 부처님을 염念하며, 아침저녁으로 원만한 부처님 공덕을 관觀하는 것은 진리세계의 무한성과 원만성을 자신에게 실현시키는 중요한 방법이 된다.

비유하면 진리의 완전성이 자기 마음으로 통하는 통로를 여는 거와 같다. 그러므로 이와 같이 부처님의 원만공덕성을 관하고 수행하는 사람에게는 진리세계의 완전성을 현상화하는 데 필요한 지혜가 솟아나게 된다.

진리세계는 무한이므로 우리가 무한한 공덕세계로 통로를 개설했을 때 무한세계로부터 항상 새로운 공덕이 용솟음쳐 나온다.

•• 인간을 무지와 죄악의 결정인 듯 말하는 것은 크나큰 잘못이다. 반야지혜에 의하면 인간은 불성의 완전한 구현자다. 즉 자신 속에 무한의 지혜와 공덕을 지니고 있다. 그런데도 우리는 자신의 진실한 모습을 깨닫지 못하고, 오히려 범부로 자처하여 오직 육신만을 자신으로 삼는다. 그리고 생각의 움직임을 마음이라 하니, 이것이 미혹이다. 이 미혹이 무한공덕세계인 부처님과의 통로를 가로막는다.

만약 우리가 이와 같은 미혹을 버린다면 언제나 부처님의 지혜에 잘 인도되고 자비하신 위신력의 가호를 받게 된다. 우리의 존재는 부처님께서 진리를 실현하시는 데 있어 중요한 존재다. 다만 우리 스스로가 그릇된 집착만 버린다면 부처님의 완전하신 위신력은 우리의 생명력으로 솟아오른다.

우리 모두 부처님에게서 받은 큰 사명을 완수하기 위해 항상 바라밀다를 관해 부처님과의 통로를 활짝 열자.

••• 반야바라밀다를 수행하는 데 있어 신변에 일어나는 일에 사로잡히면 안 된다.

현상에 일어난 불쾌한 일에 사로잡히지 말고, 눈을 들어 현상 저 너머를 바라보자. 모든 사람의 본성의 완전을 바라보자.

모든 사람은 모두가 불자로서 진실하다. 악인은 없다. 이웃은 불자며 형제다. 서로 돕고 힘을 합하여 향상할 다정한 벗이다.

그에게서 악을 보지 말고 선을 보자. 미움을 보지 말고 자비를 보자. 어리석음을 보지 말고 지혜를 보자.

이렇게 노력할 때, 우리 주변에는 오직 선하고, 조화롭고, 평화롭고, 아름다움만이 실현되고 있는 것을 발견하게 된다.

不識

20
진리는 지금 완전하다

● 　부처님께서는 우리에게 부처의 지혜와 덕성이 완전히 갖추어 있다고 말씀하셨다. 그것은 부처님께서 보신 바 사실대로의 말씀이시다. 그러나 우리는 스스로를 범부로 알며, 동시에 다른 사람도 범부로 대한다. 그래서 줄곧 범부행凡夫行이 나온다. 그러므로 범부에서 벗어나자면 자신에게 깃든 진실한 자기〔부처의 지혜와 덕성〕에 눈떠야 한다. 이것이 해탈이다.

　나에게 깃든 진리에 눈떴을 때 진리를 회복한 것이다. 육체를 자신으로 아는 것이 아니고 현상경계를 진실이라고 보지 않는다. 육체적 존재와 그 속성을 무無라고 알고 진실한 자기가 법성法性인 것을 자각하는 것이다.

　우리가 자기에게 깃든 진리의 무한성으로, 현상계에 원만한 공덕을 나타내고자 하면, 오랜 세월동안 익혀온 범부심凡夫心을 비워야한다. 온갖 의심이나 공포심, 미워하는 마음이나 원망하는 마음 등, 대립을 말끔히 버려야 한다. 부처님의 가르침을 따르자면 마땅히 이와 같이 그 마음을 맑게 해야 한다.

일심이 진리의 길이요, 부처님 은혜의 길이다. 모든 것 다 비워일심이 되고, 그 일심을 통해 부처님 공덕이 풍성하게 나타나는 것을 믿어야 한다. 그리고 일심을 통해 부처님의 무한공덕이 자기에게 원만하게 공급되고 있는 것을 감사해야 한다.

참으로 부처님의 위신력만이 우리를 성취시킨다. 나의 성공도, 행복도, 지혜도, 능력도 모두가 부처님에게서 주어진 것이다. 온갖공덕, 그 근원은 부처님이시다.

•• 우리는 모름지기 범상凡常한 범부의 상식을 뛰어 넘어야 한다. '우리의 현상은 육체이고 한계 속의 존재'라는 생각에서 벗어나야한다.

우리의 진실은 육체를 넘어선 일물자이며 한계가 끊긴 법성이그 본성이다. 우리는 무한자며 완전원만자다. 이것은 진리이신 부처님의 선언이시다. 우리는 이 사실을 바르게 운영해야 한다. 범부의 상식적 틀에서 벗어나 한계를 넘어선 무한자, 원만자, 능력자인 것을 믿고, 그것을 행동으로 이어가야 한다.

그러므로 우리는 지금 완전한 진리이고 지혜이고 덕성이고 행복임을 믿자. 이미 진리의 무한공덕을 부처님에게서 완전하게 받았으니까.

이 사실을 깊이 긍정하고 자기 자신에 대해 역설하고 행동해야한다. 장차 완전하고 원만해질 수 있다는 희망으로 생각하여 미뤄두어서는 안 된다.

●●●지금 이미 무한공덕을 받은 자.

내 눈앞이 구름에 가렸더라도 원만한 공덕의 달은 빛나고 있다. 그처럼 나타난 현상이 어떤 모양이더라도 이미 완전원만인 자신을 믿자. 우리가 지혜롭고 유능한 것은 결코 미래의 희망이 아니다. 지금 완전하고 지금 진리공덕이 원만하다.

지금이라는 시간을 떠나, 다른 때〔과거나 미래〕는 없다. 현상에서 벗어나자. 현상은 과거 생각의 산물이다.

그러기 위해서는 자신의 진실을 보아야 한다. 이미 완전하고 원만하고 유능한 진실 자기를 보아야 한다. 현상에 불완전이 나타났다고 하여 비관하지 말자. 현상은 지나가는 그림자, 이윽고 사라져 버리는 것이다.

21

반야바라밀다 공덕을
마음에 실현하자

• 우리는 부처님 반야의 가르침을 믿는다. 반야바라밀다를 믿는다. 반야의 지혜 앞에는 육체도 물질도 대립도 불행도 일체 없다. 반야바라밀다에는 오온五蘊이 모두 공했다고 했다. 있는 것은 반야바라밀다뿐이다. 끝없는 평화와 청정과 원만이 무궁토록 출렁일 뿐이다.

반야의 지혜에서 볼 때, 이 땅 우리 모두는 무한공덕이 충만할 뿐이다. 이것이 진실이다. 이러한 원만, 청정, 무한이 우리의 참된 현실이다. 부처님께서는 반야바라밀다로 머무시며 무한공덕으로 영원히 현현하시어 우리와 함께 하신다.

그러므로 우리 눈앞에 아무리 어려운 상황이 나타나 보여도 그것은 진실이 아니다. 무한과 원만, 조화만이 영원한 진실이고 현재한다.

우리가 이와 같은 반야바라밀다 국토의 무량공덕과 함께 있으면서, '나는 가난하다. 나는 불행하다'고 한다면, 그것은 밝은 태양 아래에서 눈을 감고 '세상은 어둡다'고 한탄하는 거와 같다.

우리는 언제나 반야바라밀다 무량공덕으로 현재하는 것을 잊지 말자. 아무리 어려운 상황에 처했더라도 '나는 반야바라밀다 부처님의 무량공덕을 갖춘 자'라는 것을 잊지 말아야 한다. 반야바라밀다를 일심으로 염하며, 한량없는 부처님 은덕이 현재 넘쳐나고 있는 것을 생각하자.

우리의 마음 가운데 반야바라밀다의 무한공덕이 넘쳐나고 있을 때, 우리의 현상계에 이윽고 원만조화가 나타나는 것이다.

●● 반야바라밀다의 무한공덕은 영원한 것이다.

흔들림이란 없다. 불황이란 있을 수 없다.

다만 부처님의 무한공덕이 우리의 마음세계와 완전히 일체가 되어 있는가가 문제일 뿐이다. 부처님의 무량공덕을 알고 있는 것만으로는 소용없다.

자신의 마음에서 완전히 이루어져 있어야 한다. 매일, 빠짐없이 반야바라밀다를 염하자.

그래서 자신의 마음에 부처님 공덕을 충만하게 실현하자. 부처님 공덕의 물줄기는 영원하고 끝이 없다. 물질을 한낱 물질이라고만 생각하지 말자. 그것은 자비하신 부처님 은덕에서 온 것이므로 그 본질은 부처님의 자비다.

이 사실을 굳게 믿고 우리의 모든 소유물에 감사하자. 집에 감사하자. 음식에 감사하자. 차에 감사하자. 모든 것에 감사하자. 이러할 때 부처님 공덕의 물줄기는 더욱 세차게 흘러온다.

●●● 우리를 둘러싼 현상계는 항상 흔들리는 세계다. 항상 흔들리는 것에 마음을 두고 있으면 우리의 마음도 동요한다. 마음이 동요하면 운명이 동요하고 우리를 둘러싼 환경조건도 동요하는 것이다.

현상계에 살고 있는 우리는 동요하는 현상을 보지 않을 수도 없고 마음이 끄달리지 않을 수도 없다.

그렇기 때문에 힘써 반야바라밀다를 염하여 진실을 보는 힘을 길러야 한다.

마음은 현상계에서 벗어나, 반야바라밀다 원만세계를 관하여, 영원히 흔들림 없는 반야바라밀다 무량공덕세계를 자신 가운데 실현해야 한다.

22

내 생명 밝은 태양
반야바라밀다

반야바라밀다는 일체 허망을 깨뜨리고 진실만이 온전히 드러난 궁극적 진실이며 궁극적 실재다.

그러므로 일체 제불의 법이 반야바라밀다에서 나고, 일체 제불이 반야바라밀다에서 난다고 한다.

궁극적 진실인 반야바라밀다, 거기에는 대립이 없다. 어둠이 없다. 죽음이 없다. 오직 영원한 생명의 세계가 무한으로 열린다. 그러므로 일체 중생생명의 근원이다.

우리는 이 법을 믿기 때문에 바라밀다 불자라고 한다.

반야바라밀다를 염하여 반야바라밀다의 무한공덕을 운용하여 이 땅을 빛낸다.

우리는 일심으로 반야바라밀다를 염함으로써 무한, 영원, 원만,

자재한 무량공덕세계가 현출하고 무량공덕세계와 하나를 이룬다. 거기에서, 우리에게는 무량광명이 넘쳐나고 무한생명이 넘쳐나며 건강과 평화와 뛰어난 지혜가 열려온다.

•• 그러므로 반야바라밀다 생명인 우리는 결코 어두운 것을 생각하거나 부정적인 것을 말하지 않아야 한다.

항상 밝은 성취를 생각하고 말해야 한다. 쇠퇴하고 대립하고 투쟁하고 파괴하는 것을 말하거나 생각하지 말자.

언제나 화합하고 성장하고 향상하고 전진하고 평화롭고 원만한 것, 건설적인 것을 생각하고 말하자.

노쇠나 쇠약이나 대립이나 투쟁을 생각하고 말한다면 생각하는 힘, 말하는 힘에 의해서 쇠퇴와 파괴가 나타난다.

우리는 의식적 · 적극적으로 의지의 힘을 써서 밝고 건설적인 생각과 감정을 유지하여, 자신의 의식을 밝은 방향으로 몰고 가야 한다. 그렇게 하지 않을 때, 자칫하면 실패를 말하고 패배 · 좌절을 말하고, 과거〔인류는 오랜 세월동안 자연의 暴威와 싸우고 힘이 다하여 쓰러진 경험을 깊은 기억 층 속에 간직하고 있다〕에 어두웠던 인류의식의 거센 물결에 떠내려가게 된다.

••• 반야바라밀다는 무한광명이지만, 우리가 생각을 일으켜 움직이

고 쓰는 가운데 우리 운명의 원형이 형성된다.

다시 말해서 '마음이 일체를 만들어 내는 것〔一切唯心造〕'이다. 우리는 이 점을 잊지 말아야 한다. 자기의 불운을 탄식하기 보다 행운의 원형이 될 밝은 생각, 건강한 생각, 평화롭고 번영하는 생각, 건설적·진보적 생각, 새로운 성공이 올 것을 확신하는 생각을 지녀야 한다.

가족이 화합하고 단란한 생각, 직장동료와의 화목한 생각, 서로 돕고 성장하고 기뻐하는 생각을 갖도록 힘쓰자.

습관적으로 어두운 생각이 일어나거든 즉시 반야바라밀다를 염송하여 어두운 생각을 지우고 밝고 평화롭고 성공하는 밝은 생각을 마음에 일으켜야 한다.

'나무 마하반야바라밀다'를 끊임없이 염하여 어두운 생각이 깃들 틈을 주지 말고 평화·행복·성공의 행운이 오는 것을 생각의 습관으로 만들어 가자.

잠에서 깨어나며 바라밀다를 염하고 잠들면서 바라밀다를 염하자. 바라밀다 진리광명으로 온 천지가 밝은 것을 감사하고 염하자.

23

반야바라밀다가
제일원인자

지구에서 떨어진 높은 하늘에는 구름이나 안개, 심지어 지구조차도 가릴 여지가 없이 태양은 찬란히 빛날 뿐이다. 이처럼 우리의 진실한 생명인 반야바라밀다는 우리 생명 깊은 곳에서 무엇에도 걸림이 없이 찬란히 빛나고 있다.

반야바라밀다 진리 자체가 우주 이전의 우주이며, 우리의 생명 이전의 생명이다. 진실한 절대 순수존재다. 우리는 '반야바라밀다'라고 하기도 하고 법이라 하기도 하고 부처님이라 우러르기도 한다.

이 부처님 세계, 우리의 진실생명의 세계, 바라밀다가 보는 세계는 무량청정공덕이 찬란하다.

미움도, 슬픔도, 노여움도, 다툼도, 불행도, 불안도 이름조차 없다. 왜? 대립자가 없기 때문이다. 완전한 진리의 원만뿐이기 때문이다. 참으로 있는 것은 이와 같은 무량공덕 넘쳐나는 반야바라밀다뿐이다.

그런데도 우리가 불행과 장애를 보는 것은 왜일까? 그것은 다름 아닌 반야바라밀다 무량청정공덕을 모르고 있어서이다. 궁극적 진실존재가 반야바라밀다이며 청정뿐인 것을 모르기 때문이다.

구름이 허공이라는 공간의 일부에 잠시 걸쳐 있을 뿐이지 결코 영구한 것이 못 되는 것을 모르고 확고한 것으로 잘못 보는 것처럼.

궁극적인 진리를 보지 못하고 미망의 구름에 마음을 두고 있다. 구름이란 설령 있는 것이라 하더라도 정착한 것이 아니고 항상 떠다니고 이윽고 사라진다는 것을 모르거나 잊고 있는 것이다.

근본실재인 반야바라밀다에 불행이란 없다. 장애란 없다. 미움이란 없다. 대자비·대지혜·원만성취의 부처님 무량공덕이 있을 뿐이다.

이를 안다면 우리는 어떠한 장애가 있거나 과거의 허물이 있더라도 그것들은 반야바라밀다에는 없는, 실재하지 않는 것임을 알고 일심으로 반야바라밀다를 염하여, 자기 마음의 반야바라밀다를 믿고 보아야 한다.

여기서 과거의 허물도 오늘의 장애도 불행도 모두가 자취를 감춘다. 구름 걷힌 하늘에 햇살이 찬란히 빛나는 것처럼.

•• 반야바라밀다를 염할 때, 반야바라밀다를 일심 염하는 곳에 모두가 밝아지고 청정해지고 새로워지고 원만을 이루게 된다. 그것은 반야바라밀다가 제일원인자第一原因者인 진리이며 진실존재인 까닭이다.

그러므로 어두움에서 불을 밝히듯이 일체 공덕을 이루려면 반야바라밀다를 일심 염해야 한다. 일체 죄장罪障을 참회하여 밝은 마음이 되어 원만무장애를 이루려 할 때, 반야바라밀다를 염해야 한다.

우리는 본래가 반야바라밀다 청정자다. 참으로 청정하고 진실한 자신을 회복하고자 하면 마땅히 반야바라밀다를 염할 것이다.

••• 경의 말씀을 기억해 두자.

'참회하고자 하거든 단정히 앉아서 실상實相을 관할지니라. 일체 업장은 모두 망상에서 나오느니, 온갖 죄는 서리나 이슬과 같아서 지혜의 햇빛이 능히 모두를 없애 버린다.' (관보현보살행법경)

여기 부처님 말씀에 실상이란 법성이며 진여며 반야바라밀다임은 말할 것도 없다. 우리는 모름지기 반야바라밀다를 염하여 지혜의 태양 찬란한 진리실상을 바로 보자.

過去心不可得
現在心不可得　未來心不可得　　　洞則刺 [印]

24
내 생명
부처님 무량공덕을 관하자

● 우리를 둘러싼 이 세계는 그 실상이 어떠한가?

『유마경』에서는 이 땅은 석가모니부처님 국토이며, 가장 수승한 공덕으로 완벽하게 장엄되어 있는 것을 설해 보여주고 있다.

다시 말하면 진리의 눈으로 볼 때, 이 땅은 가장 수승한 불국토이다. 그러므로 이 땅에 불행 · 병고 · 재난 · 궁핍 · 불선 · 부조화 상태가 있을 리 만무하다.

『반야심경』에서도 '오온五蘊은 공空하다'고 선언하여 오온인 색色 · 수受 · 상想 · 행行 · 식識은 없는 것이며, 육진六塵의 색色 · 성聲 · 향香 · 미味 · 촉觸 · 법法도 없는 것이라 했다.

깨달음의 밝은 눈으로 볼 때, 이 땅에는 나쁜 것, 추한 것, 냉혹한 것, 아름답지 않은 것, 무자비한 것 등등 일체 결함은 본래 없는 것이다. 완전히 조화를 이룬 청정한 원만성취만이 본래부터 완연하다. 이 일체공덕이 원만구족한 완전한 상태가 불생불멸不生不滅하고 불구부정不垢不淨하며 부증불감不增不減한 바라밀다 세계이다.

•• 그런데도 이와 같이 아름답게 조화를 이룬 원만한 진리실상을 우리가 보지 못하고 불완전한 현상만 눈에 보인다면, 그것은 진리실상이 바뀐 것이 아니고, 우리 자신이 미혹하여 진리법성을 이해하지 못하고, 그 법성을 통찰하는 힘이 부족한 까닭이라고 생각할 수밖에 없다.

그렇다고 이와 같은 불선한 현상이 실로 있는 것이 아니다. 그것은 환幻이요, 거짓모습이다. 환이란 본래 없는 것, 거짓모습이다. 없는 것인데 있는 듯이 보이는 것이다. 그래서 미迷했다 한다. 우리가 진리법성에 대한 이해와 믿음이 부족하여 거짓모습에 속고 있다.

••• 나쁜 현상이 나타나 보이는 현상세계에서 이에 대한 아무런 대책 없이 그냥 버려 둘 수만은 없다. 나쁜 현상이 나타나 보이는 한 고통스러운 것은 사실이다. 불가불 그에 대한 대비를 간구할 수밖에 없다.

대책은 깨달음의 가르침을 마음속 깊이 확인하는 것뿐이다. 본래부터 악은 없는 것이고 진리광명만이 충만하다는 것을 마음 깊이 염해야 한다. 어둠에 대해서는 밝은 빛을 비춰야 한다. 그리고서 두려움을 이기고 초조한 마음을 버리며, 흔들림 없는 마음으로 대비를 해야 한다.

나의 진실생명이 부처님의 무량공덕생명인 것을 확고하게 믿게 될 때, 우리의 생활은 이 확고한 깨달음의 기초 위에 서게 된다.

어떠한 병도 진리생명력을 이기지 못하므로 내 생명은 완전하다는 자신을 갖게 된다.

만약 이 믿음이 확고하지 않다면 우리는 반야바라밀다 법문을 배워 우리의 진실생명, 진실존재가 반야바라밀다 진리광명인 것을 확고하게 알아야 한다. 내 생명 부처님 무량공덕생명이라는 사실을 잠재의식의 밑바닥까지 사무쳐 가야 한다.

생명의 깊이 속에 태양처럼 빛나는 부처님의 대자비위신력이 우리의 사태와 모든 환경을 완전으로 조정하고 있는 것을 믿어야 한다.

그래서 우리는 끊임없이 반야바라밀다를 염하고 대자비위신력을 관하며 감사드려야 한다.

여기서 불행은 사라지고 두려움은 없어지며 원만완전의 온갖 조화가 현상으로 나타난다.

25
우리의 진실생명
반야바라밀다

● 　우리들은 인간을 육체라고만 볼 때, 고와 장애가 끊임없이 밀려오고 불안과 재난에 감싸인 존재가 되고 만다.

진실을 보는 깨달음의 눈으로는 인간에게 불행한 요소들은 전혀 없다는 것을 본다.

인간이 탐진치 삼독이 뒤엉킨 존재인 듯 보여도, 실로는 부처님의 지혜와 눈과 몸을 완전히 갖춘 거룩한 존재다.

이와 같은 인간의 진실한 존재성은 닦아서 이루어짐이 아니고 오직 본래의 것이다. 따라서 일체 고난과 장애란 없는 것이며, 일체 한정 · 일체 공포 · 일체 재난 또한 원래 없다. 이것이 부처님께서 반야의 눈으로 보신 바이다.

우리는 이와 같은 불성진실佛性眞實의 본래성本來性을 법성法性,

또는 반야바라밀다라 일러왔다. 우리의 실존이 법성이며 반야바라밀다라는 사실을 굳게 믿고 행을 닦아가며 역사를 열어 가는 것이 우리의 참된 수행이다.

•• 우리의 반야바라밀다 실상은 오직 상락아정常樂我淨뿐이며, 거기에는 대생명 · 대자비 · 대위덕이 실재할 뿐이다. 그러므로 어떠한 재난도 한정도 공허도 없는 것이다.

한정에는 무한이 실재하고, 공허에는 충실이 충만하다. 이 공허에 대한 법성적 충실이 반야바라밀다의 생리이며 자비이다. 한정이 있을 때 그를 극복하여 무한으로 대치하고 결핍이 있을 때 충실로 충족한다.

그러므로 부처님은 영원하시고 자비하시고 원만하시고 일체 성취를 도모하신다고 한다. 법성실상法性實相이 반야바라밀다의 절대 위력이므로 장애가 있거나 허물어지는 일이 없다.

반야바라밀다의 진리실상이 움직이는 곳에, 현상現象에서는 무장애가 되고 일체 성취가 되고 일체 원만이 된다. 일체 공포 · 불안이 스스로 소멸되고 만다.

법성의 실상은 무한의 부富이며 끝없는 자원이므로, 이것이 우리의 현상계에서는 무한의 공급성취가 되는 것이다. 결핍이나 공허에 대하여 이것을 원만히 충족시키는 것이 법성실상의 생리이다.

●●● 이와 같이 반야바라밀다가 본래부터 간직한 무한의 공덕을 우리의 현실계에 실현하자면 어찌해야 할 것인가?

그것은 다른 것이 아니다. 우리의 진실생명이 반야바라밀다 실재임을 굳게 믿고 반야바라밀다 실재의 머묾임을 확인하면 된다.

반야바라밀다 실재에 머물자면 일체 장애, 일체 한계의 본래 무本來無를 깨닫고 청정무장애한 반야바라밀다 실상이 자신의 현존임을 확신하여 일심으로 반야바라밀다를 염해야 한다.

길을 걸을 때에도, 차안에서도, 자리에 앉아 있을 때에도, 항상 반야바라밀다를 염하자. 이것이 끊임없는 기도이며 수행이다.

끊임없이 반야바라밀다를 염하여 우리 자신에 내재하는 부처님의 반야바라밀다 위덕을 개현해야 한다.

이렇게 할 때 우리는 부처님에게서 항상 인도와 지혜를 받으며 원만한 성취가 있게 된다.

자, 두려움 없이 확신을 가지고 진리의 본원인 반야바라밀다를 힘껏 염하자. 우리의 대원大願은 곧 현상으로 드러날 것이다.

26

반야바라밀다
실존에 뛰어들라

우리의 현상계는 말도 많고 걸리는 것도 많다. 도대체 구하는 것이란 얻기 어렵고, 뜻은 평화를 그리워해도 세상은 그렇게 되어 주지 않는다. 이런 현상계를 사는 인생살이를 부처님은 고苦의 세계라 하셨다.

부처님께서는 이런 괴로움이 넘치는 현상계를 일컬어 고해라 하시고 여덟 가지 고를 말씀하셨다. 이른바, '사랑하는 이와는 헤어져야 하는 괴로움, 구하는 것은 얻기 어려운 괴로움, 미움과는 만나고야 마는 괴로움, 이 몸이 끊임없이 변해 가는 괴로움, 그리고 생·노·병·사'다.

부처님의 말씀이 아니더라도 조금만 인생을 돌이켜 보는 사람이라면 인생살이의 까닭 많은 것에 지치기 마련이다.

그렇지만 반야바라밀다 법문에 수련을 거친 사람이라면 말도 많은 이 현상계에서 탈출할 지혜를 발동하게 된다.

　　무엇보다도 먼저 현상계에서 마음을 돌려 반야바라밀다를 염하고 관함으로써 진리원만성에 뛰어드는 것이다. 반야바라밀다를 염하여 부처님의 원만공덕장에 뛰어듦으로써 우리는 부처님 반야바라밀다를 만나게 되고 무한공덕을 만나게 된다. 무장애원만을 만나고 필경 일체 불안과 공포에서 벗어나게 된다.

●● 우리의 현상계는 구름에 가리운 달을 보는 것처럼, 완전하고 원만한 경계가 될 수 없다. 우리의 현상경계란 미혹된 마음이 보는 세계이므로, 진실존재 법성본연의 반야바라밀다 경계가 되지 못한다.

　　부처님 말씀과 같이 꿈과 같고 환幻과 같고 그림자 같으며 잠깐이기 때문에 이슬 같고 번개 같은 것이다.

　　이러한 현실경계가 비록 꿈이나 환이라고 하여 버리고 달려나갔다고 해도 몽환에서 벗어나지는 못한다. 필경 미망迷妄의 세계를 돌고 돌아 끝이 없다.

　　그럼 어찌 할까? 어둠을 걷어 치워 버리자면 불을 밝혀야 하지 않겠는가. 불을 밝힐 때 어둠은 스스로 그 존재의 허무를 나타낸다. 그러므로 우리는 끊임없이 스스로를 돌이켜 바라밀다 광명을 발견해야 한다.

바라밀다를 염하여 반야광명이 빛나는 곳에 허무한 어둠, 온갖 고난·불안·공포가 자취조차 없이 사라지기 때문이다.

고난을 근원적으로 소탕하는 방법은 반야바라밀다를 염하고 관하는 데 있다는 말은 여기서 왔다.

●●● 반야바라밀다를 염하고 반야바라밀다의 마음을 열 때 진리의 전성적全性的인 힘, 부처님의 위신력이 넘쳐나는 것을 잊어서는 안 된다. 마치 구름 걷힌 푸른 하늘에 찬란한 햇살이 막힘 없이 쏟아지는 것과 같다.

마음을 현상에서 돌려 반야바라밀다에 뛰어들었을 때 거기에는 부처님의 지혜, 부처님의 자비, 부처님의 은덕을 보게 된다. 이것이 바라밀다 행자의 행복이라 할 것이다.

온 천지가 부처님 자비광명뿐이다. 일초일목一草一木에서도 신비한 자비의 힘이 움직이고 있는 것을 보게 되고, 그처럼 부처님의 자비가 얼마나 겹겹이 우리를 감싸고 있는가를 알게 된다.

이렇게 볼 때 우리의 현실은 현상이로되 실로는 현상이 아니게 된다. 유한과 불안의 현상이 무한의 영원·안정·은혜의 현상으로 바뀐다. 여기서 감사와 환희의 물결은 사정없이 터져 나온다.

"아, 행복할지라! 반야바라밀다 행자여."

27
우리는 무한의 선善,
바라밀다 행자다

● 『금강경』에서 말씀하셨다.

"일체 유위법은 꿈과 같고 환幻과 같고 물거품이나 그림자 같다." 또, "그것은 몽환으로나마 일정한 시간 머무는 것도 아니고 순간이어서 번개와 같고 아침 이슬과 같다"고도 했다.

우리가 인식하고 있는 현상세계란 바로 이런 것이다. 글자 그대로 허무한 것이다. 그렇지만 반야바라밀다의 실상은 무한이며 영원이며 일체 성취며 원만구족이다. 우리는 전적으로 바라밀다 실상으로 있으면서도, 의식하고 행동하는 것은 몽환과 같은 유위법인 허무한 감각에 얽매어서 산다.

그러기에 부처님께서는 이 의식하는 세계, 분별하는 세계, 현상세계가 꿈이며 환인 것을 깨달으라고 거듭거듭 말씀하신다. 감각적 현상세계에서 탈피하라는 것이다. 어디로 가고 무엇을 얻으라는 것이 아니라, 있는 진실을 그대로 깨달으라는 말씀이시다.

이 참으로 있는 진실, 이것이 반야바라밀다의 세계다. 우리의 실상이며 진실이다. 그것은 무한의 선善이며 원만이며 영원이며 청정이며 충만이다. 우리가 이 진실에 눈떠서 바라밀다 무진장의 창고에서 무한을 현실계로 끌어내는 것이 과제인 것이다. 그러나 우리는 감각적 인식이나 분별지分別智에서 헤아리므로 유한有限, 몽환夢幻을 벗어나지 못하며 고뇌가 이어진다.

•• 우리의 감각적 분별지는 막히고 유한이지만, 부처님의 세계, 반야바라밀다의 세계는 무한이며 일체 성취며 영원자재인 것이다. 범부는 몰라도 부처님은 모두를 아시고 무엇이든 가능하다는 말이다. 우리는 모름지기 부처님의 지혜, 반야바라밀다에 의지해야 한다. 반야바라밀다에 의해 반야바라밀다의 완전한 지혜, 충만한 성취를 가져와야 한다.

부처님은 일체지一切智며 완전성취, 반야바라밀다이시므로 범부 생각에서는 막히고 불가능하다고 생각되더라도 반야바라밀다에서는 이미 이루어져 있다. 부처님의 지혜를, 능력을 우리의 생활에서 활용하자면 마땅히 일체 분별, 일체 망상을 모두 놓아 버리고, 일심으로 반야바라밀다를 염해야 한다. 반야바라밀다에서 부처님의 지혜와 위덕과 원만성취가 우리의 현실로 나타낸다.

●●● 우리는 인간 자신을 깨달음의 눈으로 보아야 한다. 인간을 한낱 육체적 · 감각적 · 물질적 존재라고 생각하는 것은 범부다. 인간이 육체적 존재라는 생각을 떨쳐 버리고, 부처님의 완전실현인 반야바라밀다가 인간 자신의 진실인 것을 깊이 믿자.

인간 자신을 유한한 물질적 존재라 생각하지 말고 무한원만성이 곧 인간 자신이요, 불성이요, 존재의 진실이라는 것을 자각하자. 이 자각의 정도에 따라서 자기 능력은 계발되고 발휘된다. 매일 시간 시간에 반야바라밀다를 염하여 한층 높은 자각의 세계로 자신을 밀어 올리자.

우리의 진실은 무엇이든 원만성취하는 힘일 뿐이요, 이것이 진실존재인 실재하는 힘이다. 왜냐하면 바라밀다만이 실재하는 것이며, 부처님은 일체 원만이기 때문이다. 그러므로 선善을 행하고자 할 때 부처님의 무한력이 발동한다.

우리는 자신이 바라밀다 원만인 것을 굳게 믿고, 실천행동의 동기를 이기적인 데서 공공의 복리를 위해 나아가야 한다.

설령 한때 험한 길인 듯 보여도 부처님의 원만한 무한력이 함께 하므로 필경 성취하게 된다. 작은 이利에 매달려 고난 많은 범부가 되지 말자. 불신력佛神力을 행하는 불자로서 무한의 환희를 개척하자.

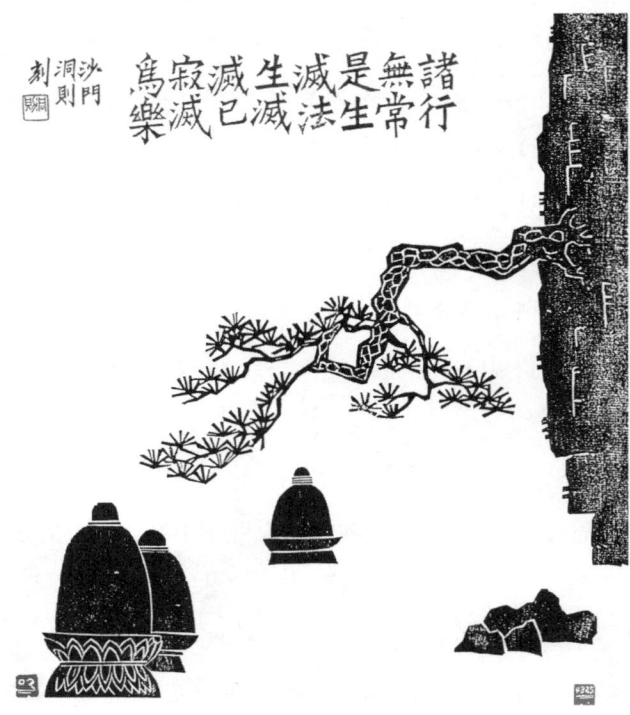

諸行無常　是生滅法　生滅滅已　寂滅爲樂

沙門
洞則
刻

106

28

불멸의 바라밀다
생명을 염하자

● 　반야바라밀다는 부처님이며, 일체 보살의 생명이며, 일체 중생과 일체 법의 실존이다. 그렇기 때문에 우리는 모두가 생명으로 살고 있다는 점에서 반야바라밀다로 살고 있는 것이며, 반야바라밀다의 표현으로 살고 있는 것이다. 생명은 반야바라밀다이며 불성이며 궁극적 존재자며 진실이기 때문이다.

　우리의 생명이 살아 있다는 것을 자신이 의심하지 않는다. 살아 있다는 것은 죽지 않는다는 말이다. 다시 말해서 우리의 실존인 반야바라밀다 생명이 죽지 않는다는 말이다.

　살아 있다는 것은 무엇이든 끊임없이 표현함을 의미한다.

　끊임없는 표현은 마치 영화 필름과 같이 한 컷 한 컷의 변화가 연속하는 가운데 줄거리가 발전해 간다. 그리고 한번 지나간 장면은 돌아오지 않는다. 이 줄거리의 최종 목표를 쥐고 있는 것은 말할 것도 없이 그 영화의 작가이다. 영화는 이렇게 돼서 끝이 온다.

이것은 인생의 일생을 마치는 것과 같다. 일생이 끝났다고 하여 그 사람의 생명이 끝장난 것은 아니다. 마치 영화의 제작자가 또 하나의 영화를 준비하듯이, 인간 생명은 또 다른 환경에 태어나서 새로운 인생을 시작한다.

영화의 제작자가 끊임없이 새 영화를 만들어 가듯, 인간 생명은 영원히 죽지 않는다. 그러므로 변화했다고 하여 슬픔은 아니다.

연속되는 창조는 끊임없는 변화를 통해서 이루어진다. 변화의 커다란 한 토막이 이른바 육체의 죽음이라는 현상이다. 그와 동시에 또 다른 인생을 시작하는 작업이 계속된다.

•• 사람이 산길을 갈 때 구불구불 굽은 길을 지나면 지금까지 걸어 온 길은 보이지 않는다. 이것은 사람이 한 생애를 마친 것에 비유될 수도 있다. 과거의 삶은 사라지지만 굽은 길모퉁이를 지나면 또 다른 인생이 시작된다.

어떤 사람은 빠른 걸음으로 길 한 모퉁이를 지나므로 뒤따르는 사람이 그 사람을 보지 못하게 되나 그 사람이 없어진 것이 아니고 우리가 볼 수 없는 세계로 들어가서 역시 한 인생을 또 살고 있는 것이다.

사람은 험난한 길이든 평탄한 길이든 누구나 다 자신의 인생 전 코스를 가고 있다.

••• 우리가 반야바라밀다를 염한다는 것은 죽지 않는 영원한 생명을 염하는 것이다. 그러므로 반야바라밀다를 염하는 자는 영원히 죽지 않는 자다.

　바라밀다를 염할 때 죽지 않는 자신을 생각하는 것이 좋다. 죽지 않는 생명이 바라밀다이며 우리 자신이기 때문이다.

　거기에는 병도 죽음도 없다. 물론 육안에는 병도 죽음도 있어 감각으로 체험하는 바이지만 감각적 체험이 반드시 사실은 아닌 것이다.

　그믐달이 기울어진 듯 보이지만 달은 기울어진 것이 아니고, 서산에 지는 해를 보더라도 해는 저문 것이 아니다. 그처럼 인간도 죽은 듯이 보이지만 죽는 것은 아니다. 오로지 인간은 바라밀다 생명이며 불성이며 영원한 생명이다.

　비록 병든 듯이 보여도 병든 것이 아니다. 항상 건강하고 병들지 않고 죽지 않는 바라밀다 생명, 법성인간, 불멸생명을 자각하는 수행이 바라밀다 수행인 것을 알아두자.

29
반야바라밀다
자각으로 산다

● 　참으로 있는 것이 무엇인가?

　참으로 있다는 말은 변화 속에서 변화하지 않고, 생사 속에서 생사가 없는 절대적 실존인 진리 자체를 말한다. 이는 반야바라밀다가 그것이요, 우주의 참모습이 그것이요, 우리의 생명, 일체 중생의 생명, 영원히 참으로 있는 진리가 그것이다.

　이 참으로 있는 반야바라밀다가 우리의 생명이요, 만유의 근원이기 때문에 우리는 행복을 말할 수 있고 영원한 평화와 안녕을 현실적인 것으로 생각할 수 있게 된다.

●● 　이 완전무결한 진리 반야바라밀다만이 참으로 있는 것이며 참된 우리의 생명이다. 그런데도 우리는 이 참으로 있는 진실존재, 진실생

명을 잊고 산다. 우리의 육체 세포, 신경계통, 모든 내장, 순환계층, 그밖에 일체 기관, 그것을 현상에서 보는 한 우리 자신은 아니다. 육체기관이요, 육체현상이다.

이 현상기관 속에는 참된 힘은 없다. 참된 힘은 육체의 모든 기관을 구사하는 반야바라밀다 생명에 있다. 반야바라밀다 생명이 진실한 우리의 주인이다.

거듭 말하자면 육체의 모든 기관들은 도구다. 도구는 스스로 능동적 활동을 하지 못한다. 도구를 쓰는 주인, 육체기관을 부리는 우리 자신, 이것이 진실자요, 온갖 활동을 전개하는 원인자다. 이 제일원인자가 우리 자신이므로 우리의 변화에 따라서 육체는 좌우된다.

우리 자신이 자기를 한낱 물질이나 환경조건에 따라 지배된다고 믿고 있는 한 육체는 역시 환경의 변화나 기후조건에 좌우되는 존재로 떨어지고 만다. 우리가 불성자요, 반야바라밀다이므로 일체를 지배하는 권능자라는 자각을 갖는다면, 자각의 깊이 정도에 따라 한층 자유롭고 원만한 환경을 누릴 것이다.

●●● 우리는 반야바라밀다요, 불성자, 진리가 자기실현한 것이므로 진리의 공덕이 필요에 따라 솟아난다. 우리의 말은 지혜의 말이고, 우리의 행은 지혜의 행이다. 그러므로 항상 정당한 행을 통하여 어느 때, 어느 곳에서나 진리를 실현할 수 있다.

우리는 반야바라밀다 생명, 부처님의 공덕을 실현할 수 있으므로 언제나 자비와 평화의 감정이 자신의 본 모습이다. 그러므로 항상 평화롭고 아름답고 조화로운 국토를 만들어 간다.

만약 우리 신변에 자비정토가 실현되어 있지 않다면 우리의 진실생명인 반야바라밀다의 자각이 부족한 것이므로 더욱 힘써 반야바라밀다를 염하고 부처님의 무량공덕세계를 생각해야 할 것이다.

마땅히 힘써 반야바라밀다를 염하고 생각해야, 어려운 문제를 당했을 때, 그 문제의 소멸을 기원하기에 앞서 문제가 없는 반야바라밀다 평화의 세계를 떠올릴 수 있다. 반야바라밀다 세계에는 원래 문제가 없기 때문이다.

평화롭고 자비롭고 조화로운 반야바라밀다 세계에 뛰어드는 것이 반야바라밀다 수행이다. 그러므로 물질경계, 현상경계에 매어 있지 말고 반야바라밀다 진리세계로 뛰어들자. 우리에게 있는 것은 반야바라밀다인 것을 언제나 잊지 말자.

이 자각이 깊어졌을 때, 그것이 원인이 되어 결과적으로 주변의 현상세계에 평화정토가 구현된다. 참으로 있는 진실국토, 진리세계가 구현된다. 우리는 언제나 반야바라밀다를 염하고 반야바라밀다 무량공덕을 생각하여 진실한 불자의 국토, 진리의 역사를 열어가자.

30
바라밀다
생명으로 살자

● 우리를 둘러싸고 있는 모든 환경은 어떤 것일까? 좋은 것일까, 악한 것일까? 우리에게 이미 주어진 여건보다도 밖의 환경조건을 대하고 기뻐하거나 두려워하거나 싫어하는 등 대응작용을 일으키는 나 자신은 어떤 것인가?

우리들은 우리를 둘러싼 일체 환경 즉 자연조건이나 인위적인 사건 등은 모두 마음의 나타남이라는 것을 배운 바 있다. 마음이 삿되고 편벽될 때, 환경조건 또한 거칠어 장애를 몰고 온다는 것을 안다. 주어진 국토환경은 이 땅의 모든 사람들이 동일조건 하에 있다고 생각하지만, 사실은 유심소현唯心所現, 즉 마음의 나툼임은 말할 나위도 없다.

그럴진대 나를 둘러싼 사회나 여러 집단, 거기서 오는 나와의 가지가지 관계가 모두 유심소현이요, 자기 자신이 주인공이며 핵심이요, 또한 원인자이며 나아가 결과를 거두어들이는 자이다. 이것은 당연한 논리다. 거듭 말한다면 우리들 모두가 무상無上의 권능자요, 자재자요, 창조자라는 것을 알 수 있다.

그리고 그 근원을 파고 볼 때, 이미 완전한 지혜와 덕성이 원만히 이루어져 있어, 그 본래의 성격이나 모습을 헤아리거나 짐작할 수 없는 절대적 원만자이다. 모두가 완전하고 지혜가 빛나며, 무한의 창조·무한의 생명·무한의 위덕이 인간의 본 모습이며, 넉넉한 평화와 행복이 인간과 세계의 진실상일 수밖에 없다.

이 점, 굳건히 믿고 잊지 말아야 한다. 언제나 스스로가 절대적·권능적 존재라는 사실을 잊어서는 안 된다.

•• 『유마경』「불국품」에는 부처님이 사리불에게 "해와 달이 얼마나 부정하건대 소경이 보지 못하는가?" 하시니, 사리불이 "세존이시여, 그것은 소경 스스로의 허물이요, 해와 달의 허물이 아니옵니다"라고 대답하고 있다. 부처님께서는 "중생들이 스스로의 허물로 여래의 국토가 장엄한 것을 보지 못하나니, 부처님 지혜로 보면 부처님 국토의 청정함을 보리라"고 하셨다.

이 국토가 석가모니불의 불국토이니, 온 누리가 온갖 보배로 장식되어 있으며, 모든 중생이 부처님과 똑같은 연화보좌에 앉아 있는 것이다.

●●● 온 세계가 부처님의 광명이요, 모든 사람은 부처님 무량공덕의 주인공이라는 사실은, 우리가 알든 모르든, 믿든 믿지 않든, 아무 상관없는 본연의 실상이다. 우리 마음의 청정 정도에 따라 자신의 빛깔과 자신의 사회와 자연조건과 운명까지도 구체적으로 나타난다.

『유마경』에는 "범왕梵王의 눈에는 이 국토가 자재천궁自在天宮으로 보인다"는 대목이 있다. 범왕은 자기 마음의 청정한 정도가 자재천 수준이라고 하는 것을 말해 주는 것이다.

우리가 어떤 세계를 선택하고 어떠한 사회, 어떤 생활을 하게 될 것인가도 우리들 자신에게 주어진 절대적 권능이요, 그 권능의 영역에 속한다.

눈도 깜박이지 말고 스스로를 직시하자. 빛나는 여래광명을 외면하지 말자. 무한의 위신력에 눈감지 말자. 한없이 빛나는 세계가 우리 생명의 궁극적 실존이요, 만법과 만중생의 동일자적 동용同用이 존재의 진실이다.

지혜와 자비, 무한의 창조와 환희가 본래 생명의 빛깔인 것을 끊임없이 생각하자. 그리고 이 진실로 살고 이 진실로 역사를 이루어 가자. 이것이 반야바라밀다 수행의 핵심인 것도 잊지 말자.

제 3장

지혜 · 자비

31
지혜와 자비의
참 삶을 위해

● 우리의 삶을 돌이켜보면 눈에 보이고 귀에 들리고 촉감으로 느껴지는 경계를 따라 마음을 내므로, 바깥경계에 마음을 빼앗기며 살고 있다. 살아가는 주인공이 누구인지, 어떠한 것인지, 자신을 까맣게 잊고 살고 있는 것이다. 이런 삶을 배각합진背覺合塵, 진리를 등지고 티끌 속에 묻혀서 산다고 한다.

이러할 때, 바깥경계를 따라 우리의 마음은 생멸을 거듭한다. 이렇게 되어 우리의 마음은 걷잡을 수 없이 흔들리고 혼탁해진다.

원래 우리의 참마음은 항상 청정하고 밝고 여여如如하여 변함이 없다. 그러나 경계에 집착하고 거기서 사념을 일으키는 업식으로 사는 범부들은, 그 본자청정本自淸淨하고 본자구족本自具足한 참마음을 미迷해 버리고, 육진경계六塵境界의 물결 따라 끊임없이 분별 속에 빠지게 된다.

•• 이렇게 하여 우리의 의식 밑바탕에 분별, 집착, 취사, 계교하는 망령되고 그릇된 자아를 만들면서 살아간다. 이른바 범부의 미적迷的 인간상이 형성되고, 그 마음의 작용에 따라 온갖 차별상과 환경이 벌어지고 조성되는 것이다.

나를 둘러싸고 있는 모든 환경은 나 자신의 마음작용에 의해 나타난다. 나 밖의 절대자나 조물주에 의해 지배되거나 그에 의해 만들어지는 것이 아니다. 그러기에 부처님께서는 이렇게 말씀하셨다.

"삼계三界는 실로 일심一心일 뿐이고, 마음 밖에는 아무것도 없다."

"마음은 공교한 화가와 같아서 능히 온갖 만물을 그려낸다. 이 세상 어떤 것도 마음이 짓지 않는 것이란 없다."

참으로 그렇다. 바깥 존재[경계]가 속의 의식[마음]을 지배하는 것이 아니라, 의식[마음]이 바깥 존재[경계]를 지배하는 것이다. 범부중생의 입장에서는 경계에 의해 마음이 지배를 당하는 일면이 없지 않지만, 근본적으로 말하면 마음에 의해 경계가 만들어지는 것이다. 그 경계를 만드는 주인은 두말할 것도 없이 마음이라는 말이다. 그러므로 마음이 어두우면 어두운 경계가 나타나고 마음이 밝으면 밝은 경계가 나타난다. 해서, 우리의 마음이 주인이고 조물주인 것이다.

그런데도 우리는 이 마음이 주인인 삶을 살지 못하고 있다. 온갖 사념, 온갖 번뇌에 휘말리어 경계에 따라 휘청거리고 있다. 경계에 집착하고 경계에 꺾이고 무너진 바 되어 전도顚倒된 삶을 살아가고 있다.

●●● 우리가 지혜와 자비, 자유와 평화의 복된 삶을 살자면 마음을 주인으로 하여 살아야 한다. 그렇게 하자면 생각을 근원으로 돌이키는 수행을 해야 한다. 생각과 참마음이 둘 아닌 관계, 즉 참마음의 묘용으로서의 의식작용이 되도록 해야 한다.

끊임없이 부처님을 염하고, 끊임없이 나의 주인공이며 나의 바탕인 '마하반야바라밀다'를 염하여, 우리의 의식이 진리본성의 광명으로 빛나도록 해야 한다. 그러할 때, 한없는 능력이 발휘되어 일체 성취의 창조위력이 넘치고, 자유와 평화와 안온이 함께 하며, 지혜와 자비가 빛나는 참 삶이 이루어진다.

환경을 탓하고 이웃을 탓하고 세상을 탓할 것이 아니라, 나의 참마음이 주인이 되어 살면 세계가 진리광명으로 바뀐다는 이 도리를 확실히 알아야 한다. 영원히 나와 함께 하시며 나를 성숙시키시는 부처님을 믿고, 그 크신 은혜를 유감 없이 받아 쓰며, 부처님의 광명을 내 마음 위에 가득 실어 심청정心淸淨, 무량광명의 참 삶이 되도록 열심히 정진해야 한다.

안으로는 한 물건도 없고
밖으로는 구할 것이 없다。

32

자비를 앞세운 지혜와
무한의 부

자비와 지혜는 누구에게나 본래부터 갖추어져 있다. 다만 그것을 구체적으로 나타내는 자와 그렇지 못한 자가 있을 뿐이다.

사람은 육체나 물질이 아니라 그 본성이 불성이며 법성이므로 무한대의 지혜와 자비를 본래부터 갖춘 존재이다.

이 지혜와 자비를 일상생활에서 발휘하면 발휘할수록 우리의 이웃과 사회에 도움을 주고 스스로도 보람을 거둔다. 그러므로 이웃이나 사회를 이롭게 하면 할수록 기쁨과 영예가 돌아오고 또한 부富도 형성되어 간다. 이처럼 이웃을 위해 자비와 지혜가 발휘될 때 보람과 부는 우리 앞에 저절로 나타나는 것이다. 지혜와 자비가 갖는 무한한 힘 때문이다.

이와 반대로, 지혜를 쓰되 이웃과 사회에 도움을 주지 못하는 방향으로 내어 썼을 때는, 자신에게나 이웃에게 불행을 가져다 준다. 자비가 없기 때문이다. 마땅히 자비를 앞세운 지혜의 활동만이 우리의 진실한 본분의 표현인 것을 알 수 있다.

항상 자비심으로 우리의 이웃과 사회와 인류가 무엇을 구하고 있는가를 자세하게 살펴보자. 저들이 참으로 구하고 있는 것을 채워 주는 것이 자비이다. 고통을 줄이고 보다 안정된 편익을 도모하는 것이 자비이다.

그렇다고 인간향상에 이바지하지 못하고 도리어 타락시키는 즐거움을 주었다면 그건 그에게 행복을 준 것이 아니다.

모름지기 본성의 진실을 자비와 지혜로 열어서 이웃에 참으로 도움 줄 것을 생각하고 힘쓸 일이다.

•• 우리에게는 원래 무한의 부를 가져올 자비와 지혜와 능력이 있는 것을 깊이 믿자. 밖으로 나타난 물질적 · 형상적 부는 우리 본성에 갖추어진 능력의 일부가 나타낸 그림자임을 알자.

그림자는 그 본체가 바뀔 때 곧 소멸된다.

그러므로 우리는 그림자를 좇을 것이 아니라, 그림자를 나타낸 본체에 관심을 가져야 한다.

자비와 지혜가 능력을 발휘하여 이웃과 사회에 도움을 주고자 하는 데서 새로운 형상, 새로운 창조는 있게 된다.

우리 본성에 무한대의 자비위신력이 넘치고 있는 것을 직관하고, 주저말고 자비를 실천하자. 이에서 자신과 세계가 밝아진다.

●●● 경의 말씀에 모든 현상은 허망한 것이라 했다. 부처님을 형상으로서 구하지 못한다고 했다.

그렇다면 실재하지 않는 허망한 것에 신뢰를 둘 수 없다. 물질은 실재가 아니므로 물질적 부를 신뢰할 수 없는 것이다.

이는 물질을 무시하라는 말이 아니고, 물질의 의미를 잘 알라는 말이다. 물질이 있는 데는 누군가의 노력과 자비행이 반드시 거기 함께 있는 것이다.

그렇다면, 물질을 숭배하는 의미에서가 아니라, 그 배후에 있는 법성의 자비, 중생의 자비와 노고를 생각하고 존중해야 한다. 그리고 자비의 실현이라는 목적에 유효하게 활용하는 것을 생각할 일이다.

33

공덕을 내어 쓰는 지혜

● 　인생과 바다의 비유.

사람이 인생을 어떻게 생각하고 느끼는가 하는 것은 사람들이 바다를 바라보는 것과 흡사하다. 즉 바다는 한없이 넓은 평면을 가지고 있지만, 또한 심연을 알 수 없는 깊이를 가지고 있다.

어리석은 사람은 눈에 보이는 바다의 수면만 보고 거기에 떠 있는 배라든가 파도가 바다의 전부인 양 단정해 버린다.

그러나 지혜로운 사람은 바다의 참된 모습이 결코 눈에 보이는 수면만이 아니라, 눈에 보이지는 않지만 물고기가 놀고 있고 해초와 바위가 있으며 온갖 강물을 다 받아들이고 있음도 안다.

우리의 인생도 이와 같다. 어리석은 사람이 바다의 평면만 보듯 인간존재를 눈에 보이는 육체와 그 육체가 느끼고 있는 감각이 전부인 양 단정하고, 거기에 모든 가치를 부여한다.

그러나 지혜 있는 사람은 인생을 바다의 심연처럼 생각하여, 비록 눈에 보이지는 않지만, 마음속에 감추어져 있는 온갖 조화와 한량없는 공덕을 본다.

●● 인생을 넓이와 깊이로 보는 불자.

사람들은 누구를 막론하고 행복을 바라고, 행복을 얻기 위해 혼신의 힘을 다한다. 그러나 어떻게 행복을 얻을 것인가에 대해서는 마치 어리석은 사람이 바다를 보되 겉모양만 보듯이 한다.

눈에 보이는 육신을 근본으로 삼아서 부귀와 좋은 배우자와 맛있는 음식과 명예와 안일이 행복의 전부인 양 착각하고, 그것이 덧없는 것임을 알지 못하며, 또한 참된 행복이 자기에게 다가오는 원리를 알지 못한다.

불자는 지혜로운 사람이 눈에 보이지 않는 바다의 깊이를 알 듯, 물질적이고 외형적인 모습과 더불어, 육체 이전의 소식과 행복이 얻어지는 공덕의 근원을 알고, 이것을 내어 쓰는 사람이다.

●●● 사람의 본래 성품.

그렇다면 불자가 알고 있는 공덕의 근원은 무엇인가?

『열반경』「사자후보살품」에는 "일체 중생에게는 부처님의 성품이 있으며, 여래는 항상 계시어서 변하지 않는다─切衆生 悉有佛性 如來常住 無有變易"는 부처님의 말씀이 있다.

즉 우리 모두에게는 부처님의 성품이 있는데, 우리가 가지고 있는 부처님의 성품이라는 것은, 부처님께서 이 세상에 오시든 오시지 않든 상관없이 언제나 변함 없이 빛나고 있고, 바로 이 부처님의 성품이 우리에게 행복을 안겨 주는 공덕의 근원이라고 부처님께서 말씀하고 계신다.

여기서 말하고 있는 부처님의 성품[佛性]이란 구체적으로 어떤 것인가?

첫째는 영원하고 청정하다는 청정자존성淸淨自存性이다.

둘째는 일체 세계와 일체 중생을 여의지 않는다는 동체대비성同體大悲性이다.

셋째는 끝없는 지혜와 한없는 덕성과 걸림 없는 위력을 원만하게 갖추었다는 원만구족성圓滿具足性이다.

넷째는 무한한 진리 자체라는 무한창조성無限創造性이다.

그러나 부처님의 성품이 아무리 우리에게 있다고 해도, 이것을 믿지 않고 내어 쓰지 않는 사람에게는 소용이 없다. 이런 사람을 우리는 불교를 믿지 않는 사람이라고 말하고, 이 사실을 믿는 사람을 불자라고 한다. 불자라면 모름지기 이 공덕을 사용하여 자신과 이웃을 밝히기 위해 끊임없이 '마하반야바라밀다'를 염송해야 할 것이다.

34
고난을 웃고 대하는 지혜

● 조화로운 마음, 부드러운 마음을 항상 지켜가자. 설령 대립적 관계에 있는 사람에 대해서도 오히려 그로부터 반성의 기회를 얻고, 향상의 요소를 발견하게 되면, 역경은 순경으로 바뀌게 되고 대립적인 사람이 내 편인 것을 알게 된다.

어떤 역경이나 불행에서도 우리는 거기서 향상과 진보의 자료를 얻게 된다. 그러므로 역경이나 불행이란 있는 것이 아니고, 또 다른 교훈일 뿐이다. 해서, 모든 일에 부드러운 마음으로 대하여 대립심이나 저항심이나 투쟁심은 버려야 한다.

대립심에서 대립관계가 생기고, 투쟁심에서 투쟁관계가 찾아들기 때문이다.

언제나 조화로운 마음으로 모든 일을 대하자. 조화로운 마음에서 반드시 조화로운 환경이 나타난다. 그러자면 무엇보다 감사한 마음, 축복하는 마음이 되어야 한다.

아무리 나쁜 일을 대하더라도 그 안에 자신을 일깨울 요소가 있는 것을 발견하고 감사하도록 하자.

•• 어려운 일을 당했을 때, 우리는 마음이 어둡고 불만이 생기기 쉽다. 반야바라밀다를 배우는 불자는, 어려울 때일수록 더 힘써 반야바라밀다를 염하여 밝은 마음으로 부처님 공덕심을 불러 일으켜야 한다.

우리의 생명 밑바닥, 진실한 존재는 부처님의 광명이요 은혜다. 일체와 조화하는 자비와 환희뿐이다. 그런데도 우리 주변에 불행한 사태가 나타나는 것은, 모두 우리가 지은 과거행의 표현이며, 그때의 생각과 감정의 나타남이다.

그리고 이런 거친 감정과 나쁜 마음은 지금 우리 앞에 어두운 그림자로 나타나면서 동시에 소멸되는 것이다. 과거의 어두운 마음이나 감정이 고난이라는 현상으로 나타나면서 사라지는 것을 분명 알아야 한다.

그러므로 어려움을 만났을 때는, 잠복상태에 있던 과거에 지은 어두운 마음이 이제 나타나 사라지는 것으로 생각하여, 오히려 기뻐하고 감사해야 한다. 과거에 지은 악업이 소멸된 것을 믿고 밝은 마음이 되어야 한다.

우리는 언제나 반야바라밀다를 염하여, 부처님의 은혜로운 공덕을 생각하고, 어떤 일을 당하든 밝은 마음 감사한 생각으로 대해야한다. 그렇게 하면 과거의 어두운 생각의 표현인 고난은 사라지고, 그 대신 밝고 적극적인 믿음의 생각이 구체적 형상으로 나타나 기쁨과 축복된 세계가 이루어진다.

●●●어두운 일을 당하고 불행한 일이 닥쳐왔다면 즉시 마음을 돌려 반야바라밀다의 밝음으로 채우자.

그리고 일심염송하며, 현재 고난은 반드시 사라지고 밝은 공덕이 나타나는 것을 생각하자.

항상 이와 같이 기도하며 당면한 일에 전력을 기울여 간다면 우리의 밝은 염원은 마침내 밝은 환경조건을 이루고 만다.

어떠한 고난 속에서라도 반야바라밀다의 무량공덕세계가 빛나고 있는 것을 굳게 믿고 흔들리지 말자.

나는 할 수 없다는 열등감과 허약심이 우리를 실패로 몰고 가는 것을 알고 바라밀다를 염하고 또 염하며 참고 노력하여 필경의 성취자가 되자.

35
자비광명 속의 생활

● 부처님은 어디에 계셨던가?

그렇다. 부처님은 우리 생명 깊은 곳에, 그리고 온 우주 가득히 자비로운 빛으로 계셨다. 언제나 밝고 따뜻하게 온 생명을 키우고 계셨다. 그러므로 있는 것은 부처님의 자비공덕뿐이다. 해서, 우리 모두는 완전한 불자다.

우리는 부처님의 진리생명으로 함께 있다. 감각기관에서 얻은 것 모두는 무無인 것을 우리는 알았다.

온 천지 가득 부처님의 위신력뿐인 것을 알았다. 그러니 어느 틈에 불행이 스며들까.

우리의 앞길은 끝없이 밝고 넓고, 우리 생명은 은혜로 충만해 있다. "부처님 감사합니다."

•• 온 천지 구석구석 부처님의 자비이며 광명이다. 나와 천지만물은 하나의 진리로 이어져 있다.

온 이웃 일체 중생이 하나의 근원이다. 아무도 대립된 자 없고 남이 없다. 서로가 개성을 가지고 부처님의 크신 은혜를 꽃 피워 간다.

"축복 받은 형제들, 감사합니다."

••• 이제까지 국집했던 고집을 버리고, 이제까지 뻗대고 있던 교만의 깃대를 꺾고, 모두에게 감사할 때, 작은 나는 끝없이 커가면서 일체 속에서 성장해 간다.

끝없는 성장, 한없는 자기발전, 자기를 비우고 남을 받들 때, 향하는 곳마다 모두가 형제다. 위없는 깨달음의 길을 가고 있는 형제들, 그리고 온 인류는 필경 이 길을 간다.

우리 불자는 무아無我를 배워 참되게 성장하고, 온 세간을 밝히며 나아간다.

"우리 모두 서로 손을 맞잡고 부처님의 진리생명으로 살아갑시다. 불심을 배우고 자비를 행하며 서로 공경하고 섬깁시다. 오만도 비굴함도 없는 평화스런 천지, 기쁨 가득한 행복, 오오 부처님 감사합니다."

잃어버린 나를 찾아서

36

참된 자비행

● 부처님께서 말씀하셨다.

"내가 일체 중생을 보건대 모두 여래의 지혜를 갖추어 엄연부동하고 비록 온갖 번뇌 가운데 묻혀 있어도 물들거나 때묻음이 없이 항상 덕스러운 공덕이 구족하여 여래와 더불어 조금도 다를 바가 없다."

부처님이 보신 바가 우리의 참된 모습이며 진실존재다.

부처님은 궁극적 진실존재다. 이와 같은 근원진리성이 우리에게는 원래 갖추어져 있는 것이고, 우리의 생명은 근원진리인 법성, 즉 부처님 공덕성에 의하여 뒷받침되어 있다.

실로 우리는 부처님 공덕, 부처님 진리를 떠나 존재하지 않는다. 현상의 모습인 중생성, 그것은 진실이 아니다.

그렇다면 우리가 지금 살고 있다는 것은 나의 힘으로 살고 있는 것이 아니라 부처님 공덕으로 살고 있는 것이다. 여기에서 우리는 크나큰 긍지와 희망과 용기를 갖게 되는 것이며 끊임없이 부처님께 감사를 드리게 된다.

•• 우리의 살아 있는 진실이 이와 같음을 알진대, 우리의 생활을 허망한 현상 위에서 지어갈 수는 없다. 향상되고 변함 없는 진리의 기초 위에 세워야 한다.

그러하기 위해서는 눈에 보이고, 귀에 들리고, 형상으로 잡아지는 세계에만 매달려 이익을 추구하기에 앞서 진리실상에 마음의 눈을 돌려야 한다.

우리 생명의 진실인 불성공덕, 즉 자비를 실천해야 한다.

자비는 바로 불심이라 했다. 불성세계의 실질이 자비이며 진리다. 자비를 실천할 때 온갖 선공덕이 나타난다. 자비는 불심이므로 헤아릴 수 없는 힘을 지니고 있다.

온갖 지혜의 문을 열고, 대립의 벽을 허물어뜨리며, 고뇌의 늪을 건네주고 화합과 환희와 성취의 과실을 여물게 한다.

진실한 자비는 상대가 부처님 공덕을 지니고 있다는 것을 믿고 존경하는 데서부터 시작된다.

상대의 존귀성을 보지 않고 존경심이 없는 행위는 비록 그것이 애정이 담긴 것이라 해도 번뇌이며, 집착이다.

자비는 현상적 형상을 넘어서고, 감각적인 좋고 나쁘다는 생각을 뛰어넘어, 참으로 있는 진실면목을 관하고 존경하는 것임을 잊지 말자.

●●● 자기의 이익과 함께 다른 사람의 이익도 마음에 두고 행동하자. 물론 자기의 이익을 거절하라는 말은 아니다. 부를 죄악시하는 것도, 가난을 미덕이라고 하는 것도 안 된다. 가난해서는 남을 괴롭히기도 하고 돕지도 못하는 것이다.

주는 거와 받는 것은 자비행의 양변이다. 받는 사람이 있기에 주는 기쁨도 있다. 그러므로 주는 자는 받는 자를 경멸하거나 우월감으로 대해서는 안 된다. 준다고 하지만 모두 부처님 공덕으로 이루어진 것을 맡아 가지고 있는 것을 이웃에게 주는 것이므로 주었을 때 부처님께 감사하고 받는 사람에게 감사할 일이다.

만약 상대방을 열등시한다면 자비행은 아니다. 공덕이 될 수 없다. 받는 자, 주는 물건, 주는 행위에 무심하며 다시 감사할 때 참된 보시공덕이 된다.

37

운명을 열어가는 권능자

● 　진리의 세계에는 무한의 지혜가 충만하다. 이 지혜에서 우리에게 필요한 온갖 행복요건이 창출된다.

　우리의 본성은 법성이며 불성이다. 근원진리 자체인 것이다. 그러므로 우리에게는 무한의 지혜가 원래 충만하다. 누구나 무한의 행복요건을 창출할 지혜와 권능을 지니고 있다.

　눈에 보이는 현상만을 있는 것으로 아는 사람에게는 본성진리의 무한성을 믿기 어려울 것이다. 현재 아무리 물질생활에서 어려움을 겪고 있더라도 진실인즉 무한의 지혜가 현존하다는 것을 믿어야 한다.

　눈을 들어 우리의 생활 주변을 보자. 모든 문명 이기가 당초부터 있었던 것이 아니다. 근원인 보이지 않는 깊은 마음에서 비추어낸 지혜에서 만들어낸 성과가 아닌가. 모든 존재는 현상을 넘어선 진리가 근원이다.

우리는 자신이 무한을 창조하는 진리본성인 것을 깊이 믿고, 끊임없이 정진으로 본성의 지혜, 본성의 능력, 본성의 평화를 현실에 실현해야 한다. 무엇보다 마음속 깊이 진리의 완전원만성이 현존하는 것을 믿고 흔들리지 말아야 한다.

●● 이처럼 우리의 본성이 지극히 완전하고 원만하고 권능적인 진리성이므로 인간생활은 원래 밝고 원만하고 자유로운 것이다. 행복과 평화, 환희가 인간생활의 진실한 모습일 수밖에 없다.

솟아오르는 아침 해, 구름 한 점 없는 하늘을 생각해 보자. 온 천지가 찬란한 광명으로 충만하지 않은가.

이처럼 인간 본래의 생활은 행복하고 환희스런 것인데도, 현실생활이 고난과 불행에 쌓여 있다면, 그것은 본성의 밝음을 믿지 않고 어두운 생각, 어두운 환경, 장애요건들을 인정하고 그것이 마음에 가로놓여 있기 때문이다.

동천의 햇살은 찬란해도 구름이 걸려 있을 때 눈부신 아침 해를 보지 못하는 것과도 같다.

스스로를 물질적 존재, 육체적 존재라고 인정하고, 거기서 고난과 불행의 요인들의 존재를 인정할 때, 고난 · 불행 · 재난을 몰고 오는 어두운 구름은 우리 앞을 가로막는다.

●●● 우리가 진리적 존재이며, 본성이 진리이며, 진리현실이 불변의 현존인 것을 믿지 않는 데 문제가 있다. 스스로를 죄인으로 자처하고, 업보중생으로 생각하고, 물질적 환경조건의 종속자로 생각하고 있을 때, 불행과 고난이라는 죄의 대가를 치르게 마련이다.

허물을 알면 뉘우치고 참회하여 마음을 비워야 한다. 본성의 태양이 찬란히 빛나고 무한의 행복 요건을 끊임없이 방출하고 있는 것을 깊이 믿자. 우리의 자성은 본래 청정하다.

때문을 수 없고 죄지을 수 없고, 악할 수 없고, 결코 어두울 수 없다. 가난도 불행도 원래 없는 것이다. 어찌 찬란한 태양과 어둠이 공존할 수 있겠는가.

끊임없이 반야바라밀다를 염하자. 진리의 태양이 우리의 진실이며 무한공덕 · 원만자재 · 평화 · 환희, 이것이 우리 생명의 빛깔이며 현실이다.

넘쳐나는 바라밀다 광명을 가슴에 담고 생각과 말과 일체 행동에 평화 · 환희 넘치는 바라밀다를 실현하자.

우리는 원래 스스로의 밝은 운명을 열어가는 권능자인 까닭이다.

38
주인공을 자각하라

• 옛날 서암瑞巖스님은 매일 반석 위에 나와 앉아 종일토록 "주인 공아" 하고 자기 자신을 향해서 불렀다. 그리고 스스로 대답하기를 "정신차려라, 속지 마라"고 했다.

우리는 끊임없이 진실한 자신에 눈떠야 한다. 부처님의 무한공 덕을 지니고 태어난 불자의 자각을 신선하게 간직하여야 한다.

자신을 향하여 '주인공아' 하고 종일 불러댔던 서암스님은 진리 생명으로 순수하고 충실하게 살아갔다.

•• 여기에 자기 열등감이 있을 리 없고 자기 축소심이 있을 리 없 다. 우리 모두 아침에 일어날 때에도, 책상에 앉았을 때에도, 길을 걸 으면서도, 사람을 대하면서도 자신이 불자라는 생각을 잊지 말아야

할 것이다.

불자인 자각이 철저할 때 심신의 행이 바르게 되고 상서로운 행복이 성취된다. 그리고 무엇보다 어렸을 때부터 자신이 부처님 공덕 원만한 불자인 자각을 갖게 하자.

●●● '나는 업보중생'이라는 자기 한정을 버리자. 불자에게는 부처님의 대자비가 항상 함께 하고 있다. 우리에게 필요한 것은 부처님께서 모두 주고 계신다.

우리가 얻지 못하는 것은 자기 한정을 하기 때문이다. 참으로 필요한 것은 부처님께서 이미 주신 것을 생각하고 깊은 마음속에서 긍정하고 감사하자.

우리가 부처님 마음에 일치하자면 먼저 부처님의 은혜를 얼마나 많이 받고 있는가를 헤아려 보는 것이 좋다. 나의 능력, 나의 환경, 그 모두를 생각하고 깊이 감사하자.

하루 하루의 생활 모두를 깊이 감사하자. 이럴 때 부처님의 빛나는 마음은 더욱 밝게 우리에게서 드러난다.

39

세간의 등불

● 불자는 모름지기 어떤 수행이나 어떤 기도에서든 끊임없이 부처님을 생각하고 그 무량자비공덕을 생각하고 또 끊임없이 감사해야 한다. 이것은 염불과 감사가 함께 행해지는 기도로써 우리의 생활은 일시에 바뀌어질 것이다. 비록 미혹한 중생살이에 처해 있다 하더라도 그는 여래공덕을 현실적으로 받아 쓰는 권능적 창조자인 것이다.

그러므로 감사는 미혹을 깨뜨리고 여래공덕의 문을 여는 열쇠다. 불자는 감사로써 미혹의 어둠을 몰아내야 한다.

때때로 마음을 새로이 하고 꿈과 희망을 부풀리자. 그리고 모두와 함께 하는 불자본심佛子本心으로 여래공덕如來功德을 전개하여 우리의 생활을 창조로 충만시키자.

•• 그러나 부처님의 가르침을 한낱 지식으로 간직하고 있는 사람은 없을까?

'부처님은 그렇고 부처님 가르침도 그렇고 자신은 업보중생이다. 답답하면 염불하고 어려움을 만나면 기도한다.' 혹시 이런 사람은 없을까? 이런 사람에게 불법은 한낱 지식으로 있다가 필요한 때에나 겨우 쓴다. 이 정도로는 불법을 믿는 불자라고 하기에 억울하다.

불자의 삶은 불법으로 자기 생명을 삼으며 믿음은 모든 일상생활이다. 우리의 생활은 어차피 밝음을 향한 길이거나 아니면 불안을 향한 길이다.

때로는 잠시 밝은 곳으로 머리를 돌렸다가 또 어두운 곳으로 되돌아간다. 이렇게 어디에도 정착하지 못하는 경우가 허다하다.

어디에도 정착하지 못하고 계속 흔들리거나 불안 속에 살면서 이것이 인생이라 하며, 로봇처럼 주어진 일에만 골몰하거나, 투쟁으로 인생을 개척하는 사람이라면 그는 이미 불자가 아니다. 그는 깨달음이라는 밝은 태양을 향하고 있는 것이 아니라 그늘지고 흔들리는 어두운 곳을 향하고 있기 때문이다.

우리의 일상생활은 모름지기 믿음으로 살아야 한다. 자신의 생명이 단지 육체에서 생겨난 또 하나의 육체이거나 물질의 종속자라는 미망에서 어서 빨리 벗어나야 한다.

자신의 생명에 부처님의 무한공덕이 넘치고 있다는 것이 진실생명의 현실이라는 것을 눈으로 보듯이 믿어야 한다.

자신의 생명에 이러한 큰 공덕이 구족하다는 사실에 감사하고, 끊임없이 진리생명으로 우리와 함께 하시는 불보살님께 감사해야 한다. 그리고 그 감사는 법성본분의 실현으로 끊임없는 행동으로 이어져야 한다.

그러한 믿음의 실천을 정진이라 하고, 지속적 정진을 하기에는 많은 인내가 따른다. 인내를 통한 지속적 정진에서 부처님의 무한공덕은 더욱 구체적으로 우리와 우리의 환경에 드러나게 된다.

불자의 삶은 마땅히 이래야 하고 마땅히 이런 믿음, 이런 감사와 정진의 생활이어야 한다.

●●●경에는 부처님을 '세간을 비추는 등불'로 부르고 있다.

세간을 비추는, 밝게 비추는 등불이라는 뜻이겠다. 그래서 부처님은 세간을 밝히는 등불이시며, 불법도 세간등불이고, 불법을 믿는 것은 등불을 받아들이는 것이며, 법을 편다는 것은 세간을 밝히는 일이다. 불자의 생활도, 활동도 그 모두가 세간을 밝게 하는 것이라고 하겠다.

제 4 장

중생성숙 · 국토성취

40

부富에 담긴 진리의 뜻

● 우리는 큰 은혜 가운데서 살고 있다. 이 사실은 어떤 특별히 선택된 사람만이 아니고, 선인이든 악인이든 모든 사람이 은혜 속에 살고 있다.

우리의 생명과 육체와 자연환경과 그리고 온갖 법칙까지를 포함하여 모든 것이 진리에서 온 은혜인 것이다.

그러므로 큰 진리의 은혜 속에 살고 있다는 사실을 잊어서는 안 된다. 그것은 바로 겸허하고 감사하고 모두를 받들고 저들의 행복을 기원하는 마음으로 사는 것이다.

●● 햇빛은 누구에게나 똑같이 무한으로 주어져 있다. 그렇지만 창에 커튼을 치고 있거나 눈을 감고 있는 사람이라면 빛을 보지 못한다.

공기도 마찬가지다. 누구에게나 무한정으로 주어져 있어 공기를 들이쉬고 토해낸 사람이 다시 공기를 계속 마실 수 있다.

우리를 둘러싸고 있는 모든 환경조건이나 공급이 다 이런 것이다. 잘 받아 쓸 줄 알아야 한다.

우리에게 주어진 온갖 자연조건을 바르게 이해하고 법칙을 알아 활용함으로써 유용한 것을 만들어 간다. 그래서 많은 편의를 얻고 富도 축적하게 된다.

그런데 이 부를 보다 넉넉하게 이용하고 공급받자면 무엇보다 우리에게 주어진 환경조건이나 부의 참뜻을 바로 이해해야 한다.

우리에게 유용한 환경조건이나 부는 모든 사람을 돕고 행복하게 성장시키고자 하는 진리의 뜻이 그 본질이다.

모든 사람을 성숙시키고 향상시키며 행복하게 하고자 하는 뜻이 자연조건과 생활자료를 공급하는 진리의 본뜻이라는 말이다.

그러므로 자연에게서 얻어진 물질이나 부를 언제나 진리의 본뜻을 실현하는 방향으로 사용해야 한다.

만약 인간이 획득한 부를 세간을 파괴하는 데 사용하거나 타인을 해롭게 하는 데 사용하거나 자신이나 세간을 오염시키고 타락시키는 방향으로 사용한다면, 그 부는 본래의 의미를 상실하였으므로 존속하기 어렵게 될 것이다.

●●● 우리는 부를 경영하면서 자칫 물질적 형상만을 구하기 바빠서 그 본 뜻을 등한히 하기 쉽다. 그래서 모처럼 이룩된 부도 무의미하게 되고 불행의 손잡이가 되기도 한다.

혹시 물질적인 부는 힘써 구해도 진리를 깨닫고 인격을 높이며 덕성을 기르는 데는 등한하지 않은가 돌이켜 보자. 형상적인 물질적 부는 영원한 것이 아니다.

'삼일 동안 닦은 마음은 천년의 보배요 백년 동안 탐하여 모은 재물은 하루아침의 티끌'이라 하지 않았던가.

높은 인격, 맑은 성품, 원만한 덕성을 함양하는 것은 진실생명의 도야이며 진실가치의 증대이므로 그것은 영원한 것이다.

마음을 닦은 수행력과 그 성과는 길이 우리의 생명을 빛내고 국토를 밝히며 필경 위없는 깨달음을 이루게 한다.

우리 모두에게 주어진 은혜로운 환경에 감사하자.

그리고 진리의 뜻을 알아 정진하고 성품을 밝혀 영원히 행복한 터전을 닦아가자.

41

부富를 이루는 원천

● 생활을 윤택하게 할 수 있는 물질적 환경을 우리는 부富라고 말한다. 그리고 이런 물질적 부를 구하고 그것을 쌓아 올리기에 바쁘다. 그러나 우리의 물질적 환경뿐만 아니라 모든 생활여건들을 이루는 데는 근원이 있다. 그것은 마음이다.

밝고 활기차고 이웃을 돕고 세간을 이롭게 하고자 하는 큰 뜻과 그러한 뜻을 이룰 수 있는 요소를 부처님으로부터 받고 있다는 확신과 감사가 마음에 이루어져 있어야 한다.

다시 말하면 부라는 물질적 성과는 그 원인이 마음에 먼저 이루어져 있고, 그 결과로서 우리 환경에 부의 현상이 이루어진다는 말이다. 이러한 정신적 원인을 알지 못하거나 등한히 하고서는 아무리 부를 구한다 해도 이루기 어렵다.

설사 일시적으로 부를 얻었다 하더라도 오래 지탱하지 못한다.

이 점을 생각한다면 우리는 끊임없이 마음을 밝혀야 한다. 부처님의 대자대비 무한위신력이 나의 생명에서 넘쳐나고 있는 것을 감사하며 높은 인격, 드높은 이상, 줄기찬 정진이 함께 해야 한다.

그런데도 이 도리를 모르는 사람들이 부처님에게 물질적 부는 구하면서도 진리의 실현, 인격의 향상은 구하지 않는다.

물질적 부는 그림자다. 영원한 것이 못 된다. 설사 일생 동안 간직했어도 죽을 때는 가지고 가지 못한다.

진리의 깨달음이나 높은 수행력, 그리고 높은 인격과 맑은 성품은 생명 자체에 진리다운 가치를 더한 것이므로 그것은 영원한 것이다.

그러므로 우리는 썩고 녹슬고 변해 가는 물량적 가치를 목적으로 삼지 말고, 영원한 가치인 밝은 깨달음과 인격의 향상, 정신세계의 청정원만을 목적으로 하여 정진해야 할 것이다.

•• 우리의 주변을 둘러볼 때 많은 사람들이 물질적 부나 번영을 이루기 위해 부처님 전에 기도도 하고 염불하며 진언을 외우는 것을 본다. 그렇게 하여 얻어진 부 또한 물질적 향락이나 생활의 쾌락을 위해 대개들 쓴다.

또 쇠약한 건강의 회복을 위해 기도도 하지만 그렇게 하여 얻어진 육체적 · 정신적 정력은 그 쓰여지는 곳이 육체의 쾌락이나 이기적 이익을 위해 쓰여지고 있지는 않은지 돌아보아야 할 것이다.

●●● 모름지기 스스로 지혜와 덕성을 연마하고 이웃과 사회에 이로움을 주기 위해 그 육체적 · 정신적 정력을 써야 할 것이다.

부처님에게서 공급받은 부나 건강은 부처님의 자비하신 뜻을 살려 사용하지 않을 때, 부의 근원이 막힌 결과가 되므로 기도의 공덕은 사라지고 경제적 · 육체적 발전도 이내 시들 수밖에 없게 된다.

사람의 육체에 즐겁다던가 불쾌하다는 감각이 있는 이상 불쾌보다는 유쾌하고 즐거운 것을 구하는 것이 반드시 나쁘다고는 할 수 없다.

그러나 육체는 높고 아름다운 뜻을 실현하는 도구이므로 도구를 잘 관리도 해야겠지만 그렇다고 도구의 향락을 위해 정신이 그 도구가 될 수는 없다.

그것은 우리의 근원적 생명인 진리에 위배되기 때문이다. 그러므로 우리는 어느 때나 근원진리를 저버려서는 안 된다.

무엇이 불법입니까

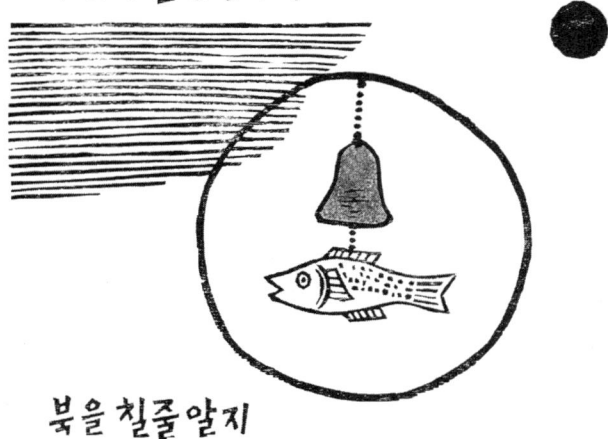

북을 칠줄알지

42
이 땅은 최승 장엄국토

● 『유마경』「불국품」의 법문을 우리는 여러 번 배웠다.

"부처님께서 발로 땅을 짚으시니, 즉시에 땅이 온갖 보석으로 장엄되었음이 나타났다. 그것은 마치 보장엄불의 국토와 같이 비할 데 없이 찬란하게 장엄되어 있었다. 그리고 모든 대중들이 부처님과 같은 보배로운 연화좌 위에 앉아 있는 것을 보았다."

보장엄불의 아름다운 국토, 최상의 장엄, 아름다움을 극한 국토가 사실은 바로 이 땅인 것이다.

이것이 이 국토, 석가모니부처님 국토의 참된 모습이었다. 실로 거친 것, 추악한 것, 더러운 것이란 아예 이름조차 없다.

우리는 이 법문을 거듭 주목한다. 우리가 머물고 있는 이 세계는 부처님의 공덕 충만한 세계이니 최고의 아름다움과 선善으로 꾸며져 있다. 이것이 참된 모습이다.

뿐만 아니라 모든 사람들이 부처님과 똑같은 지혜와 공덕으로 무한의 지혜공덕을 간직하고 있는 것이다. 이것이 진실한 인간의 본래모습이다. 오직 이것밖에 없다. 다른 것이란 아예 없다.

●● 악한 사람, 무능한 사람, 박복·박덕한 사람이란 없는 것을 분명히 알아야 한다. 만약 부정·불행·악함이 있어 보인다면 그것은 허망한 그림자요, 망상이 나툰 그림자이다. 몽환이다.

우리는 이 망상을 버려야 한다. 망상이 그려낸 몽환의 구름 속에 언제까지 머물러서는 안 된다.

망상의 구름에서 벗어나야 한다. 몽환의 불행에서 탈출해야 한다. 검은 구름을 뚫고 영원히 청정불변한 푸른 하늘 청정세계에 뛰어들어야 한다. 거기에는 영원히 변함 없이 항상 축복의 태양이 눈부시게 빛나고 있다.

장애나 불행이란 이름조차 없는 것이다. 비록 과거에 어떤 어려움이 있었다거나 현재 우리를 괴롭히는 어려운 문제가 있다 하더라도, 진리세계에는 본래 없는 것이다. 그러므로 문제 될 것이 없다.

우리는 오직 진리의 완전, 부처님의 완전한 지혜와 자비와 그 위신력을 믿자. 진리만을 굳게 믿자. 이 땅은 보장엄불의 무량장엄국토와 다르지 않다고 하지 않았던가.

일체 중생이 부처님의 지혜덕상과 그 위신력을 함께 하고 연화 보좌의 주인이라 하지 않았던가.

해서, 나쁜 일이란 하나도 없다. 과거에도 없었고 지금도 앞으로 도 있을 수 없다. 왜냐하면 부처님 국토인 진리세계에는 과거에도 현재에도 미래에도 나쁜 것이란 결코 없기 때문이다.

우리 부처님의 간곡하신 말씀을 흔들림 없이 믿자.

●●● 미망의 어둠에서 벗어나 축복의 태양이 빛나는 반야바라밀다의 푸른 하늘에 뛰어 들자면 보고 듣는 감각현상에 매여 있어서는 안 된다.

고난을 보는 두려운 생각을 버려야 한다. 어려운 문제를 들고 온 사람을 미워하는 마음을 버려야 한다. 보고 듣는 경계, 생각에서 꾸며낸 모든 일을 활활 털어 버려야 한다. 그래야 축복의 태양이 빛나는 진리의 창공에 뛰어 들 수 있다.

이 축복된 세계는 멀리 있지 않다. 우리 마음이 바로 그것이다. 직하에 있다. 그러므로 모든 생각 떨쳐 버리고 일심 염송하자. 그리고 감사하자.

우리는 일찍부터 빛나는 자리의〔蓮華寶座〕주인공이 아닌가.

43
번영하고 성공하는 사람

● 판단하기 어려울 때 부처님을 염하자. 동으로 갈까, 서로 갈까, 결정하기 어려울 때, 마음을 부처님에게로 돌리고 마음을 비워서 부처님 대지혜의 인도를 받자.

그럴 때는 먼저 내가 하고자 하는 일이 이기심의 충족인가, 개인적 야심인가를 돌이켜 보자. 아니면 스스로의 향상과 사회와 국가에 이바지하고자 하는 보살정신이 있는가도 살펴볼 일이다.

그래서 참으로 자신이 성장하고 이웃과 사회에 도움을 주는 계획을 세우자. 그리고 일심 염송하여 희망의 길을 열어가자.

●● 번영은 진리에서 이루어진다. 세간이 불황에 빠졌을 때, 자신이 그 불황의 물결을 타지 않고자 한다면 언제나 마음에 성취와 번영을

간직하고 부처님을 생각하여야 할 것이다. 불황이나 불안을 잠시도 생각하지 말고 보다 번영하고 성취한 상태를 마음에 두고 전력을 기울여 염불하자.

그리고 한편에 사람들이 무엇을 구하고 있는가를 생각하고 저들에게 도움이 되는 최선의 길을 생각해 가자.

세간과 중생에게 이바지하고자 하는 일념이 새로운 아이디어를 얻게 한다.

●●● 우리는 부처님의 은혜로운 생명을 받은 자다.

한량없는 지혜와 번영의 길을 진리에서 이어 받은 자다.

성공 번영의 길은 이미 우리에게 이어져 있다.

그 통로를 자기 위축의 관념이나 공포, 불안한 생각과 그밖에 악심으로 메워 버리지 않는 한 우리는 항상 성공과 번영의 공급을 받게 된다. 명심하자.

44

새로운 희망, 성취의 한 해

• 우리는 지금 행복한 새해를 맞이했다.

　지난해에 어떤 일이 있었더라도 그것은 제야의 종소리와 함께 영영 사라졌다. 새 햇빛과 함께 새로운 천지가 열렸다. 광명은 다시 새롭고 만물 또한 새롭다. 우리의 마음도 다시 새로워졌다. 지난해는 지난 마음의 나타남이지만 올해는 지금 우리의 밝은 마음, 평화로운 마음, 행복한 마음이 밝은 새해를 열어간다.

　우리 모두 세계 인류의 행복을, 온 겨레의 행복을, 국토의 평화통일을, 그리고 우리의 가정과 자신의 행복을 생각하자. 이것은 진실이다. 부처님이 주신 은혜로운 실상이다. 그리고 우리 마음에 그려지고 다져진 마음이 우리의 행복을 끌어당겨 우리의 앞길에 나타나는 것을 잊지 말자.

새해야말로 신선한 우리 생활의 새로운 시작이다. 새해의 운명은 우리 손에 쥐어져 있다. 우리는 행복을 생각할 생각의 자유를 부처님에게서 이어 받았다.

우리 마음에 있는 것, 우리가 생각하는 것만이 우리 앞에 나타나고 구체적 현실로 나타난다. 그러므로 우리 모두는 이 권능적 자유인 생각의 자유를 값있게 활용하자. 오직 새롭게 자신과 이웃의 행복만을 생각하자.

불행 · 실패 · 불화 등 일체 어두운 것은 생각에서 몰아내자. 과거는 과거로 돌리자.

밝은 것, 행복한 것, 성공하는 것, 평화로운 것만을 생각하자. 이와 같이 새로운 생각으로 충만한 우리는 새해에도 다시 젊어질 것이다.

•• 세간에 불황의 물결이 아무리 드높더라도 그 불황의 물결을 타지 않으려면 항상 마음과 말에서 번영을 생각하고 말하며, 순간이라도 불황과 불안을 생각하지 말아야 한다.

언제나 번영을 생각하자. 전력을 기울여 대중은 무엇을 구하고 있는가를 끊임없이 살피고 사업내용을 그 방향으로 운영해 가고 개선해 가며, 새로운 지혜를 개척해 가도록 힘쓰자.

우리 부처님 마하반야바라밀다는 무한의 지혜이며, 자비이며,

힘이다.

그리고 세계는 향상을 향한 끊임없는 전진의 계속이다. 구태의 연한 묵은 관념에 빠져 있어서는 아무리 과거에 번영한 사업이라도 새로운 전진대열에서 처지고 마는 것을 잊지 말자.

●●● 생각이 모든 현상의 원형임을 잊지 말자.

습관에 떠밀려 우울한 생각, 불안한 생각, 불행한 생각에 빠지지 말고 어두운 생각에 젖어 있는 것을 깨달은 순간 부처님을 생각하자. 마하반야바라밀다를 염하자.

그것은 불행으로 떠밀려 가는 자신을 편안한 언덕으로 돌이키는 최상의 방법이다.

진리인 자신에게 돌아가 지혜의 눈을 뜨고 노력할 때 우리의 운명은 개선되고 인격과 정신은 더욱 향상한다.

우리 모두 빛나는 희망을 그리자. 성공의 물결이 밀려오는 것을 생각하자. 설사 현재 상태가 어렵게 보이더라도 그것은 지나가는 것이고, 밝은 앞날이 열려오고 있는 것을 생각하자.

오늘의 고난은 미래를 향한 비약의 발판이다.

불평하지 말고 염불하며 감사하자.

이 한 해를 아름다운 성취의 한 해, 보다 높은 성장의 한 해인 것을 깊이 믿고 감사하자.

45
상서로운 새 아침을 맞이하자

● 아침해는 다시 찬란히 솟아올랐다. 이 밝은 아침에 감사하자. 그보다도 잠에서 깨어난 순간, 오늘 하루를 감사하자. 잠든 동안 밤이 가고 아무런 장애 없이 평화로운 오늘의 아침을 다시 맞이한다. 찬란한 아침과 함께 주어진 오늘에 감사하자.

부처님 은혜, 지극하신 진리의 은혜, 그리고 다시 이제부터 열릴 상서로운 행운에 감사하자.

●● 우리는 불자다. 부처님의 지극히 자비하시고 지혜로우신 보살핌 속에 내 생명이 열려간다.

부처님께 감사하자. 진리이신 은혜에 감사하자. 크신 위신력에 감싸여 상서로운 하루가 새로 열리는 것을 감사하자.

마음속에 스며드는 열등감을 털어 버리자. 자기가 왜소하다는 그릇된 생각을 털어 버리자. 우리는 불자, 진리위신력의 생명이 아닌가.

옛 스님은 항상, '주인공아, 주인공아' 하고 자신을 부르고는 '예' 하고 대답하고, '남에게 속지 마라' 고 했다.

우리도 옛 스님을 따라서 언제나 자신이 불자임을, 무한공덕을 지닌 '반야바라밀다 생명'임을 잊지 말자.

'마하반야바라밀다' 내 생명 부처님 진리생명, 무한공덕 생명, '마하반야바라밀다'인 자신을 부르고 잊지 말자. 신선한 불자의 자각, 반야바라밀다 무한공덕 생명의 자각을 충만하게 간직하자.

이렇게 한다면 어느 틈에 열등감이 깃들 것이며 자기 왜소감이 스며들 것인가.

아침에 일어나면 '나는 불자, 마하반야바라밀다' 를 소리 높여 외치자. 책상머리에 앉을 때도 '나는 불자, 마하반야바라밀다' 를 외치자. 길을 걸을 때도 '나는 불자, 마하반야바라밀다' 를 생각하고 활기차게 앞을 향해 달려가자.

●●● 우리 인간이 불자이며 부처님의 무한공덕이 충만한 마하반야바라밀다 생명이라는 사실의 자각이 높아질 때, 우리에게는 두려움이 없다. 일체 장애를 극복한다.

불가능은 없다. 상서로운 행복이 우리를 감싸 돌고 우리의 앞길에 광명과 성취와 행복이 열려온다.

우리 모두 아침에 눈을 뜨면서, '나는 불자 · 마하반야바라밀다 무한공덕 생명', 이렇게 외치자. 그리고 밝은 진리의 눈으로 뚜렷이 觀하자.

우리의 아침은 이렇게 열려오고 우리의 행복, 우리의 성취는 이렇게 시작된다. 결연히 자기 열등감을 버리자. 지난날에 있었던 불안한 생각, 고통스러운 생각을 다시는 떠올리지 말자.

어제는 어제로 끝났고, 오늘은 새 희망, 새 성취의 빛나는 태양이 떠올랐다.

찬란한 반야바라밀다 태양이 생명에서 솟아오르고, 행복 · 행운 · 성취의 하루가 열려오는 오늘을 감사하자.

이렇게 하여 집안의 분위기를 반야바라밀다 광명으로 채우고 어린 아기들까지도 기쁜 하루, 성공의 아침이라는 자각을 일찍부터 심어주자. 매일매일 심어주자.

46
진실한 자기에 눈뜨자

• '진실한 자신'을 믿는 자는 무슨 일이든 대성할 수 있다. 진실한 자기란 육체를 말하는 것이 아니고, 육체를 초월한 '진리인 자기', '법성인 자기'를 말한다.

육체를 초월한 진리적 자아自我, 법성자아法性自我를 통하여 우리는 진리와 하나가 되고, 진리위신력을 쓰며, 부처님과 함께 한 위력을 발휘할 수 있다.

육체에 의존하는 자는 평소에 자신만만하다가도 역경을 만나면 단번에 무너진다.

그러나 법성자아를 믿어 부처님과 함께 한 자신을 믿는 자는 역경을 당해도 결코 꺾이거나 굴복하지 않는다.

법성자아를 자각함으로써 우리는 유한적 물질존재에서 벗어나

무한의 진리적 존재로 바뀐다. 육체적 존재에서 진리적 존재, 즉 법성인 자신을 깨닫는 데서 진실한 의미의 불자는 탄생하고 불자로서 위없는 큰마음을 내게 되는 것이다. 위없는 큰마음이란 곧 무상보리심을 말한다.

•• 희망을 성취하자면 무엇보다 시간과 공간과 일체를 초월하고 일체에 두루한 대진리인 부처님을 믿고 이 진리는 일체에 두루하고 우리에게도 충만하여 그것이 참된 자기자신이라는 사실을 믿어야 한다.

다시 말하면 부처님 대진리가 내 생명에 깃들어, 나와 일체가 되고 있다는 사실을 믿어야 한다. 여기서 비로소 자기를 믿는 동시에 부처님을 믿는 굳은 믿음이 이루어지는 것이다.

부처님은 특별한 국토나 먼 나라에 계시기 때문에 이르기 어렵다는 생각을 해서는 안 된다. 그런 생각을 가질 때, 자신을 부처님에게서 떼어내어 고독한 존재로 만들고 무능과 불행한 자기라는 생각이 깃들게 하는 것이다. 참으로 자신을 믿는 자는, 자신이 부처님과 항상 함께 있다는 철저한 일체감을 갖는다.

••• 우리의 생명은 육체생명이 아니다. 물질의 공급으로 지탱되는 생명이 아니다. 우리의 생명은 부처님에게서 왔다. 살아 있다고 하는

것은 부처님이 지금 내 안에 살아 있다는 말이다. 언제나 나와 함께 있다는 말이다.

만약 우리가 물질이라면 어떻게 '생각하는 능력'을 갖는다는 말인가. 물질에는 사고능력이 없다.

우리가 완전을 생각하고 진리를 구하는 것은 우리 인간 생명의 뿌리가 진리이고 완전자이기 때문이다. 그러기에 완전을 생각하고 진리를 구한다. 완전한 진리, 이것은 부처님의 경계다.

우리의 생명 밑바닥에 부처님의 진리가 약동하고 있다. 이것을 알고 이것을 믿는 불자는 언제나 부처님과 함께 하는 자요, 완전한 원만을 성취하는 자가 된다.

울안에서 소가 도망쳤다

47

성취의 믿음을 외치자

● 　새해는 우리의 신선한 생활의 시작이다. 새해의 운명은 우리 손에 쥐어져 있다. 우리는 반야바라밀다의 생명을 믿으며 반야바라밀다 공덕을 자유롭게 운영할 생각의 자유를 지니고 있다.

우리의 환경은 우리가 생각하는 것, 우리 마음에 있는 것이 구체적으로 나타나는 것이다.

자, 우리 모두 오직 새롭게 우리와 이웃과 나라와 세계의 평화행복을 염원하자. 결코 어두운 것, 불행한 것은 생각하지 말자. 지나간 어둠을 마음에 두지 말자. 과거는 과거로 돌려보내자.

진리광명이 찬란하게 우리 생명에 빛나고, 우리 앞길을 밝히니 우리에게는 밝은 일만이 나타난다.

오직 밝은 희망, 화합과 성취만을 생각하자. 크게 성장하고 평화롭게 번영됨을 마음에 두자. 새해의 새로운 희망, 새로운 믿음, 새로운 생활, 새로운 성공, 새로운 향상을 마음에 그리자.

나이를 생각하지 말자. 부처님의 진리생명을 사는 우리는 영원히 젊다.

•• 마음에 있는 것, 생각하는 것은 우리 환경을 꾸며가는 원형이다.

우리가 지금 무엇을 생각하고, 무엇을 마음에 두고 있는가가 마침내 우리의 운명을 좌우한다.

우리는 자칫 잘못된 습관에 젖어 어두운 생각, 불행한 생각을 하기 쉽다. 그러나 그러한 습관에 떠밀려가서는 안 된다.

습관에 밀린다는 것은 거친 물결에 정신 없이 몸을 내어 맡긴 거와 같다. 거기에 불행한 운명이 찾아든다. 우리의 생각, 우리의 마음이 우리의 운명을 지배하기 때문이다.

굳은 믿음으로 내 생명의 진실, 부처님 공덕 충만한 반야바라밀다를 생각하자. 끊임없이 생명에 넘치는 부처님 공덕을 지켜보며 감사할 때, 우리의 운명은 밝음을 향하여 열려간다.

노력하자. 반야바라밀다 생명을 굳게 믿고, 지켜가는 것이 정진이다. 정진에서 환경의 개선과 진실한 향상이 있게 된다.

••• 우리에게 갖춘 위대한 능력을 어떤 방향으로 이끌고 어떤 내용

을 실현케 하는가는 전적으로 믿음과 생각과 말이 좌우한다. 스스로의 생명실질이 부처님의 무한공덕임을 믿고 그 밖의 모두는 허망하다는 것을 굳게 믿어야 한다. 그리고 이 은혜로운 공덕에서 끝없는 행복이 넘쳐나는 것을 생각해야 한다. 그리고 이와 같은 사실을 말로 표현해야 한다.

말은 한낱 음성의 파동만이 아니다. 우리가 말할 때는 반드시 그에 상응하는 상태가 마음에 있다.

또한 깊은 뜻 없이 한 말도 반복하는 가운데 자신의 마음을 그 방향으로 바꾸어 간다. 마음에 있는 것이 이루어지는 것을 안다면 말은 우리가 번창할 유용한 지혜며 도구이다.

이 한 해, 새로 열린 아침에 힘있게 외치자.

"우리는 반야바라밀다 생명, 밝은 새아침이 열렸다. 우리는 건강하고, 행복하고, 만사를 성취한다. 겨레와 조국과 세계와 함께 평화를 성취한다. 나무마하반야바라밀다."

48
성취력은 불신력佛神力이다

• 반야[지혜]의 눈으로 볼 때 모든 사람은 불자이다. 진리공덕이 완전하고 원만하다. 모든 것이 조화롭게 갖추어 있다.

그래서 평화롭게 번영하고 부와 즐거움과 그 모든 것을 이룩할 지혜와 힘을 갖추고 있다. 참으로 영예로운 기쁨이며 영예로운 은혜다.

이와 같은 우리의 능력을 발휘하는 데는 끊임없이 부처님의 무한공덕성을 생각해야 한다. 이것이 불자의 지혜이며 권능이며 기도다.

우리는 매사에 불자의 권능을 기도로써 발휘하며 성취하는 것이다. 부처님의 무한공덕장을 생각하고 그것이 자신의 진실임을 관하며 감사한다.

무슨 일을 하든 반야바라밀다를 염하며 부처님과 함께 함을 생각한다. 이루어지는 모든 것은 부처님의 위신력이다. 우리는 일체 어두운 마음을 버려 구름 한 점 없는 푸른 하늘에 햇빛이 가득하듯 자신에게 부처님 위신력이 원만한 것을 관한다.

•• 우리가 부처님의 무량공덕을 관하며 부처님을 염하여 기도할 때, 우리의 소망이 속히 이루어지지 않는다고 실망하거나 중단해서는 안 된다.

부처님의 자비로운 위신력은 언제나 태양처럼 빛나고 있고, 우리의 마음이 밝아짐을 따라 크신 공덕은 나타나는 것이다.

그리고 소망이 클수록 그만큼 마음이 너그러워야 한다. 우리는 일심으로 염하고 기도할 뿐이요, 결과는 부처님에게 온전히 맡겨 두어야 한다.

우리의 노력에 의하여 우리의 뜻이 이루어지는 것이 아니라 부처님 대자비 위신력에 의해 부처님 공덕이 우리 앞에 현전된다는 것을 잊어서는 안 된다.

그러므로 끊임없이 기도하고 끊임없이 염하며, 끊임없이 감사한다. 얼마간 기도하다가 성취되지 않는다고 중단한다면 그것은 부처님의 대자비 위덕을 믿지 않는 것이 된다.

소망성취의 시기를 스스로 한정하는 것은 자신의 그릇된 집착을 비우지 못한 때문이다.

우리의 소망실현이 늦어진다는 것은 그만큼 우리 자신의 정진력을 성장시키는 계기가 되며 마음에 정화가 진행되고 있는 것이다.

●●● 참으로 우리의 생명을 돌이켜 볼 때, 움직이고 활동하며 생활하는 것, 이 모두 부처님의 자비하신 지혜와 은혜를 사용하고 있는 것이다. 만약 부처님의 위신력이 잠시라도 정지된다면 우리의 생명은 존속할 수 없을 것이다.

그러므로 소망이 빨리 이루어지든 소망이 늦어지든, 삶의 현 존재에 대하여 무엇보다 먼저 감사해야 한다.

감사야말로 부처님 공덕이 흘러나오는 통로이며 우리의 생활에 필요한 일체 수요를 현실화시키는 필수조건이다.

만약 생활에서 기쁨과 보람을 누리지 못하고 소망을 이루지 못한다면, 그 원인은 부처님 공덕에 대한 믿음의 결핍과 감사의 부족에 있다는 것을 알아야 한다.

49
자기 계발과 행동적 표현

● 　우리는 표정이나 말이나 행동으로 자신을 표현한다. 그런 표현
은 반드시 행동으로 나타냄으로써 큰 효과를 나타내게 마련이다.

　　표현의 행동화, 즉 행동적 표현이 없을 때는 자신의 내용이 아무
리 큰 것이라 하더라도 그것은 매몰된 보물이고 대인적對人的 효과를
거두기 어렵다.

　　그렇다고 밖으로의 표현에만 관심을 가질 때 내용이 공허하고
천박한 것이 된다.

　　먼저 밖으로 표현하는 데에 앞서 내용의 충실에 힘써야 한다. 깊
이 있는 내용, 충실한 자신을 이루자면 무엇보다 자신이 '법성진리
의 실현이라는 자각'이 있어야 한다.

　　끊임없이 반야바라밀다를 염하여 자신이 진리공덕의 실현이라

는 자각이 충실해야 한다.

이 충실한 자각을 통해 진실한 자기를 확립하고 환경을 바르게 평가하며, 자신의 현실적 가치를 높여 간다.

이와 같은 자각을 바탕으로 한 표현이 행해질 때 비로소 내외가 상부한 능력을 나타내게 된다.

•• 세간에서 평범하고 용렬한 사람이라는 평가를 받을 때, 그것은 자신의 진리적 본성에 대한 자각이 결핍하고, 또한 밖으로부터의 평가를 자신이 받아들여 깊은 의식 속에 인상지은 데에 잘못이 있다는 것을 살펴야 할 것이다.

주위 사람들이 평가한 평범한 존재라는 암시를 받아들여 자신을 그대로 내어 맡기고 있는 한 평범하고 용렬하다는 현재에서 벗어나기 어렵다.

주위 사람들의 상상을 넘어서 예상 밖의 성적을 발휘할 때에 비로소 주변 사람들의 보는 눈도 달라지고, 용렬하다는 평가는 찬탄으로 바뀌어서 자신의 노력에 의한 능력 계발도 증진된다.

그러므로 불자는 확고한 신념으로 주변의 평가를 뛰어 넘는 노력으로 자기 계발에 힘써야 한다. 이런 데서 직업이나 사회적 지위가 향상되는 것은 너무나 당연하다.

●●●자신이 사회에서 인정받지 못하는 큰 이유는 스스로 자기 능력을 계발하지 않고, 또한 자기 능력을 표현하고 행동으로 나타내지 않기 때문이다.

자신이 스스로 자신의 능력을 발견하여 계발하지 않는데, 타인이 자신을 인정해 줄 리 만무하고, 행동으로 나타내지 않는 자신의 잠재능력을 남이 알아주기를 바라는 것은 아무래도 무리다.

무엇보다 중요한 것은 자신의 직업이나 사회적 지위나 보수에 상관없이 사회와 직무에 대해 최선의 공헌을 하는 것이다. 공헌하면 바라지 않아도 반드시 보상이 돌아오는 것이 법칙이다.

현재 받고 있는 대우 이상의 활동이나 공헌을 하는 것은 바보스럽다는 생각이 있다면, 그에게는 공헌이 없기 때문에 보상도 없다는 법칙이 적용될 수밖에 없다. 그런 사람에게서 직무의 향상 발전을 기대하기는 어려운 것이다.

정성을 기울이고 전 인격을 기울여 자기 능력의 계발에 힘쓰고, 정성을 들여 행동으로 자신을 표현해 가자. 그런 사람이 관여한 사업은 활력이 넘치고 주위에 밝고 건전한 영향을 형성한다.

사업의 발전은 그 일에 종사하는 사람들의 진심이 얼마만큼 축적되었는가에 달려 있다.

장삼 한벌의 무게가 일곱근이라

50
무한을 향해 성장하는 사람

• 우리는 불자다. 본성이 불성이고 불심이다. 그러므로 무한의 능력, 무한의 가능성을 지니고 있는 것이다. 우리가 지닌 무한의 재능은 이것이 불성의 것이요, 부처님에게서 온 것이다.

그러하기에 자기 재능을 소중히 여기고 힘써 개발하며, 그 재능은 항상 사회와 인류에게 도움이 될 것을 생각하며, 또한 끊임없이 발휘되고 활용되어야 한다.

나라와 사회와 스스로가 속한 단체의 발전을 생각하며 정성을 바쳐 노력하고 자기 지위나 보수를 마음에 두지 않고 최선을 다하는 것, 여기서 재능은 더욱 도야되고 능력은 향상될 뿐만 아니라 사회에 공헌하게 되고 능력과 정성이 새롭게 인정을 받게 된다.

만약 현재의 지위나 대우받고 있는 이상으로 활동하는 것을 손해라고 생각한다면, 그것은 현재 지위나 현재 대우에 결박되어 자신에게 갖추어진 무한의 능력을 계발하지 않고, 자기 능력을 발휘하지 않는 사람이라 할 것이고, 그런 사람은 현재의 대우에 속박되어 있으므로 현실의 노예라고도 말할 수 있다.

●● 현재의 환경조건을 넘어서서 자유롭게 자신의 무한능력을 계발하고 발휘하는 사람이야말로 무한을 향하여 성장하는 참된 자유인이라 할 수 있다. 불자는 결코 주어진 현재상태에 자기 마음을 속박시켜서는 안 된다.

자기의 무한 가능성을 스스로 속박해서는 안 된다는 말이다. 우리의 운명을 속박하는 것은 현재의 자기 주변의 환경이 아니라 자기 마음인 것을 명심하자.

환경에 속박된다고 생각하는 자기 열등감에서 벗어나야 한다. 그러므로 자신을 거듭거듭 돌이켜 보아 자신에게 깃든 무한 가능성을 확신하자.

우리는 불자다. 참된 자유인이다. 현재 상태에 끄달리고 불평 불만하거나 저주하지 말자. 우리에게 주어진 현재 상태는 우리가 성공으로든, 실패로든, 어느 쪽이든 나아갈 수 있는 출발지의 디딤돌인 것을 생각하자.

●●● 우리에게 주어진 현재의 환경이 비록 험악하더라도 그것을 저주하지 말자. 도리어 현재의 상황에 감사하자. 우리는 바로 거기에서 새로운 곳으로 뛰어 나아갈 수 있기 때문이다. 현재의 환경에서 굴종이나 실패나 어려움이나 불운의 인상을 마음에 받아들이지 말자.

도리어 끊임없이 염불하며 자신에게 깃든 무한능력, 성공의 약속을 마음깊이 새기도록 노력하자. 현재의 불안전한 상태를 저주한다면 그것은 마음에 새겨져 도리어 그것에 속박된다.

그러므로 현재에 주어진 것이 비록 못마땅하더라도 불평 불만하고 저주하느니보다 새로운 성장을 생각하며 끊임없이 감사하자.

어떠한 것이라 하더라도 무의미한 것은 없다. 우리의 정신적 성장에 도움을 주지 않는 것은 없다.

안일이나 쾌락을 구하는 입장에서는 힘드는 일은 바람직한 것이 못 되겠지만, 정신적 향상과 발달을 생각한다면 어떤 고난도 대하기에 따라서 우리의 향상과 발전에 도움을 준다고 할 수 있다.

고난 가운데 지혜의 비결과 건강의 양약이 숨겨져 있는 것을 알자.

51
자기 한정을 버리자

● 우리는 위급한 일을 당했을 때 뜻밖의 놀라운 힘이 난다는 사실을 종종 듣기도 하고 실지로 자신이 경험하기도 한다. 중풍으로 수족이 불인不仁한 사람이 이층에 누워 있는데 홍수로 갑자기 몰려든 물이 집안에 차 오르자, 자신도 모르게 벌떡 일어나서 1층으로 내려가 중요한 가재를 2층으로 옮겼다는 이야기를 들었다.

화재를 만났을 때 역시 집안의 무거운 도구를 혼자 들어 마당에 피해 놓았다가 불이 꺼진 다음 가재를 옮기려 하니 조금도 움직일 수 없었다는 말도 들었다.

그렇게 위급할 때에 무거운 것을 옮긴 힘이 어디에서 나왔을까? 그것은 밖에서 온 힘이 아니다. 원래 자신에게 나온 힘이다. 여기서 생각해 보면 우리의 일상생활에서는 자신이 가지고 있는 생명력의

극히 작은 부분만 발휘하고 있다는 것을 알게 된다. 만약에 자신에게 감추어진 힘을 평상시에도 발휘하도록 힘쓴다면 우리의 생활능률은 몇 배가 더 향상할 수도 있을 것이다.

위급할 때에 큰 힘이 나올 수 있었던 것은, 원래 큰 힘을 가지고 있었건만 그 힘을 인정하지 않고 '나의 힘은 이 정도다'라고 의식적으로 또는 무의식중에 자기 한정을 하고 있었기 때문일 것이다.

•• 힘은 원래 있었건만 자기 한정으로 인해서 힘이 다 발휘되지 못했던 것이다. 그런데 위급할 때는, 자기 한정 의식이 발동할 틈이 없으므로, 자기 한정으로 인해 속박 받고 있던 안에 있던 힘[內在力]이 해방되어 발동했음을 알 수 있다.

자신이 위대한 힘을 지닌 위대한 생명체인 것을 믿고 자기 한정에서 벗어나는 것은 참으로 중요한 의미가 있는 것이다.

우리는 본성이 불성인 것을 믿고 구족한 위력을 지닌 것을 알고 있다. 우리가 자신을 불성의 주인공이라는 사실을 아는 데 그치지 않고, 불성이 지닌 위대한 위력을 굳건히 믿고, 더 나아가 평소에 반야바라밀다를 일심으로 염하여, 자기 생명의 본분진실에 대한 자각을 깊게 한다는 것은 참으로 중요한 의미가 있다는 것을 알 수 있다.

••• 우리는 스스로의 본성이 불성인 것을 알아서, 자신에게 내재한

위대한 힘을 깊이 믿어야 할 것이다. 그리고 그것을 자유로이 발휘할 수 있도록 노력을 해야 한다.

도대체 인간생활이 행복하지 못하고 유쾌하지 못하고 우울하다고 한다면, 그 이유는 무엇보다 자기에게 갖추어진 위력이 억압되어 발휘되지 못하고 있는 점에 착안해야 할 것이다.

자기 본성의 본래 원만성을 믿고 일체 장애 요인에서 생각을 떠난다면 인생은 사뭇 밝고 행복하며 능률은 크게 향상될 것이다.

그러므로 우리는 경을 읽고 염송을 하며 또한 설법을 들어 마음을 덮고 있는 억압 감정, 우울 감정, 실패 감정, 공포 감정, 불안 감정 등 일체 소극적이며 어두운 감정을 비워 버려야 한다.

그렇게 할 때 우리의 본성이 지닌 위대한 역량이 더욱 발휘되고 생활은 한층 밝아지고 성과를 크게 거두게 되는 것이다.

무엇보다 미움과 원망, 대립 감정, 불안 감정을 털어버리고 반야바라밀다를 염하여야 한다. 일심으로 반야바라밀다를 염하면 억압 감정 등은 소멸되고 어느 사이 밝은 공덕이 자신에게 충만해 온다. 그러할 때 대지 깊이 뿌리내린 거목巨木처럼 꿋꿋하게 성장하여 보람의 결실을 거두게 되는 것이다.

세존의 침묵

52
바라밀다 서원을 이루는
세 방편

• 우리는 정법호지正法護持를 발원했다. 이 땅에 불법이 영원하고 온 중생이 불법광명에 자재할 것을 서원한 영광의 호법행자다. 우리는 스스로 정법으로 빛나며 이 땅에 정법을 널리 펴 영겁토록 머물러 국토완성을 기약한다.

우리의 목표는 국토성취, 중생성숙, 정법영원이 있을 뿐이다. 우리는 모름지기 진실정법 가운데서 무량공덕을 발휘하여 호법서원을 완수해야 한다. 그렇다면 무엇이 호법서원을 완수하는 길일까.

•• 부처님께서는 "보살이 정토를 얻고자 할진대 마땅히 그 마음을 청정하게 할지니 그 마음이 청정함을 따라 곧 국토가 청정하다"고 말씀하셨다.

일체 국토 일체 중생은 원래 허물이 없는 것이다. 국토에서 부정을 보고 중생에게서 허물을 보는 것은 국토 부정이나 중생 허물이 아니라, 우리의 마음이, 자신의 마음이 청정하지 못한 것을 말하고 있는 것이다. 그러므로 중생성숙, 국토성취 정법영원의 호법서원을 이루자면 먼저 우리 모두의 마음이 청정해야 한다.

어떻게 우리의 마음을 청정하게 할 것인가? 수행에 의할 것인가, 불보살의 가호력에 의존할 것인가? 참으로 이것은 중대한 과제다. 그러나 우리는 다행히도 반야의 법문을 배우고 있는 반야학도다.

반야의 안목에서 볼 때, '일체 법은 무無요, 일체 현상은 공空'이다.

육근의 안이비설신의와 오온의 색수상행식의 온갖 정신적·물질적 요소가 원래부터 아예 없는 것이다. 일체 형상적 존재나 감상적 현상이란 본래 없다는 말이다.

있는 것이란 오직 반야바라밀다 광명이 명랑할 뿐이며, 그것은 불생불멸 불구부정 부증불감, 다시 말해서 영원하고 청정하고 원만할 뿐이다. 이와 같은 반야실상은 닦아서가 아니라 본래의 것임을 우리는 다시 주목해야 한다.

반야의 가르침에서 보건대, 일체는 본래 청정이다. 그러므로 일체 국토에는 무량공덕이 충만하다. 일체 중생에게는 무량공덕이 충만하여 모두가 연화보좌에 앉은 것이 실상實相이다. 모든 중생, 일체 국토에 무량공덕장엄이 자족한 것이다.

여기서 반야를 배우는 보살들은 의당 그 마음이 청정할 수밖에 없다. 우리는 이 반야에 의하여 호법의 대서원을 성취하는 것이다.

●●● 중생성숙, 국토장엄, 정법영원의 호법행자에게는 또 하나의 방편이 있다. 그것은 반야실상의 완전하고 원만구족한 공덕세계를 마음으로 끊임없이 확인하며 확신하여 나아가는 일이다.

마음에 있는 것이 이루어질진대 무량공덕 원만성취를 확신하는 마음에서 우리의 기원, 호법행자의 서원은 현실로 이루어진다. 대원을 발하고 호법을 맹세한 반야학도는 끊임없이 반야바라밀다를 염하고 여래공덕이 처처에 충만하고 우리의 발원이 원만성취되고 있음을 관하고 감사하며 정진을 쉬지 아니한다.

또 한 가지, 바라밀다 행자의 필수적인 지혜행이 있다. 그것은 긍정의 신념에 따른 성취, 긍정의 언어다. 반야바라밀다의 현전한 무량공덕을 깊이 믿고 서원한 바가 원만성취되고 있음을 마음의 눈으로 관하여 바라밀다 기원이 성취되고 있음을 생각과 말로 긍정하고 선언하는 것이다.

믿음과 관觀과 확정적 선언이 환경을 바꾸고 국토를 원만실현하는 창조적 결실을 가져온다.

바라밀다행자, 호법행자들이여, 반야의 대행으로 빛나는 성취를 기약하자.

53
진리가 뒷받침되는 소망

● 우주 법계와 우리 인간세계에는 인과법칙이 있다. 그것은 원인을 지었으면 결과가 그에 따라 나타난다고 하는 자연법칙도 포함되지만, 우리의 생활에 깊은 영향을 주는 것은, 물질세계에 있는 물리적 인과관계보다도 마음에 있는 원인이 물질계나 현상계에 결과로 나타나는 인과관계 쪽이다.

즉 마음에서 생각하는 것이 현상세계에 결과로 나타나는 것을 말한다. 그러므로 우리가 인생에서 어떤 삶을 보낼 것인가? 행복하게 살 것인가, 아니면 비참한 삶을 살 것인가의 갈림은 그 원인이 밖에 있는 것이 아니고, 전적으로 자신 안에 있다.

즉 우리가 항상 무엇을 생각하고 있는가, 평소에 또는 하루 동안에 무슨 생각을 하면서 많은 시간을 보내는가에 따라 그 결과가 결정된다는 말이다. 이 뜻은 인간의 운명은 자신이 무엇을 보다 많이 생각하고 있는가에 따라 결정된다는 것이다.

●● 이러한 인과의 법칙은 벗어날 수가 없다. 나쁜 일을 생각하면서 좋은 결과를 얻으려 하지만, 결코 그런 간교한 일은 이루어질 수 없다. 오직 착한 원인에 착한 결과가 있고, 악한 원인에는 악한 결과가 따른다. 콩이든 팥이든 심은 데로 거둔다는 말이다.

우리의 인생은 우리 자신의 마음에 있는 것이 구체적 형상으로 현상세계에 나툰 것이다. 즉 우리의 생각은 자신의 독특한 정신 위에 주변에서 보고 듣는 여러 가지 생각을 받아들여 다시 자기의 생각을 만들어간다.

어렸을 때는 부모나 가족에게서 많은 생각을 받아들여 자기의 마음을 만들어간다. 그러다가 성장하면서 점점 독립적인 개성이 나타나지만 역시 가족이나 주위에서 영향 받는 마음이 적지 않다.

그리하여 주위 환경에서 받아들인 생각이 점점 잠재의식에 고정되어 지우기 어려운 경향을 만들어 간다.

이처럼 고정된 경향이 좋은 생각, 밝은 생각이라면 그 인생에 좋은 영향을 주게 되지만, 악하거나 어두운 생각일 때는 평생을 두고 그 인생에 악한 영향으로 작용하고, 운명을 어두운 방향으로 몰고 가게 된다.

●●● 비록 환경에서 영향 받는 것이 크기는 하나 우리의 본성은 환경이나 생활경향을 형성하기 사뭇 이전부터 원래 원만한 불성이다. 그러므로 우리가 무엇인가 이루고자 하면 먼저 자신의 진실한 모습인 법성진리가 자신의 생명임을 알아서 굳건히 믿고 매사에 자신감을 가져야 한다.

참으로 우리가 바라는 것이 옳은 것이라면, 그것은 우리의 본성진리가 현실에 나타나고자 하는 충동이므로 그 소망은 반드시 이루어진다. 왜냐하면 우리 생명에 깃든 진리의 무한한 힘이 배경이 되어 강한 뒷받침을 하고 있기 때문이다. 문제는 바라는 것이 올바른 소망인가에 달려 있다.

자기 혼자 이득을 보고자 하는 소망이나 타인에게 손실을 가져오게 하는 소망은 진리에 어긋나므로 법성무한력에 조화되지 못한다. 그러므로 우리는 무엇이 진리의 뒷받침을 받아 반드시 실현되는 소망인가를 먼저 깊이 생각해야 한다.

54

바라밀다 염송으로
불자의 위력을 발휘하자

• 반야의 눈으로 보면 인간은 육체적 물질덩어리가 아니다. 인간은 반야바라밀다 완성체며, 부처님의 무한공덕상을 완전히 갖춘 자다. 지혜와 자비와 덕성은 인간 본유本有, 인간 본래의 것이다.

우리는 물질적 형태만 보는 자신의 감각의식으로 스스로를 범부 · 죄보 · 무능자로 볼 것인가? 아니면 부처님 말씀이신 진리실상의 말씀을 믿을 것인가? 올바르게 결정해야 한다.

마땅히 불자된 우리는, 미혹을 집착하고 육체감각을 국집하여 속박과 한계와 고난과 내지 죽음을 자초하는 우치를 범하지 않아야 할 것이다. 당연히 부처님이 보신 바 진리실상의 말씀을 전적으로 믿고 받아들여야 한다. 여기에서 비로소 우리는 불자라는 이름으로 다시 태어나게 될 것이다.

•• 불자는 부처님의 완전한 공덕을 받고 태어났으므로 완전하고 원만하여 결함이란 없다. 재난이나 불행, 병고, 일체 장애란 원래 없는 것이다.

반야바라밀다 실상광명이 충만하여 일체 어둠, 일체 장애가 완전 소탕되어 자취도 없다. 이것이 불자의 존재성이요 생명의 진실모습이다.

이와 같은 진리본연의 생명인 불자이지만, 자신의 진리본성을 깨닫지 못하고 미혹된 생각에 사로잡혀 있다면 아무리 불자라고 하더라도 현상세계에서는 어둠과 고난을 만나고 만다. 본성청정本性淸淨을 깨닫지 못하고 믿지 못하는 것은 그 마음에 어둠과 미혹이 걸쳐 있기 때문이다.

그러므로 불자는 끊임없이 본성을 확인하며 청정본성을 자신 속에서 확인해야 한다. 그리고 자신의 본성, 본래의 존재성이 무장애 · 무량공덕 · 완전성취라는 사실을 확신하고 자신의 마음이 이러한 청정심으로 충만해야 한다.

그래야 청정본분 · 원만무장애 · 일체성취 · 진실공덕 · 본성공덕을 수용하게 된다.

••• 불자는 청정본성으로 본래 있는 존재이며 완전원만공덕으로 충만한 존재라는 사실을 믿어야만 한다. 그러자면 첫째 부처님의 가르

침을 믿으며 자신 생명에서 확인해야 한다.

끊임없이 반야법문을 독송하고 생각하며, 끊임없이 반야바라밀다를 일심염송해야 한다. 그래서 자신의 마음속 깊은 곳에서부터 바라밀다 청정상이 넘쳐 나오는 것을 확인해야 한다.

바라밀다 염송을 통해 일체 망념이 쉬고 번뇌가 사라져야 한다. 그 순간 청정자성의 무량공덕이 구름이 흩어진 푸른 하늘처럼 밝게 나타난다. 여기에서 불자의 마음은 청정원만 무장애가 현발되고 일체 성취의 위력이 넘쳐난다.

거듭 생각하자. 인간의 본성실상이 아무리 완전하고 원만하다고 하더라도 마음이 청정하지 못하고, 반야바라밀다 염송의 힘이 약하여 그 마음에 번뇌와 망상, 어두운 상념, 불행, 고난 등 미망의 구름이 걸쳐 있고서는, 불자의 일상생활에서 진리의 완전성이 나타나지 못할 것이다.

그러므로 불자가 진실한 본유本有의 완전원만성을 현실적으로 향유하자면 끊임없이 반야의 말씀을 독송하고 반야바라밀다를 염송하여 그 마음에 반야의 태양을 빛내야 할 것이다.

55

진실은 오직 불력佛力으로
이루어진다

• 인간은 본래부터 반야바라밀다, 진리 자체이다. 인간의 본성이
불성佛性이요, 있는 것은 오직 법성진여法性眞如뿐이다. 이와 같은 인
간의 절대적인 권능과 존엄성은 본래부터 만인에게 갖추어진 인간
실상이지만, 이와 같은 '자신이 불자, 바라밀다 완성자' 라는 자각 없
이는 진리의 권능적인 힘은 나타나지 않는다.

무엇보다 인간은 반야바라밀다요, 불성자며, 공덕완성자라는
사실을 확실히 알아야 한다. 이 진리를 알았을 때, 확고하게 깨달았
을 때, 인간은 자기 한정, 자기 속박에서 벗어나, 무량한 자기 실현이
가능한 것이다.

거듭 말하지만 인간은 본래 불성이다. 원래부터 완전원만자이
지만 가지가지 미혹된 마음으로 덮여 있을 때, 그 완전한 능력은 발

휘하지 못한다. 미혹 중 가장 큰 것은 '인간은 육체며, 존재하는 것은 물질뿐이다' 라는 잘못된 생각이다.

이러한 생각이 굳으면 굳을수록 인간 자신은 자기 속박에서 벗어나지 못하고 물질의 지배를 받으며 권능적인 자유를 잃게 된다.

•• 이처럼 인간실상이 권능적인 진리성이며, 존재하는 것은 불성 즉 부처님의 진리 위신력뿐이라는 사실을 믿게 될 때 인간은 비로소 속박에서 해방된다.

중요한 것은, 실로 존재하는 것이란 '부처님의 위신력뿐이다' 라는 사실이다. 우리가 자기 지혜, 자기 힘을 쓰고 있는 것이 아니라, 모든 힘과 모든 지혜는 불성 즉 부처님에게서 오는 것이라는 말이다.

우리는 원래부터 부처님의 대지혜, 대자비 그리고 풍요와 조화와 아름다움을 부처님으로부터 이어받은 자다.

우리는 모름지기 우리의 진실생명으로 존재하기에 이미 주어져 있는 부처님의 높은 뜻을 실현해야 한다. 이것이 자기 실현이며 참된 보람과 기쁨과 성취를 얻게 되는 근본이다.

다시 말하면 우리에게 주어진 지혜와 자비와 온갖 공덕은 불성이며 부처님에게서 온 것이므로 완전하고 신성한 것이다. 우리는 모름지기 부처님의 거룩한 뜻, 우리 생명의 진실한 의미를 깨달아, 그에 상부하는 방향으로 자신의 능력을 구사해야 한다.

성스러운 목적에 쓰이도록 성스러운 힘을 이어 받았다는 사실을 명념해야 한다는 말이다.

일체 뜻하는 바 모든 거룩한 일을 성취할 힘을 우리는 이어 받았다는 사실을 끊임없이 생각하자. 본분을 잊지 말자.

••• 우리는 일을 당해서 성취할 것인가, 실패할 것인가 당혹하는 때가 있다. 그러나 나의 작은 목적이나 나의 이기적 욕구충족을 위한 것이라면 자기 힘, 자기 일을 하는 것이므로 두려워하고 곤혹에 빠질 수 있지만, 부처님의 뜻에 부응한 사업은 모두가 불사이니 거룩한 불력佛力으로 실현된다.

마땅히 부처님의 걸림 없는 위덕에 의하여 불신력으로 일은 이루어진다. 만약 우리가 힘이 모자란다고 두려운 생각을 갖는다면 나의 목적을 위해 내 힘을 행사하고자 하기 때문이리라.

모든 힘은 부처님에게 속해 있고 진실한 일을 하는 데 필요한 힘은 모두 부처님으로부터 주어지는 것을 언제나 잊지 말자.

제 5장

마음의 힘

56
행복한 새 하루가 열렸다

새아침이 밝았다. 잠에서 깨면서 우리는 새롭게 태어났다. 과거는 과거로 흘러가 버렸고 이제 새로운 희망과 결의만이 나의 것이다. 맑은 이 마음에 희망과 기쁨의 미래가 가득 담겨져 있다. 자, 이 마음 속에 좋은 것을 가득 채우자. 좋은 일을 생각하고 계획하자.

아침에 눈뜨는 순간 이렇게 생각하자.

'나는 불자, 부처님의 진리생명이다. 건강하고 행복하다. 오늘 하루 좋은 일이 찾아온다.'

매일 열 번 이상 소리를 내서 이렇게 말하고 자리에서 일어나자. 그리고 내 생명 가득히 부처님의 진리가 태양처럼 솟아오르는 것을 마음의 눈으로 지켜보자. 그리고 마하반야바라밀다 부처님을 생각하고 감사하자.

•• 진리의 태양이 나의 생명, 나의 가정, 나의 사업, 우리 겨레 위에, 다시 온 누리 중생에게 퍼지는 것을 생각하고 저들 모두의 평화, 행복을 기원하자. 일심으로 기원하자.

마음에서 생각한다는 것은 무엇이든 이루게 하는 종자이며 힘이다. 마음에 깊이 생각한 것이 형상으로 나타난다.

이 세상 그 어떤 물건도 마음으로 생각하여 이루어지지 않은 것은 없다. 참으로 마음은 일체를 만드는 조물주다. 일체유심조一切唯心造다

••• 우리의 마음은 진리에서 오고 우주를 넘어서고 우주와 하나이다. 마음의 힘이란 단순한 공상도 관념도 아니다. 이와 같은 마음은 창조력을 가지며, 또한 신념을 가진 말은 놀라운 힘을 발휘한다.

항상 좋은 생각, 좋은 감정을 이어 가자. 젊고 활기찬 아름다운 꿈을 그리자.

우리 생명의 위대한 힘이 우리의 육체도 우리의 환경도 아름답게 가꾸어 간다.

57

내 마음에 있는 것

●　사람은 입에서 나오는 말에 따라 자기를 알게 한다. 좋은 말을 하는 사람은 다행을 얻고, 악한 말을 하는 사람은 불행을 부른다. 거짓말을 하는 사람은 사람들에게 신용 받지 못하고 스스로 망하는 길을 걷게 된다. 항상 진실을 말하는 사람은 사람들의 신뢰를 받는다. 만약 진실을 말하여 누군가가 다치게 될 때는 진실이라도 말하지 않는다. 그렇다고 거짓을 말하지도 않는다. 침묵하여 다른 사람을 위해서 입을 굳게 지킨다. 입이 가벼운 사람에게는 재앙이 온다.

●●　항상 부처님을 찬탄하고 감사해야 한다. 모든 사람들을 칭찬하고 감사해야 한다. 어제는 이미 갔고 오늘은 새날이다. 모든 사람의 착한 점을 볼 것이요, 나쁜 점은 보지 말아야 한다. 나쁜 점을 애써 발

견하고자 하는 사람은 눈이 비뚤어지고, 남을 조소하는 사람은 입이 비뚤어진다.

　어리석은 자는 스스로 어진 사람이 된 것처럼 다른 사람을 비평하지만 자신의 생명에 나쁜 기록을 남기는 것을 알지 못한다.

　그러나 참으로 어진 사람은 남을 비방, 조소하는 사람 앞에서 함께 말하지 않는다. 오직 좋은 점만을 보고 그것을 말한다.

　공기도 물도 햇빛도 의복도 또한 집도 천지만물 모두가 자비로운 진리의 표현이다. 감사하고 받을 때, 환경이 더욱 맑게 되고 은혜를 크게 한다. 감사하지 않는 마음은 은혜를 줄이는 것이므로 충분한 공덕을 받지 못한다.

　천지만물 무엇이 은혜 아닌 게 있으랴. 거기 천지만물에는 무수한 가르침과 공덕이 보석처럼 빛나고 있다. 그것을 발견하자. 그것을 존중하자.

　창문을 열지 않으면 햇빛이 들어오지 않는다. 창문을 열더라도 밤에는 빛이 들어오지 않는다. 그렇더라도 항상 창을 열어 놓으면 아침의 햇살, 낮의 햇살이 비춰온다. 이처럼 마음 밝은 사람에게 행복은 어김없이 찾아온다.

●●● 매일 아침 눈뜨면서 밝은 새 희망으로 출발하자. 어제까지의 갈등, 불쾌, 불안을 모두 잊자. 오늘은 새날이고 새로운 출발이라고 생

각하자. 과거가 어떠하였든 지금은 이미 지나가고 없다. 그러므로 오늘 하루 밝고 기쁜 희망으로 생활해 가자.

자기 마음을 돌이켜 보자. 어떤 종류의 생각이나 감정이 내 마음을 점령하고 있는가 살펴보자. 마음에 있는 것이 그 사람의 운명을 좌우한다. 남을 비평하면 안 된다. 날카롭게 대하면 안 된다. 어두운 마음이면 안 된다. 자기 자신이 밝은 햇빛처럼 빛나고 있는가를 생각해 보자. 밝은 마음을 일으켜야 한다. 매일매일 밝고 기쁜 희망을 키워 가야 한다.

날 밝 좋은날되소서

58
생각에 무엇이 있는가

● 마음은 일체를 만들어 내는 근원이다. 마음이 무엇을 만들 것인가를 먼저 정하고 그것을 만들어 낸다. 생각하는 것이나 자주 말하는 것 모두가 마음에서 비롯된 것인데, 마음은 그것을 우리 앞에 구체적 형상으로 나타나게 한다.

생각과 말이 이와 같이 중요한 것이므로 우리는 스스로 생각하는 것이나 말하는 것에 깊은 주의를 기울여야 한다.

적어도 나쁜 생각, 어두운 생각, 쇠퇴한다는 생각, 두려운 생각 등 소극적이며 불행한 것을 마음에 담거나 말하는 것을 피해야 한다.

●● 밝은 희망을 생각하고 미래의 성공을 마음에 그리도록 노력하자. 현재의 상태가 아무리 어렵더라도 그것은 지나가는 과정이고 새

로운 미래는 새롭게 진행된다. 현재는 비약적인 미래를 전개할 발판인 것을 알자.

그래서 현재 시점에서 일어나는 일에 대하여 불평을 말고 거기에 따르는 불행을 생각하지 말자.

도리어 새로운 희망을 생각하고 미래의 발전을 생각하는 것이 좋다. 마음에 그린 것이 현실로 나타나기 때문이다. 그러므로 항상 마음에 번영과 발전을 그리자. 번영하고 발전하는 것은 부처님 공덕을 이어 받은 불자의 특권이라고 생각하자.

항상 부처님을 생각하고 마하반야바라밀다를 염하여 하루하루 번영과 발전이 구체적으로 다가오는 것을 자주 생각하고 깊이 생각하자.

그리고 진지한 마음으로 감사하자. 번영하고 발전하는 것을 감사하고 번영과 발전을 이루게 하시는 진리이신 부처님께 감사하자.

●●● 깊이 믿자. 부처님을 생각하고 반야바라밀다를 염하며, 기도할 때 반드시 이루어지는 것을 깊이 믿자. 믿는 대로 이루어진다.

만약 소망한 대로 일이 열려가지 않더라도 '기도가 이루어지지 않았다, 기도는 틀렸다'고 생각하지 말자.

그렇게 생각하고 기도를 중단하면 이제까지 쌓아 올린 소망성취의 싹을 자신이 짓밟는 것이 된다. 땅에 뿌려진 종자가 싹트기를 기다리지 않고 파버리는 것과도 같다.

깊이 믿고 기도하며 기다리자. 땅에 뿌려진 종자는 물과 햇빛을 만나면 이윽고 싹이 트고 성장하듯이 기도도 게으르지 않고 계속하면 마침내 이루어진다. 결코 스스로 한계를 그어 놓고 조바심을 내어 중단하지 말자.

우리의 상상력을 항상 건설적 · 발전적 방향으로 사용하자. 건강에도 가정문제에도 아동의 성적에도 사업의 번영에도 항상 건설적이고 발전적인 상상을 하자.

언제나 강한 신념으로 '매사는 잘 되어 간다. 지금은 비록 마음의 세계에서 이루어지고 있지만 반드시 구체적 형상으로 현실에 나타난다'고 믿고 생각하자. 이것은 결코 자기 기만이 아니다.

생각했을 때 마음에 이루어지고, 마음에 있는 것이 기어코 현상화되기 때문이다.

59
하루 하루가 새로 밝은 날

우리는 매일 매일 새로운 날을 맞고 있다. 새로운 날에는 부처님의 새로운 은혜가 다시 새롭다. 부처님은 나의 어제의 잘못을 생각하지 않으시고 오직 오늘 충만한 희망과 기쁨을 주고 계시다.

이 은덕에 어찌 감사하지 아니하랴. 설사 과거에 어떤 잘못이 있었다 하더라도 그것은 이미 지나갔다. 새로 맞이한 오늘은 과거의 잘못까지도 바꾸어 놓을 수 있는 힘으로 가득하다. 지금 우리의 생명에 부처님이 머무신다는 것을 깨달을 때, 우리의 정신은 다시 빛나고 마음은 밝을 수밖에 없다.

과거의 나쁜 일들이나 죄도 그것은 어둠이며 필경 거짓된 존재다. 어둠이 참으로 있는 듯 보여도, 그것은 빛이 없을 때에 나타난 거짓된 일시적인 모습이므로 빛이 한 번 비쳐들면 즉시에 소멸된다.

그와 같이 지금 우리 생명에 부처님 광명이 머무시는 것을 자각할 때 과거의 어떤 허물도 어두운 인연도 즉시에 소멸되고 만다.

•• 누구든지 유쾌하고 즐겁게 생활하고 싶은 것은 매 한가지다. 그런데도 근심 걱정이나 장래의 고생을 내다보며, 오늘의 생활에서 기쁨을 잃고 어두운 생활을 하고 있지는 않은가 돌이켜볼 일이다.

어떤 사람은 경제문제로 근심 걱정하고, 어떤 사람은 인간관계로 근심 걱정한다. 근심 걱정하면 근심거리가 더 많이 모여들고, 더 괴로워진다.

근심 걱정한다고 해서 건강하게 되거나 경제가 호전되는 것도 아니며, 특별한 지혜가 나오는 것도 아니다. 오히려 마음이 우울해져서 그 반대가 된다.

참으로 매사에 문제를 해결하자면 무엇보다 먼저 마음이 밝아야한다. 진리가 나타난 마음으로 평화롭고 밝아야 한다. 그런 데서 부처님의 지혜는 나타난다.

누구나 자기의 주인은 자기일 뿐이다. 자기 마음을 능동적으로 지배하는 자는 자기 자신이다.

그러므로 근심 걱정하는 자신을 향해 '걱정 마라, 걱정해서 뭣하느냐? 부처님이 우리와 함께 계시지 않느냐' 하고 당당히 명령할수 있어야 한다.

이와 같이 하여 가벼운 마음이 되고, 밝은 마음이 되고, 평화와 희망찬 마음이 되도록 하자.

●●● 우리는 다른 사람의 잘못이나 결점을 인정하고서 화를 내거나 가혹하게 비난할 때가 있다.

그러나 내가 본 나쁜 현상은 내 마음에 그림자가 되는 것을 알아야 한다. 상대방이 덕스럽고 훌륭한 사람이라고 내 마음을 먼저 바꾸어 갈 때 상대방도 바뀌어 간다.

고요한 마음으로 항상 반야바라밀다를 생각하자. 진리의 완전성이 만인에게서 넘치고 있는 것을 생각하자. 그 사람도 불자이며 불성의 표현이므로 반드시 훌륭한 일을 하게 된다고 생각하자.

병자일 때에는 그에게 부처님의 위신력이 그를 가호하여 일체병이 소멸하는 것을 생각하며, 염불하고 기도해 주자. 다툼이나 대립이 있을 때에는 먼저 자기 마음을 평화스럽게 하고, 너와 내가 한가지 부처님의 자비광명에 싸여 조화를 이루고 있는 상태를 생각하자.

우리 마음에 평화와 조화가 이루어졌을 때, 현상계의 분쟁도 저절로 해결된다.

60
기뻐하면 운명이 열린다

•　　몸이 지극히 정상적인 사람이라도 권위 있는 의사가 중병을 선언하면 그때부터 환자의 증세를 호소하는 경우를 종종 본다.

이런 일도 있다. 제1차 세계대전 때 독일의 한 병사가 별안간 고열이 났다. 군의는 후송해야 될 것이라는 의견을 냈다. 병사 본인은 고열에 시달리면서도 후송된다는 것이 하도 기쁘고 기뻐서 뛸 것 같았다. 그는 오래지 않아 곧 정상이 되었다.

거기에는 이유가 있다. 바로 그가 기뻐한 것이 병을 고치고 있다는 것이고, 우리는 그 사실을 간과해서는 안 된다.

••　대개 공포심을 가지면 없던 병도 증세가 나타나고 기뻐하면 있던 병도 빨리 낫는다. 이것은 진실이다. 이 진실은 널리 활용되어야

214

한다. 이 진실은 비단 병에만 적용되는 것이 아니다. 일체 불행한 일을 몰아내는 데도 기뻐하는 것이 제일 첩경이다.

대개 건강해지면 기뻐할 수 있을 것으로 생각한다. 그렇다면 어떻게 해야 건강해질까? 약을 먹어서일까……,

만약 이렇게만 알고 있다면 부족한 것이고 잘못이다. 약을 먹고 있다는 것은 약이 뱃속으로 들어가 화학적인 작용을 일으키기에 앞서 안심감이 먼저 작용을 나타낸다. 약 먹었다는 안심감이 치료에 작용하고 있는 것이다.

반대로 불안·초조·회의·공포심은 병을 급격히 악화시키고, 없는 병도 불러들인다. 사업도 경색으로 몰아넣는다. 불행이 몰려들기 시작하는 것이다. 이것은 왜 일까? 그것은 자신의 생명력이 활기를 잃었기 때문이다.

이처럼 왕성한 본래 생명력을 떠나서 행복이 올 수 없고 번영이 올 수 없다. 시든 나무에 꽃이 필 수는 없다.

초조 불안에 쌓인 사람에게 건강이 올 리 없다. 의기소침하거나 처량한 표정의 사람에게는 행운이 찾아 들지 않는 법이다. 왕성한 활력, 이것이 인생에 승리를 가져온다.

●●● 마음에서 기쁨이 솟아날 때 건강은 조절되고 행운은 모여든다. 희망과 활기가 넘치는 사람을 사람들은 신뢰하고 협력하기를 좋아

한다. 기가 없는 사람, 표정이 어두운 사람, 거기에는 오던 벗도 그에게서 떠난다. 누가 어둠을 가까이 하랴.

우리는 환경이 이루어져야 기뻐지고 표정이 밝아지고 생기가 난다고 말하지 말자. 마음이 주인임을 모르고 하는 말이다.

분명 주인은 우리의 마음이다. 우리가 마음에 기쁨을 일으킬 때, 우리의 환경에는 밝은 일이 속속 모여든다. 건강도 있고 사업의 번영도 있고 행운도 따른다.

오히려 고난을 당하면 이것이 나의 밝음을 더하는 한 소재인 것을 알고 보다 크게 활기를 내고 희망을 부풀게 하며 기쁨과 용기를 온 몸에 가득 채우자.

그리고 모든 일상생활에서 나의 밝고 발랄한 기쁨을 발휘하자. 이것이 주체적인 자기를 사랑하는 길이다. 자신의 진정한 면모를 드러내는 일이다.

61
주는 자는 받고
빼앗은 자는 빼앗긴다

● 우리가 이 세상에 태어났다는 사실은, 스스로 높은 사명을 지니고 태어난 것임을 깨달아야 한다. 아무 뜻도 없이 목적도 없이 이 지상에 던져진 한갓 생명이 아니다.

우리가 이 땅에 인간으로 태어난 데는 진리의 힘과 함께 하고 부처님의 은혜로운 가호가 함께 하고 있다.

그러므로 우리가 이 땅에 태어난 데는 스스로 닦고 깨달아 진실한 자기로 향상하며, 진리인 자기를 회복하고, 이 땅에 진리의 국토와 진리의 질서를 이룩하고자 하는 부처님의 거룩하신 뜻이 함께 하고 있는 것이다. 우리는 이와 같은 거룩한 사명을 완수할 수 있는 자격자로서 태어났다. 우리는 이 땅에 살아가면서 그 높은 뜻을 이룩할 수 있는 자로 선발된 자임을 잊지 않아야 한다. 언제나 이 사실을 명

넘해야 한다.

우리가 참된 사명을 자각하여 그 완수를 위해 정성을 바칠 때 사는 보람을 느끼게 되며, 스스로의 목적을 향하여 한 걸음 앞서 갈 때 설사 몸에 괴로움이 있다 하더라도 도리어 기쁨을 느끼게 된다.

만약 생명이 지닌 거룩한 사명을 실현하고자 하지 않고, 게으름에 빠지거나 그릇된 길로 나아가면 인생은 보람을 잃는다. 자기 존재가 무가치한 것으로 느껴지고 마침내는 인생의 공허에 부딪친다.

•• 우리 불자들은 스스로의 높은 사명을 자각하고 사명감에 불타며 보람 있는 삶을 향하여 용기있게 전진해야 한다. 자신의 재능을 끊임없이 연마하고 그 재능을 발휘하여 이웃과 세간에 도움을 주며, 높은 목표를 향하여 떨치고 일어서는 데서, 우리는 인생의 참 의미를 맛보게 될 것이다.

우리는 원래 희망을 가지고 태어났다. 어쩌면 막연한 동경이기도 하고 때로는 모호한 감정으로 느껴질지는 몰라도 살면서 점차 구체적 목표로 성장해 간다. 이것은 우리 생명의 깊은 곳에서 비쳐오는 진리의 빛이며 목소리다.

우리는 자신의 희망을 명확하게 하여, 부처님 법에 비추어 스스로 확고한 신념으로 확정해야 한다.

그리고 그것을 실현하기 위해 앞으로 나아가는 결단적 용기가 있어야 한다. 결단적 용기, 이것이 행동을 촉발하고 우리의 소망과 타고난 희망을 실현해 준다.

●●● 우리의 희망을 성취하자면 진리법칙에 순응해야 한다. 진리법칙은 누구나 서로가 불성생명이며 법성공덕이라는 사실이다. 결코 대립된 자 없고 아무도 내버려진 자 없다. 그러므로 서로 존중하고 받들며 베풀고 도와야 한다.

받들고 돕는 자는 받듦을 받고 도움을 받는다. 주는 자는 받고 존중하는 자는 존중 받는다. 빼앗는 자는 빼앗기고 남을 고통으로 밀어붙인 자는 그와 같은 보상을 받는다. 이것은 천고만고의 영원한 진리법칙이다.

범부들은 때로는 자기 안정, 자기 팽창을 위해 남을 무시하고 남의 불행을 돌아보지 않고 이기적 목적에 눈이 어두울 때가 있다.

그것이 한때는 이득이 되는 듯 보여도 결코 그렇지 않다. 빼앗은 자는 빼앗기고 불행으로 대한 자는 다시금 불행을 받기 때문이다.

우리는 이 진리법칙을 깊이 믿어 항상 다른 사람을 위할 것을 생각하고 그의 건강과 성공과 행복을 기원해야 한다.

남에게 주고자 하는 자비로운 마음, 따사로운 마음이 자기 성장, 자기 성공, 필경의 위없는 행복을 얻게 한다.

달을 가리키면 달을 봐야지

62
환경은 마음의 그림자

● 존재의 근원은 진여眞如이며, 부처님의 근본은 법성法性이며, 우리의 본성은 불성佛性이다. 이 모두가 하나의 진리이다. 이 진리세계, 법성세계는 원래부터 일체가 온전히 갖춰 있다.

바로 이 진리가 부처님이며 우리의 본성이다. 그러므로 우리 모두는 원래부터 무한공덕을 지니고 있다. 이 공덕이 우리의 현상세계에 나타나지 않는다 하여 없어지거나 변한 것이 아니다. 영원불변한 채 우리의 본성을 이루고 있다.

우리 마음의 상태에 따라 본성공덕은 현상에 형상으로 나타난다. 지금 눈앞에 보이지 않는다고 하여 조금도 실망할 것 없다. 서두를 것 없다.

오직 생명의 진실, 부처님의 무한공덕세계를 굳게 믿고 마음이 흔들리지 않으면 된다.

•• 우리는 불자다. 부처님 무한공덕, 진리위신력을 고스란히 지니고 태어난 불자다. 스스로와 자신의 환경을 변혁시킬 권능을 쥐고 있으며 무한창조를 전개할 힘을 지니고 태어난 영광스런 불자다.

우리는 반야바라밀다를 염하고 부처님을 염하면서 이와 같이 무한공덕을 지니고 있는 자신의 현실을 굳게 믿고 전적인 신앙과 감사를 바쳐야 한다.

비록 어려운 환경 가운데 있다 하더라도 자신과 환경을 진리공덕으로 바꿀 은혜와 힘을 갖춘 것을 굳게 믿고 이에 감사해야 한다.

그렇게 할 때 우리의 행동은 적극적으로 전개되고 주위 환경도 변화하여 진리공덕의 원만상을 실현하게 된다. 그 사이에 일시적 동요나 변화가 따를 때도 있겠지만 그렇다고 근심하거나 두려워할 것은 없다. 흔들려서도 안된다.

표면상의 변화에는 반드시 새로운 향상이 준비되고 있다. 종자가 흙 속에서 눈을 틔우고 뿌리를 내릴 때에는 우선 종자의 외피가 파괴된다. 그처럼 진리세계 공덕이 현상계에 나타나는 과정에는 어떤 변화작용이나 동요가 있을 수 있다. 아니, 있어야 한다.

진리를 믿고 정진하는 사람은 이런 변화에 대하여 조금도 놀라지 않는다. 반드시 좋은 결과가 나타난다는 확신을 가지고 감사하며 정진을 쉬지 않을 뿐이다.

●●● 나는 불자라는 자각을 가지고 끊임없이 기도와 감사를 드리자. 진리이신 부처님께서 무량공덕을 이미 주시어 받고 있는 것을 생각하며 감사할 때, 반드시 구하는 것은 적당한 시기에 성취된다. 반드시 이루어진다는 신념의 종자를 흔들리게 하지 말자.

대개 우리를 둘러싼 환경에서 일어나는 복잡한 문제들은 그것이 어떠한 것이든 모두가 자기 마음의 그림자라는 것을 알아야 한다. 그러므로 자기 마음을 바꾸면 문제는 변화하고 해결된다. 우선 일심으로 반야바라밀다를 염하고 부처님의 무량공덕을 생각하여 마음을 바꿀 일이다.

밝은 마음, 일체와 화합하는 마음, 이미 성취되고 있다는 것을 확신하는 마음, 그리고 감사하는 마음이어야 한다. 설사 적으로 보이는 사람에게까지도 화합하고 반야바라밀다를 일심염송하여 감사하며 만사를 부처님 위신력에 맡길 것이다.

혹 문제의 해결이 늦는다고 의심하거나 조바심 내지 말자. 먼저 내 마음의 조화와 감사가 부족하고, 나의 염송정진이 부족한 것을 생각하고, 더욱 일심정진할 일이다.

63
창조적 자주성을 열어가자

● 인간은 육체적 존재로 보이지만 육체가 아니라 마음이다. 심적 존재다. 우리는 마음에 의하여 새로운 생각을 일으키고 새로운 행동을 열어 간다. 거기서 사회에 영향을 주고 환경도 바꾼다.

우리를 둘러싼 모든 생활과 환경이 자기 마음에서 유래하므로 마음을 바꾸고 생각을 돌이킴으로써 그 모두를 변혁시킬 수 있는 것이다. 마음이 근본이다.

이런 점에서 인간은 자주적 존재인 것을 깨달아야 한다. 우리는 모름지기 마음을 자주적으로 전개하여 자주적 능력을 행사해야 한다. 그 무엇도 남의 탓이 아니다.

인간은 원래 불자로서 불성이 생명본분이다. 그러므로 절대적 · 자주적 권능을 원래 지니고 있는 것이다. 스스로 생각하여 마음에 이루어진 것이 나타나고, 운명적으로 현실에 형상으로 작용한다. 그러므로 운명을 호전시키자면 우리는 불자로서의 자주적 권능을 행사하여 마음에 있는 생각을 바꾸어야 한다는 것을 알 수 있다.

우리의 본분이 불성으로서 부처님의 무한공덕, 무한위신력을 완전히 이어 받은 것을 생각하며 깊이 긍정하고 감사해야 한다.

반야바라밀다를 염하는 것은 우리 진실생명의 본분을 보는 것이며, 무한공덕을 긍정하는 것이며, 일체 제불諸佛께 감사하는 것임을 언제나 잊지 말자

•• '우리는 불자, 부처님 무한공덕의 계승자' 라는 사실을 깊이 믿고 흔들리지 말아야 한다. 열등감을 버려야 한다. 그러기 위해서는 반야바라밀다의 위대한 진리를 잊지 말고 끊임없이 염송해야 한다. 그때부터 우리는 자신을 새롭게 창조하며 운명을 밝게 열어갈 것이다.

인간은 육체이며 고난과 불행이 뒤엉킨 존재라는 그릇된 생각을 떨쳐 버림으로써 그릇된 생각이 만들어 낸 어두운 운명을 소멸시킨다.

반야바라밀다를 염함으로써 우리는 끊임없이 새로운 사람으로 탄생하며, 자기 운명을 만들어 가는 자주적 권능자, 창조자가 되는 것이다. 진리로 태어난 새로운 사람은 자기 주변에 나타나는 모든 일을 지배하는 권능을 가지고 있다. 그러므로 반야바라밀다를 염하는

사람은 진리생명의 계승자, 진리생명의 실현자이므로 언제나 착한 일을 만들어 가고 평화와 건강을 만들어 가고 행복한 일들을 만들어 간다.

끊임없이 반야바라밀다를 염하여 평화와 행복을 창조해 가자.

●●● 우리는 마음을 밝고 건설적이며 적극적인 상태로 지켜가야 한다. 소극적·파괴적 생각은 한 순간이라도 허용하면 안 된다. 그런 생각이 파괴적·소극적 결과를 가져오기 때문이다.

무엇보다 경계해야 할 것은 인간은 환경에 지배된다는 지독한 열등감을 버려야 한다. 인간은 환경의 노예라는 생각을 가지고서는 그 사람은 환경에 속박되어 거기서 한 치도 앞으로 나아가지 못한다.

이런 그릇된 생각의 쇠사슬을 끊어 버리자. 반야바라밀다인 우리의 생명은 일체를 초월했고, 일체를 창조하는 권능자다. 열등감을 버렸을 때, 권능적인 자주성은 발동되는 것을 알자.

인간이 환경을 만든다는 생명진실로 생각을 바꾸자. 그리하여 위대한 권능자, 창조자로서의 불자의 생명진실을 살아가자.

64
운명의 결정자

● 우리는 화목과 평화와 번영을 희망한다. 그렇다고 '평화, 평화'라고 외치며, 평화투쟁으로 내닫는다고 평화와 번영은 오지 않는다. 평화를 원한다면 그 마음에 평화가 충만해야 하고, 번영을 바란다면 그 마음에 번영이 충만해야 한다.

만약 평화와 번영을 외치면서도 그 마음에 대립과 갈등이 깃들었다면 결국 투쟁과 쇠퇴만을 가져오고 만다. 그와 마찬가지로 마음에 건강과 풍요를 간직할 때 건강과 부가 실현되는 것이다.

경經의 말씀에 '마음이 일체를 만든다'고 하셨다. 실로 마음은 신묘한 자석이다.

그 마음 깊은 곳에 존재하는 것이 그와 동일한 것을 끌어당긴다. 건강도 부도 끌어당기고, 성공도 평화도 끌어당긴다.

이래서 자각적 마음이 운명을 결정하는 것이다.

•• 인생을 내다보면 거기에는 밝은 면도 있는가 하면 어두운 면도 있다. 둘 중에서 마음을 어느 쪽에 두느냐에 따라서 인생과 환경이 좌우된다.

똑같이 남쪽을 향하여 부산항을 출항하여도 방향에 따라 혹은 북극으로도 가고, 혹은 남극으로도 간다.

마음을 밝고 긍정적이며 성장의 면에 둘 때, 그 인생은 밝고 희망차게 성장한다. 그러나 똑같은 환경에서도 어둡고 비관적인 것에 마음이 끌릴 때 그 인생은 그늘지고 불행하게 되고 만다.

인간이란 진리의 주인공이다. 마음에 있는 것이 이루어진다.

그렇다면 어찌하여 행복과 성장을 바란다면서, 밝고 창조적인 권능을 포기하여 어둡고 불행한 인생을 자초하는가.

••• 우리들 주변에는 온갖 종류의 비바람이 몰아치고 있다. 그리고 거기에는 어둡고 불안한 것도 많다. 전쟁, 기근, 병고, 공해, 이상기상, 자원난 등을 위시해서 인간의 미래는 어둡다든가 세계 경제는 혹심한 불안에서 벗어나지 못한다든가 하여 우리에게 어두운 그림자를 몰고 온다.

그러나 우리는 결코 그 어두운 그림자에 마음을 내맡겨서는 안 된다. 인간은 원래 영원히 푸른 하늘이며, 영원히 찬란한 태양을 자신의 생명으로 하고 있다는 엄숙한 사실을 잊어서는 안 된다.

만약 어두운 그림자를 받아들여 그 마음이 어두울 때, 그것은 구름 속에 파고들어 푸른 하늘을 잊는 거와 같다. 행복을 구한다는 것이 도리어 불행을 불러들이고 마는 결과를 불러온다.

원래 이 몸에 거룩한 공덕이 가득한 것처럼 이 사회, 우리 국토에도 헤아릴 수 없는 공덕이 가득하다. 우리는 모름지기 가슴을 열고 밝은 마음, 긍정적인 생각을 가득 채워야 하겠다.

설사 고통과 불행이 나타나 보이더라도 자신에게 깃든 건강과 행운을 직시하고 흔들리지 않는 신념을 확립할 일이다.

밝은 마음, 밝은 얼굴, 밝은 웃음으로 우리의 심신을 가꿔가야 한다.

65
환경을 바꾸는 정신감응

● 　우리가 어떤 생각을 하거나 감정을 일으키면 정신적으로 어떤 파동이 발생한다는 사실은 널리 알려진 사실이다. 나아가 이 정신적 파동은 그 주위에 어떤 영향을 미치고 있다는 것을 알아야 하겠다.

　우리 법회에서 수행하는 중에, 대립하는 어느 한 쪽이 대립심을 버리고, 상대방의 행복과 성공을 기원하는 마음으로 바꿔서 마음이 평화롭고 따뜻하게 되었을 때, 대립하였던 상대방도 어느덧 바뀌어 말없는 중에 화해하고 화목하게 되는 것을 종종 본다. 이것은 우리의 정신상태가 바뀌었을 때 현상이 바뀐 것을 볼 수 있는 한 좋은 예다.

●● 　남편에게 부당하게 접근해 간 어떤 여성에 대하여 미워하고 원망하는 감정을 버리고 도리어 그의 행복을 기원할 때 상대방 여인이

어느덧 바른 길로 들어서 남편에게서 떠난 예도 인간의 정신파동이 주위에 강한 영향을 준 것이라 볼 수 있다.

실제로 가정에 있어 모친의 정신상태는 그의 어린아이들에게 가장 깊은 영향을 미친다. 아이들을 잔병꾸러기로 만든다든가 아니면 건강하게 만드는 힘을 모친은 행사하고 있다.

그러므로 평화롭고 너그럽고 자비로운 마음상태, 건강하고 따뜻하고 활발한 마음상태가 환경을 밝고 건강하게 만들어 가는 것임을 알자.

또 아내의 마음상태는 남편에게도 크게 영향을 준다. 질투하고 의심하여 남편을 바람둥이인 것처럼 생각하고 대할 때, 아내가 마음에 그리고 생각한 대로 남편은 바람을 피우기 쉽다.

반대로 아내가 일방적으로 마음속에서 남편을 불신하거나 쌀쌀하게 대하던 마음을 돌이키고 뉘우치며 자신의 마음을 바꾸었을 때, 남편의 행동이 바뀐 실례도 얼마든지 있다.

●●● 이처럼, 생각하고 마음에 상상하고 있는 상태를 실현하는 정신의 감응현상은, 가족뿐만 아니라 멀리 떨어져 있는 사이나 이웃에게도 강한 영향을 주고, 나아가 같은 겨레나 전 인류에게까지 어떤 영향을 주고 있는 것을 생각할 수 있다.

그러므로 우리가 항상 평화롭고 자비스런 정신이나 감정으로 행동하도록 힘쓴다면 가정의 평화 안녕은 말할 것도 없고 나라의 평화, 세계의 평화에 공헌할 수도 있다.

이와 반대로 대립하고 미워하고 투쟁하는 정신을 일으킨다면, 가정은 소란해지고 그가 속한 직장이나 사회는 어지러워지며 나라도 세계도 불안해지는 데 도움을 주고 있다고 말할 수 있을 것이다.

우리의 정신파동이 이처럼 주변에 영향을 주고 환경에 변화를 주는 것을 생각한다면 우리는 모름지기 항상 평화와 우정, 협동과 밝은 번영을 생각해야 할 것은 너무나 당연하다.

일심으로 반야바라밀다를 염하는 사람이라면, 자신의 환경을 평화와 번영으로 바꾸는 위대한 힘을 더욱 크게 분출하여, 가정과 사회와 나라에 안녕의 기반을 형성하는 사람이라 말할 수 있겠다.

이로써 보더라도 마음에 이루어진 것이 현실계에 구체적으로 이루어진다는 것을 명념해야 하겠다는 엄숙한 사실을 다시금 깨닫는다.

66
운명을 지배하는 힘

• 우리 주변에는 흔한 말로 '업'이라는 것이 있다. 원래 행위를 의미하는데, 의지에 의한 심신의 활동이라든가, 의지에 의한 심신의 생활을 의미한다. 대체로 우리의 사유, 언어, 행위 모두가 업이라는 개념에 들 수 있다. 이 업에도 좋은 업, 즉 선업이 있고 악업, 즉 악한 업이 있다. 선업에서는 번영이 오고 악업에서는 쇠퇴가 오게 마련이다. 또 선업에도 가지가지가 있다. 돈을 베푸는 것도 선업이고, 진리의 가르침인 법문을 전해 주는 것도 매우 훌륭한 선업이다.

그런데 그 중에서 가장 근본적인 선업이라 할 것은 부처님의 대자대비 무량공덕을 믿는 것이라 하겠다. 부처님이 우리에게 벌을 내리는 근원이라든가, 잘못하면 재화災禍를 당할 수도 있다는 것으로 안다면 이것은 악업 가운데서도 치명적 악업이라 할 것이다.

부처님은 근원진리 자체이시다. 힘의 본원이시고, 미의 본원이시고, 부의 본원이시고, 건강의 본원이시다. 이 본원을 바르게 알아서 본원과 융합하여 자기 자신이 일체 행복의 본원이라는 깊은 믿음으로 생활하도록 노력하는 것이 참으로 바른 선업이라 할 것이다. 돈을 타인에게 주었다고 하여 그것이 반드시 선업이 되지는 않는다. 누가 무엇을 무슨 목적으로 주었는가가 더 큰 문제가 되는 것이다.

•• 우리의 진실생명은 불성, 반야바라밀다 생명이다. 즉 일체성취 무량공덕이 완전히 갖추어진 부처님의 생명이 우리 생명에 이어져 완전한 자유ㆍ행복이 그대로 이어져 있다. 그러므로 우리 자신의 운명이나 생활조건을 지배하는 힘은 결코 밖에 있지 않다. 거기에 따라 스스로의 생각과 감정에 따라 자신의 운명이 바뀐다. 우리는 생각이나 감정을 도구로 삼아 자기의 운명을 스스로 만들어 가고 있다는 사실을 알아야 한다.

물론 거기에는 행동이 따르는 것이지만 참으로 생각이나 감정이 강하게 움직이면 저절로 그것은 말이 되고 동작이 되고 행동으로 나타난다. 자기의 생각이나 감정이 행동을 일으켜서 그것이 말이 되고 행동이 되어 자기 주위에 영향을 준다. 천 가지 만 가지로 영향을 주고받으면서 자기 운명이 좌우되고 결정되어 간다.

그러므로 우리는 자신의 환경이나 불행한 여건에 대해서 다른 누구에게도 책임을 전가할 수 없고 비난할 수 없다. 자기의 운명이 좋지 않다는 것은 전적으로 자기가 어떻게 생각하고 어떤 감정으로 살며 어떤 언어생활을 하는가를 반성해 보고, 그 모두를 움직이는 행동의 본원이 자신의 생각이나 감정이라는 것을 알아서 수행해 간다면, 마음의 변화에 따라 그 사람의 운명이 개선되어 갈 것이다.

인생의 모든 현상으로 나타난 일들은 자신의 생각이나 감정의 결과다. 이 결과를 지배하는 것은 오로지 자신의 마음이라는 것을 깊이 새겨 두자.

●●● 우리가 매일 반야바라밀다를 염하고 수행한다면, 우리 자신이 망념에서 벗어나 바라밀다 공덕이 넘쳐나게 되므로, 우리의 판단하는 지혜도 저절로 바라밀다 지혜에 상응한 나타남이 된다.

그러므로 일상사에 있어서 실수나 오해, 그릇된 판단이나 그로 인한 재난과 만나지 않게 된다. 사람에 대하여나 일을 당하여 사태에 적절한 판단을 하게 되고 가장 적절한 행동을 취할 수 있게 된다.

그렇다고 자기의 판단을 다른 사람에게 강제로 받아들이게 하지도 않는다. 다른 사람이 자기와 다른 판단을 하고 있을 경우, 그 사람과 다투어 논쟁을 하지 않고, 그 사람도 반야바라밀다 공덕이 충만하므로 바른 판단을 하게 된다고 믿고 그를 위해 기도하는 것이 좋을 것이다.

67

자기 한정을 타파하자

● 사람이 살아 있다고 하는 것은 육체적 조건이나 환경조건이 좋아서라고 생각하겠지만, 인간이 물질의 연장이 아니요 환경조건이 인간생명 자체가 아니므로, 엄밀히 말하면 그런 물질적 조건이 인간이라 말할 수 없다. 그것들은 어디까지나 조건이지 생명 자체는 아니다.

그렇다면 인간이 살고 있는 생명 자체는 무엇인가? 불자 형제들은 우리의 본성이 불성이요, 본심이 불심이라는 사실을 생각할 것이다. 그렇다. 부처님 생명, 즉 진리생명의 원만구족이 인간에게 깃들어 육체를 조정하고 생명을 이어가게 한다.

우리가 살고 있다는 자체가 진리공덕의 표현이다. 진리공덕, 다시 말하면 부처님 공덕이다. 부처님 공덕으로 우리의 생명이 생명하고 있는 것이다. 그러므로 우리가 활발하게 살아 있는 모습을 나투고 있는 것은 부처님의 지혜공덕인 것을 잊지 말자.

우리의 심장이 고동치고 폐가 호흡하며 불필요한 것을 배설하는 신묘한 모든 공덕이 부처님에게서 오고 진리의 표현인 것을 굳게 믿자. 이 법성공덕이 없다면 육체가 아무리 건강하다 하더라도 심장은 멎고 폐의 작용도 멎고 필경 죽을 수밖에 없다. 다시 생각하자. 인간의 참된 자기는 불성이요 부처님이라는 사실을.

•• 인간의 참된 본분, 참된 자기가 진리생명이요, 부처님 공덕이라는 사실을 생각할 때 부처님이 걸림 없는 대자재 위신력을 우리에게 부어주고 계시는 것을 알 수 있다. 그러므로 누구나 무한의 지혜와 자비와 위신력을 지닌 위대한 자이다.

누구나 자기가 알고 있는 정도 이상의 힘을 지니고 있으므로 필요에 따라서 모든 수요를 채울 수 있는 권능이 스스로 갖춰져 있다. 만약 이것이 되지 않는다면, 그 원인은 참된 자기에 대한 자각이 부족하기 때문이다. 그래서 과거에 스스로 지은 바 자기 한정과 비소한 자기라는 벽을 허물지 못하고 있는 것이다.

자기 한정의 벽을 깨지 못하는 데는 이유가 있다. 미혹으로 인한 자각의 부족이다. 그래서 자신을 종속적 관계에 있는 한정자라든가 역량이 부족하여 밖에서 도움을 받아야 할 존재라고 생각하여 자신에게 갖추어진 무한의 힘을 가리고 덮어 허약한 자기를 인정하고 있다.

자기 한정의 벽을 타파하지 못하는 사람들은 자기를 반성하여 본분의 자각을 깊게 하고, 허약한 마음이나 종속적 보호나 외세의 가호를 구하는 마음, 또는 게을러서 자신이 허약하다고 하는 것을 무기로 삼아 정당한 행위를 회피할 구실을 찾고 있지 않나 살필 일이다.

●●● 우리를 둘러싼 세계와 환경은 남이 만들어 주는 것이 아니라, 자기 마음의 나툼이라는 것을 잊지 말자. 왜냐하면 현상적으로는 다른 사람 때문에 당한 불행인 것처럼 보여도, 마치 텔레비전에 나타난 영상처럼, 우리가 마음에서 선택하여 우리 마음의 상태와 흡사한 사태가 인생이라는 현실화면에 나타난 것에 불과하기 때문이다. 여기서 우리의 마음을 항상 본성의 청정과 진실로 지켜갈 것을 생각하게 한다.

우리 마음의 상태가 그와 같은 사태를 불러들인다는 삼계유심三界唯心 만법유식萬法唯識의 도리가 있기 때문에, 슬픈 마음에는 슬픈 일이 모이고 기쁜 마음에는 기쁜 일이 모이며, 두려움의 마음에는 두려운 일이 생기는 것이다. 자기 마음의 상태에 따라서 온갖 사태를 끌어당기는 것을 반드시 기억해야 한다.

자기 마음의 상태가 어떤 곡조를 연주하고 있는가 돌이켜 보자. 어두운 곡조라면 밝은 곡으로 즉시 바꾸자. 결코 슬픈 노래를 부르지 말자. 기쁨의 노래를 소리 높여 부르자.

제6장

믿음

68
믿음의 길

• 부처님의 지혜와 위신력을 믿는 것이 불자의 믿음이며, 아까워
하는 마음을 버리고 남에게 베푸는 것을 즐기는 것이 불자의 보시이
다. 또 인과와 인연의 도리를 알고 무상無常의 이치를 아는 것이 불자
의 지혜이다.

동쪽으로 기울어져 있는 나무는 반드시 동쪽으로 넘어지듯이,
평생 불법에 마음을 기울이고 있는 신심 두터운 사람은 언제 어떻게
목숨이 끝나도 부처님 나라에 태어나도록 정해져 있다.

부처님은 모든 사람을 자신의 외아들처럼 사랑해 주시기 때문
에, 사람들도 또한 자식이 부모를 생각하듯 부처님을 염하면 현실에
서 바로 부처님을 보고 부처님의 구원을 얻을 수 있다.

부처님을 염하는 사람은 항상 부처님의 광명光明에 둘러싸여지

고, 부처님의 향기에 젖어 있기 때문에 염향인染香人이라고 한다.

●● 세상에서 부처님을 믿는 것처럼 크나큰 이익을 가져다 주는 일은 없다. 부처님의 이름을 듣고 단 한 번이라도 기뻐한다면, 위없는 큰 이익을 얻었다고 말하지 않을 수 없다.

그것은 참으로 부처님 만나기 어렵고, 그 법을 설하는 사람을 만나기도 어렵고, 그 법을 믿는다는 것은 더욱 어렵기 때문이다.

믿음이야말로 진실로 사람의 좋은 반려이며, 이 세상 여로旅路의 양식이며, 더 없는 재산이다.

●●● 믿음은 부처님의 가르침을 받드는 거룩한 손이며 모든 공덕을 받는 깨끗한 손이다. 믿음은 사람의 마음을 풍요하게 하고 인색한 마음을 없애고 탐심과 오만심을 없애고 겸손과 공경을 가르친다.

이런 믿음을 가지면 지혜는 빛나고 행行은 밝아져서, 곤란을 이기고 외양外樣에 사로잡히지 않으며 유혹에 넘어가지 않는 강한 힘이 주어진다.

믿음은 길이 멀어 지루한 나그네에게 격려가 되고 나침반이 되어 마침내 깨달음으로 이끈다. 믿음은 항상 부처님 앞에 있다는 생각을 하며 몸도 마음도 부드러워 사람들과 친숙해지는 덕德을 준다.

믿음이 있는 자는 귀에 들리는 어떠한 소리라도 부처님의 유시諭

示로서 받아들이고 즐거워하는 지혜가 얻어지며, 어떠한 것도 모두 인과인연因果因緣의 도리에서 생긴 것임을 알게 되고, 이것을 순순히 받아들이는 지혜를 얻게 된다.

믿음이 있는 자는 무상無常을 깨치고, 덧없이 지나가는 세상사 가운데서도 영구히 변하지 않는 진실이 있음을 알고, 영고성쇠榮枯盛衰의 변화에도 놀라거나 슬퍼하지 않는 지혜를 얻게 된다.

믿음에는 참회와 수희隨喜와 권청勸請의 세 가지 모습이 있다.

깊이 반성하여 자기의 죄와 더러움을 자각하고 부끄럽게 여기고 참회한다.

수희는 다른 사람의 좋은 일을 보면 자기 일처럼 좋아하고 그 사람을 위한 공덕을 기원하는 마음이 생긴다.

또 권청은 언제나 부처님과 같이 있고 같이 행行하고 같이 생활하는 것을 원한다.

이 세 가지를 비롯한 믿음의 마음은 지성至誠의 마음이며, 깊은 마음이며, 부처님의 힘으로 부처님의 나라로 인도引導되는 것을 기뻐하는 마음이다.

69
신앙심이 무한의 힘이다

• 　아무리 자신감을 갖는다 하더라도 그것이 개인적인 것인 한 위대한 힘은 나타나지 않는다. 우리의 신념이 진리의 근원인 부처님과 하나를 이룰 때, 위대한 힘을 나타낼 수 있다. 진실로 자신과 부처님이 둘이 아님을 믿고 자신의 생명에 넘치는 무한의 힘을 확신할 때, 만사가 성공하는 길이 열린다.

　대개 사람들은 자기 마음속에 '성공' 또는 '실패'를 가지고 있다. 그러나 성공은 밖에서 오는 것이라고 생각하고, 바깥 조건에 의존하고 있는 한 그에게 성공은 멀어진다.

　세계가 객관적으로 독자적인 존재인 듯이 보여도 실제로는 우리 마음의 반영인 것을 알아야 한다. 그럴 때 인간은 위대한 자신을 회복하고 만사의 주인공이 된다.

자기 내부에서 무한력인 진리를 보고 부처님을 발견하고 그 힘으로 나아가는 자에게 실패가 있을 리 없다.

•• 대개의 사람들은 자기 환경을 다른 사람과 비교해 보고 자기의 조건이 못한 것인 양 생각한다. 이는 매우 잘못된 생각이다. 어느 의미에서는 자기 고난을 과장한 마음이며, 또는 고난을 즐겨 받는 심정이 밑바닥에 깔려 있으므로, 이래서는 그에게서 고난은 떠나지 않는다.

알고 보면 인간 누구나 제각기 인생수련을 받는 환경에 처해 있으므로 제삼자가 생각하는 것처럼 그렇게 편한 것은 아니다.

다만 어떤 고난을 받더라도 그 고난을 받는 사람의 마음이 얼마나 성숙되었느냐에 따라 고통이 바뀌어 즐거움이 되는 것일 뿐이다. 처음에는 어렵던 일도 차차 쉬워지는 것이 인생 체험이며 성숙이다.

인생문제를 해결하는 비밀의 열쇠는 자신의 행복에만 집착한 마음을 떠나 모두의 행복으로 마음을 돌리는 데 있다. 이기심을 떠나 이타심으로 향할 때, 비로소 우리는 좁은 세계에서 넓은 세계로 나아가게 된다.

적어도 이웃에게 봉사하는 생활이 참된 생활인 것을 알았을 때, 개인적 이익에만 집착했던 자기를 부끄럽게 생각하게 된다. 그래서 남을 위해 노력하여 힘쓰고 있으면 어느덧 자기 자신이 밝아진 것을 발견하게 된다.

●●● 공포와 근심 걱정은 불행을 불러들인다. 그러므로 마음에서 공포, 불안, 근심 걱정은 어떻게 해서든 몰아내야 한다. 부처님의 진리 태양이 자신 생명에서 빛나는 것을 깊이 믿고 염불하며 자신의 진실을 지켜보아야 한다.

그리고서 '나는 부처님과 함께 있으므로 두려운 일은 절대로 없다' 하고 믿어야 한다. 천지만물이 진리를 떠나 존재하지 않고, 진리의 근원은 부처님이시며, 그 부처님은 진실한 나의 생명인 것을 잊지 말아야 한다.

태양이 빛나는 곳에 어둠이 있을 수 없듯 부처님 위신력이 빛나는 곳에 공포, 불행은 있을 수 없다. 모든 이웃이 진리의 뿌리에서 태어난 형제인 것을 믿고 화해하고 존경하고 기도하여야 한다. 신앙심이 무한의 힘이다.

70

진실한 소망은 이루어진다

●　인간은 누구나 자신 속에 진리를 품고 태어났다.

지혜의 눈에는 인간은 오직 진리일 뿐이다. 한량없는 지혜와 덕스러움과 창조의 힘을 지니고 있다. 부처님은 이를 가리켜 만인은 불성을 갖추고 있다고 말씀하셨다.

우리는 이러한 참 인간을 깨달아야 한다. 진리인 자신, 무한의 창조력을 가진 자신에 눈떠야 한다. 그리고 이 진리가 부처님의 것이며 불성이 곧 부처님이라는 사실을 알아야 한다. 불자의 믿음은 여기서부터 시작된다.

●●　우리가 이와 같은 자각을 얻은 다음에는, 이 무한의 창조력을 현실로 이룩하기 위해 행동해야 한다. 아무리 보물을 가지고 있다 해도

보물인지를 모른다면 그것은 진흙 속에 묻힌 보석처럼 빛을 내지 못한다. 우리의 본성이 불성이며 완전한 진리라면 항상 그것을 내어 써서 빛을 발해야 한다.

그러려면 우선 훌륭한 미래를 꿈꾸는 것이다. 아름다운 이상을 그려야 한다. 위대한 야심을 품어야 한다.

이러한 꿈이 실현되었을 때, 자신과 세계는 보다 밝아지고 복되게 된다. 그러므로 불자는 모름지기 앞날의 위대한 성공을 마음에 그리고, 주저함 없이 그 실현을 향하여 앞으로 전진한다.

우리의 본성이 완전한 진리이며 불성이므로 우리들 안에는 오직 원만과 창조력이 있을 뿐, 그것을 방해하는 부정적인 힘은 있을 리 만무하다. 우리는 모름지기 마음속에서 항상 살아 움직이는 완전한 진리를 순수하게 믿고 받아들이고 자신에게 깃든 힘을 충분히 활동시키지 않으면 안 된다.

우리 안에는 현재의 자신보다 더욱 완전하게 더욱 원만하게 향상시킬 능력이 깃들어 있다. 이 능력을 믿고 노력하여 계발하며 행사해야 한다. 이 능력은 내어 쓰면 쓸수록 새로운 힘이 나타난다. 샘물을 퍼올리는 것과 같다.

사람의 능력은 계발할수록 더욱 커지고 자비로운 덕성은 닦을수록 더욱 빛이 난다.

●●● 불자인 우리에게 있어 가장 멀리할 것은 열등감이다. 자기가 가치가 없다던가 적성이 아니라던가 능력이 없다던가 하는 열등의식을 모두 버려야 한다. 그런 생각들은 내가 불자라는 자각이 있기 전에 있던 미혹의 산물이다. 그런 것은 즉시에 모두 버려야 한다.

우리는 불성이며 일체를 존재시키는 근원이며 새로운 창조를 끝없이 펼칠 수 있는 힘을 지니고 있다. 이것을 부정하고 무시하고 외면하는 생각은 스스로를 부정하고 어두운 길로 후퇴시키는 결과를 초래한다.

우리가 바른 믿음으로 마음의 문을 열 때 진리의 힘은 거침없이 흘러나온다. 우리는 필요에 따라 우리의 이상을 실현하기 위해 필요한 지혜를 발견하고 밖으로 끌어내야 한다. 소망이 이루어지지 않는다는 생각은 한갓 부질없는 생각이다. 그런 생각은 한시 바삐 버려야 한다.

우리의 마음에서 바라고 있는 소망은 그것이 나의 것이로되, 실제는 나의 것이 아니다. 진리세계에 있는 것이 우리 앞에 나타나고자 움튼 것이다. 그것은 진리의 힘에 의하여 성장하며 현실의 형태를 갖추어 성취되는 것이다. 이것이 나의 바람이나 소망의 본질이다.

진리에 뒷받침되고 있는 나의 소망에 대해 자신을 갖자. 내가 마음을 닫지 않고 흔들림 없이 소망의 싹을 붙들어갈 때, 진리의 힘에 의해 반드시 이루어진다는 확신을 갖자.

🔲 25384327619 7749 🔲

71
믿음은 용기와 결단이다

● 부처님은 법성 자체이므로 무한의 지혜이며 무한의 능력이다.

이 점은 부처님의 십력十力이나 십팔불공법十八不共法에서 짐작하는 바이다. 우리의 하는 일이 바람직하지 않은 방향으로 되어갈 때, 또는 고난이나 불행을 만났다면, 그러한 사태를 가져오게 한 근본 원인은 우리 자신의 범부적 판단에서 오는 것이므로, 그러한 불행에서 벗어나자면 자신의 범부적 아집을 버려야 한다.

뛰어난 지혜이시며 자비이신 부처님께 의지하고 그 마음을 비워야 한다. 부처님은 대자비 위신력이시지만 범부의 눈으로는 보이지 않는다. 부처님은 감각적인 인식대상이 아니기 때문이다.

그래서 부처님께 전적으로 의존하고 믿으며 범부적 생각을 비운다는 것은 어려울지 모른다.

그렇기에 신앙은 용기가 있어야 하며, 결단이 필요하다. 용기를 내어 의혹된 생각이나 범부적 망념을 전부 털어버리고, 대자비이며 근원진리인 부처님을 믿자.

부처님의 지혜에 의지하고 아집을 버렸을 때, 사태는 부처님의 지혜로 모두 해결되고 본래의 뜻대로 이루어간다.

'우리로서는 할 수 없다'는 상황에서도 부처님의 위신력은 사태를 바꾸어 원만한 결과를 낳게 한다. 무엇보다 아집과 의혹된 마음을 버려 대자비 대위신력인 부처님을 믿는 것이 가장 중요하다.

•• 우리의 참된 소망이 이루어지자면 우리의 마음을 골라야 한다.

대립이나 미움, 노여움이나 다툼의 감정이 없어야 한다. 더 나아가 감사하는 마음이어야 한다.

아무리 부처님께 감사하더라도 형제나 부모, 이웃과 화합하지 않고 감사하지 않는다면 소망은 이룰 수가 없다.

부처님께 감사하고, 부모님께 감사하고, 가족에게 감사하고, 온 이웃에게 감사해야 한다. 마음에 대립을 가지고 있으면 부처님의 은혜, 부처님의 자비위덕을 받지 못한다.

미워하고 대립할 어떠한 이유도 명분도 있을 수 없다. 진리는 모두를 하나로 한, 한 몸이며 자비며 평화이기 때문에 진리를 어기고서는 소망과 성취를 바랄 수 없는 것이다.

••• 무엇이든 참으로 이루자면 부처님의 진리에 전적으로 의존해야 한다. 다만 몇 가지 유의할 점이 있다.

첫째, 언제나 베푸는 마음이어야 한다. 이것은 자비한 마음에서 온다. 힘으로든, 지혜로든, 물자로든, 무엇으로든 항상 주고자 하는 마음이어야 한다.

둘째, 끊임없이 부처님과 부처님의 지혜를 염하고 정성을 바쳐야 한다. 열정을 기울여야 한다. 이와 같은 적극적인 행동이 없이는 진전을 보기 어렵다. 힘과 정성을 기울여야 한다.

셋째, 마지막으로 중요한 것은 나의 소망은 기어이 이루어진다는 확고한 믿음이 있어야 한다.

부처님의 자비위신력으로 나의 소망이 이루어지는 것을 믿어야 한다. 신념도 없고 적극적 정진도 없고 열정도 없다면 무슨 일이든 성취할 수 없게 된다.

모든 일에 진리를 믿고 지혜와 힘과 열성을 기울인 사람만이 성취의 과실을 거둘 수 있다.

72

불자의 믿음과 수행의 요결

• 불자는 누구인가? 부처님을 믿는 사람이다.

부처님을 믿는 사람은 어떻게 살아야 하는가? 참다운 삶에 대한 확실한 지표가 있고 그것을 실현하려는 노력을 아끼지 않아야 한다. 다시 말하면 깊은 믿음과 착실한 수행으로 열심히 살아야 한다.

•• 그러면 불자의 믿음과 수행의 요결은 어떠해야 하는가.

첫째는 부처님에 대한 확신이다.

부처님은 진리이시고 법성 · 진여이시며 현존現存이시다. 한없는 대지혜와 대자비와 걸림 없는 위신력으로 온 중생을 성숙시키고 계신다.

불자는 부처님의 이와 같은 덕성이 온전히 갖추어져 있는 부처님의 자녀, 부처님 속의 생명이다. 불성생명佛性生命이다. 이러한 믿음의 확정이 불자의 삶에 있어 기본이 되어야 한다. 이 기본 위에 모든 것은 설 수가 있다.

둘째는 반야공관행般若空觀行이다.

불자는 이미 '나의 나[五蘊生命]'가 아니라 '부처님의 나[佛性生命]'이다. 여기에는 아만·교만·자학이나 열등감·우월감, 원망·미움도, 슬픔·실패의 아픈 기억도, 불안 공포도 없다. 일체의 사념이 없다. 이런 것들은 '나의 나'에게 있는 거짓현상이다. 잘못 본 현상이다. 잘못된 착각으로 인한 이와 같은 부정적 어두운 마음이 중생의 삶을 불행과 고통으로 이끄는 요소가 된다.

그러므로 어떤 이유에서든 우리 마음속에 있는 일체의 사념을, 부정적 어두운 마음을 놓아버려야 한다. 일심염불하고 정진할 때, 이러한 사념의 구름은 자취를 감추게 되지만 불자는 당초부터 참회하고 놓아버리는 것이다.

그리고 일심직관[空觀]을 이루어 나간다. 염불이나 염송이든, 수식관이든, 참선이든, 독경이든, 무엇이든지 간에 일체 사념, 일체 현상에 머묾 없이 일심으로 정진하여 불심을 직관하는 반야공관행의 수행이 있어야 한다.

셋째는 자기 바침이다.

자기 없는 마음, 자기 바침의 마음은 감사와 사랑으로 표현된다.

감사한 마음, 사랑의 마음은 본성의 율동이다. 그러므로 감사한 마음, 자비한 마음으로 살 때, 진리본성과 하나됨〔一體化〕이 이루어지고 진리본성과 통하는 길이 열린다. 자유와 평화, 환희가 열리고 참다운 행복의 문이 열린다.

자기 바침은 나를 바침으로 해서 '나의 나'로 살지 않고 부처님 뜻에 따라 살며 구체적으로, 행동으로 부처님 마음〔本性〕의 위덕을 내어 쓰므로 일체 소망을 이루는 삶이 된다.

자기 바침은 마침내 호법으로 이어져 중생성숙, 국토성취를 이루는 바라밀다 국토를 완성하는 큰 원으로 꽃핀다.

부처님 정법이 이 땅에 영원하고 온 중생의 가슴에 넘쳐나기를 발원하며 전법·호법을 실천하는 것이다. 전법·호법의 실천은 보살도 완성, 바라밀다 국토 완성의 길이며 부처님의 위덕이 온 국토에 나타나게 하는 길이다.

넷째는 자기 바침은 무상행無相行이어야 한다.

앞서의 모든 행들이 결국 무상행 무공용행無功用行이 되어야 한다. 끝없이 수행하되 수행상修行相에 머무름이 없고 수행과보에 집착하지 않고 수행성과에 무심하여 진여 자체, 본성 자체, 부처님 마음 그 자체의 묘용으로 진실을 행하도록 노력해야 한다.

●●● 이상에서 수행의 요결을 정리해 보았는데, 모름지기 수행은 진

리를 구현하고 제불보살의 원과 부촉을 실천하여 이 땅에 부처님 정법이 영원히 머물게 하는 정법구주正法久住, 정법영원正法永遠을 구현하는 구체적 행동이어야 한다.

그리고 우리의 수행은 보다 진실하고 용맹스러워야 한다. 자기를 바치고 자기를 버리는 과감한 용기가 마침내 자유, 평화, 환희, 일체 성취의 참 삶을 열어가게 한다.

73

진실생명의 원만을 믿자

● 경〔반야심경〕에 말씀하시기를 '나지도 않고 멸하지도 않고 더럽지도 않고 깨끗하지도 않고 늘지도 않고 줄지도 않는다'고 하셨다.

이것은 우리 모두의 본성을 가리킨 말씀이다. 나지도 않고 멸하지도 않아 영원하고, 더럽지도 않고 깨끗하지도 않아 절대 청정하며, 늘지도 않고 줄지도 않아 절대 원만하다. 이처럼 부처님의 완전 구족한 공덕이 바로 우리 생명의 진실한 모습인 것이다.

부처님의 원만한 공덕이 그대로 우리 생명에 이어져 있으므로 인간의 진실한 모습인즉 괴로움이나 불행이나 장애가 아니고, 끝없는 즐거움이며 일체 성취의 공덕이다. 우리의 본성에는 부처님의 절대적 완전이 있을 뿐이다. 기쁨과 성취가 있을 뿐이다.

그런데도 우리는 눈·귀·생각 등 감각경계에서 즐거움을 찾으므로, 거기에는 즐거움은 없고, 마침내 모든 것이 괴로움으로 바뀌는 변화가 있게 된다.

오직 우리의 진리생명, 인간 본성에 끝없는 즐거움·건강·청정·원만만이 있는 것을 알자. 이것이 진실한 자신이다. 그러므로 우리는 육체가 자기라든가 감각에서 오는 느낌을 자기라는 생각을 버리고 무한공덕 충만한 법성생명인 자신을 끊임없이 관해야 한다.

언제나 반야바라밀다를 염하고 무한공덕세계를 생각하여 우리 생활환경에서 일체 고뇌와 불행을 쓸어내고 법성공덕의 원만성을 낭연히 드러내야 한다.

•• 어느 때나 마하반야바라밀다를 염하자.

길을 걸을 때나, 차를 탔을 때나, 자신의 진실생명이 반야바라밀다임을 생각하고 부처님을 생각하자. 부처님의 원만한 공덕이 깊은 마음에 넘쳐나고 있는 것을 생각하고 감사하자. 이것이 끊임없는 불자의 기도다.

이렇게 할 때, 진리공덕의 무한성이 현상의 이 몸에 넘쳐난다. 그래서 부처님 위신력의 가호를 받고 인도를 받으며 지혜를 얻고 용기와 자신을 얻어 내 마음 깊숙이 간직한 소망을 이루게 된다.

아무리 큰 소망이라도 커서 안 될 것은 없다. 올바른 소망, 남과 함께 도움이 되는 소망은 반드시 이루어진다. 의혹과 두려움을 떨쳐

버리고 자신감을 가지고 반야바라밀다 무한공덕을 염하자. 무한공덕이신 부처님과 근원을 함께 할 때, 만사를 원만히 성취한다.

●●● 부처님은 우리를 진리 본연의 완전성으로 이루고자 하신다. 그래서 부처님의 무량공덕이 우리에게 넘쳐들게 하여 우리를 완전한 성취로 이끄시고자 한다.

우리는 부처님의 이 자비하신 은덕을 생각해야 한다. 모든 생각을 비우고 부처님의 끝없는 은혜에 감사하자.

부처님의 무한대의 은혜가 우리에게 비춰오는 것을 방해하는 것은 우리의 그릇된 감정이다. 공포 · 불안 · 근심 · 걱정 등, 이런 어두운 감정은 부처님의 햇살을 가로막는 검은 구름이다.

모름지기 반야바라밀다를 염하고 일체 공포를 버리자. 불안 · 초조를 버리자. 근심 걱정을 버리자.

부처님의 무한공덕을 생각하고 일심으로 반야바라밀다를 염할 때, 이들 어두운 구름은 사라진다.

거듭 기억해 두자. 불안 · 공포 · 근심 걱정 · 미움 · 슬픔 · 어두운 생각들이 부처님의 크신 은혜의 햇살을 가로막는 구름인 것을.

어둠을 버리고 언제나 찬란한 은혜의 햇살을 보는 것이 바른 믿음이다.

74
공포심을 없애자

• 진리는 완전한 채 일체 처소, 일체 시간에 충만하다.

이 완전하고 충만한 진리, 이것이 우리 모두의 생명진실이다.

그러므로 우리 생명의 원형은 평화와 완전한 조화와 원만이 그 표정일 수밖에 없다. 우리 모두의 진실한 표정이 그럴 수밖에 없는 이유다.

그런데도 우리 일상생활은 불안이 덮여 있고 공포가 넘나들며 고난이 끊이지 않는다. 왜 그럴까. 우리의 일상감정, 현재의식이 진리인 자성본분을 잊고 있기 때문이다.

완전원만한 진리생명을 보지 못하고, 유한 변멸의 육체적 자아를 자신으로 삼는 현재의식, 현재감정 때문이다. 그런 생각이 완전원만한 진리생명을 은폐하고 외면하고 있다.

육체적 자아를 자신으로 알고 있는 곳에, 유한 · 변멸 · 고난은 끊임없이 넘쳐온다. 그래서 불안한 생각, 두려운 생각, 근심 걱정 등 어두운 생각, 무거운 감정이 마음을 떠나지 않는다.

이 불안, 공포의 감정이 진리세계의 평화를 더욱 가리고 있다. 마치 맑은 물이 퐁퐁 솟아나는 샘 줄기를 막은 것처럼 맑고, 기쁜 평화를 잊고 만다.

아무리 위대한 힘이 깃들어 있다 하더라도 그것을 외면하고, 있는 줄조차 모른다면 현실적으로는 없는 거와 다를 바 없다.

•• 그러므로 우리는 믿음으로 새로워져야 한다.

우선 육체적 자아를 부정해야 한다. 그리고서 위대한 진리생명이 자신의 진실면목인 것을 깊이 믿어야 한다. 육체가 지닌 유한 · 변멸 · 고난 · 공포 · 불안 등 일체를 거부하고 부처님의 대자대비大慈大悲 · 무량공덕無量功德 · 원만성취圓滿成就의 자신을 긍정해야 한다.

그래서 위대한 생명을 깨달아 진실한 자기, 위대한 자기로 자신이 바뀌어야 한다.

••• 공포심은 버려야 한다. 불안감은 버려야 한다. 근심 걱정은 버려야 한다. 이것은 푸른 하늘 같은 진리생명을 가로막는 구름이며 장애물이며 오물이다. 이것이 우리 생활에 불행과 고난을 불러들인다.

마땅히 반야바라밀다 신앙으로 그 모든 잡된 것을 소탕해야 한다. 특히 공포심은 그것이 어떤 병균보다도 해로운 존재다.

　　이 우주가 생겨나고, 일체 중생이 생겨나고, 그것이 조화로이 운영되는 배후에는 부처님의 위대한 진리가 있는 것이며, 그 진리가 우리 자신에게 깃들어 있는 것을 마땅히 알아야 한다.

　　근원적 진리생명의 원만성과 완전성에 의하여 우리의 생명이 존재한다는 것을 믿는다면 두려움은 있을 수 없다. 부처님의 대자대비 무한자재의 위신력에 의하여 가호받고 있는 생명이기 때문이다.

　　대개 공포심은 어릴 때부터 주위 사람들에 의하여 잠재의식에 심어진다. 성인이 되어서도 온갖 사물을 대함에 불안·공포의 그림자가 따라다닌다. 그래서 우리의 마음을 어둡게 만들고 밝고 쾌활한 적극성을 감쇠시킨다.

　　우리는 모름지기 생각을 집중하여 생명의 원상인 반야바라밀다를 관하고 그 완전성을 생각해야 한다.

　　여기서 어둡고 소극적인 정신이 소멸되고 적극적이며 건설적인 성격으로 바뀌게 된다. 일심으로 반야바라밀다를 염하자.

75
영광의 법성을 확인하자

• 우리 인간은 어떤 존재인가?

육체적 존재로서 늙고 병들고 죽음으로 끝나는 존재인가?

이 질문은 아무리 잊으려 해도 잊혀지지 않고, 회피하려 해도 회피할 수 없는 근원적 질문이다. 아마도 누구나 이 문제를 한두 번은 심각하게 생각했을 것이다.

그러나 이 물음에 대한 명확한 해답을 몇 사람이나 얻었을까. 불자를 제외하고는 이 문제에 대한 속시원한 해답을 얻은 사람도 드물 것이다.

부처님께서 말씀하셨다.(부처님의 말씀은 이론이 아니요, 추상이 아닌 존재의 확인이며 진실의 선설임을 유의할 필요가 있다).

"내가 부처의 눈〔佛眼〕으로 일체 중생을 보니 탐심과 성냄과 어리석음 등 여러 번뇌 가운데에 오히려 부처의 지혜, 부처의 눈, 부처의 몸이 있어서 엄연 부동하다. ……온갖 덕상을 원만히 갖추고 있어 나와 조금도 다를 바가 없다."

부처님의 깨달은 눈에는 일체 중생이 참으로 놀라운 존재로 비치고 있다. 궁극적 구원이며, 궁극적 진실이며, 지혜이며, 해탈이며, 권능자이며, 완전자인 바로 그 '부처님'이었던 것이다. '궁극적 완전자', 이것이 인간이었다.

●● 그런데도 우리는 이 사실, 이 진실을 못 보고 모른다. 그리고서는 육체이거니, 물질의 공급으로 조절되는 존재이거니, 환경조건의 영향 아래 있는 존재이거니로 알고 있다.

그리고는 인간은 반드시 늙고 병들고, 죽고, 그 다음은 부지不知로, 회의懷疑의 장막 너머로 밀어 버리고 만다.

이 인간 육체, 인간 물질, 인간 병고라는 생각은 온 인류의식에 깊게 뿌리 박혀 있다. 미망의 탓이다. 그래서 언제나 유한적 자기, 불행한 자기, 무능한 자기, 병고의 자기의식 등이 끈덕지게 떠날 줄 모르고 인간의 의식세계를 지배하고 있는 것이다.

●●● 불자는 모름지기 이러한 인류의식을 극복하고 그런 타성에 승리할 굳센 싸움을 벌여야 하고 이 싸움에서 승리해야 한다. 이것이 믿

음의 성장이며 불자의 정진이다.

이것은 일종의 정신적 싸움이다. 만약 인간 불성의 견고한 믿음을 잠시라도 늦추어 '나는 육체적 존재, 물질적 존재'라는 생각에 빠져들 때, 그만큼 미망의 지배를 받고 불행과 고난이 싹트고, 어둠이 밀려오게 된다.

무엇보다도 우리는 부처님의 본신인 법성진리가 우리 인간의 생명진실인 것을 굳게 믿고, 자신은 진리적 무한공덕성의 실현임을 믿어야 한다. 그래서 물질법칙에 지배되는 것이 인간이라는 생각에서 철저히 탈피해야 한다.

이것이 인간의 승리다. 불자의 승리인 것이다. 자신은 부처님의 무한공덕생명과 함께 하는 존재이기에, 영원한 진리생명이라는 것을 잠시라도 잊어서는 안 된다.

그러기에 우리 불자들은 끊임없이 반야바라밀다를 염하고 바라밀다행에 정성을 기울여야 한다.

그래서 영원한 생명, 진리공덕 충만한 생명, 일체 중생 동일법성 생명을 확인하고 위대한 영광을 생활 속에 펼쳐가야 할 것이다.

삼계에 법이 없는데어느 곳에서
마음을 구할까

76

우리는 서로 주고받으며
성장한다

● 부처님은 일체 존재, 일체 생명의 근원 이전의 진리이시다.

그러므로 부처님의 원만한 자비·조화·성취의 대공덕은 일체 생명, 일체 존재 가운데 항상 충만하고 활활 순환하고 있는 것이다.

다시 말하면 부처님은 진리로서 언제나 일체 생명의 완성을 실현하고 있다. 그러므로 부처님 진리를 고정적 관념이나 침체된 자세로 보아서는 그 진리의 공덕을 충분히 받기 어렵다.

마땅히 진리생명이 끊임없이 활동하고 순환하고 그 사이에 창조가 지속되는 것을 생각해야 한다. 우리가 지닌 진리의 대생명은 끊임없이 순환하고 유통하는 과정을 거쳐서 생명이 지닌 위덕을 나타내고 다시 증대시켜 나간다. 이 점은 자연계에서도 볼 수 있다.

인간이 토해 내는 탄산가스를 식물은 흡수하여 영양으로 삼고 대신 산소를 방출한다. 그리고 식물이 방출한 산소를 인간이 흡수하여 육체생명을 유지해 간다.

서로가 주면서 서로가 받는 순환의 법칙이 행해지고 있는 것을 볼 수 있다. 만약 탄산가스를 식물계에 주지 않을 때 식물은 고사할 것이고, 식물이 고사하면 인간 자신도 산소나 그 밖의 식품을 얻지 못해 죽고 말 것이다.

우리는 여기에서 서로 주고 서로 받는 순환과 유통하는 가운데서 생존하고 성장하는 것을 본다.

•• 우리의 생명은 본분이 진리이며 부처님의 무량공덕이다.

이것이 진실이고 완전원만하며 무한공덕 충만이다. 우리의 현실이 불완전한 상태를 보이는 것은 완전을 향한 성장과정이다. 진리실상이 나타나는 과정인 것이다.

이 불완전한 현상, 즉 진리공덕이 나타나는 과정에서 보이는 불완전상은 일시적이며 다만 진행과정의 모습이다. 성장하고 가지치고 새싹이 나오는 가운데 화려한 꽃은 준비되고 있다.

설사 지금 우리의 환경이 불완전해 보이고 초라해 보이더라도 조금도 실망할 것이 없다. 우리는 진리이신 부처님의 대생명 구현자이므로 일체 성취, 원만구족은 필경의 결론인 것이다.

어떤 때라도 실망하거나 두려워하거나 흔들리거나 전진을 늦추지 말자. 믿음과 감사와 기쁨과 용기로 나아가자. 앞으로 앞으로 —.

●●●부처님의 진리공덕을 생명에 지닌 우리는 항상 눈에 보이는 현상보다 위대하고 완전하고 만덕이 구족하다. 그것을 잊지 말자. 그러므로 우리는 어떤 때라도 열등감에 빠져서는 안 된다.

비록 현재 모습이 초라하고 화려하게 핀 다른 꽃에 비해 보잘것 없는 듯해도 마침내 누구 못지 않게 꿋꿋하게 성장하고 아름답게 꽃 필 때가 올 것이다. 반드시 온다.

그렇다. 가을 국화가 봄의 매화를 부러워할 필요는 없다. 국화는 국화가 아니면 표현하지 못할 독특한 아름다움이 있지 않은가. 꽃이 제각기 개성 있는 아름다움이 있고 꽃피는 시기가 있듯이, 우리의 생명이 진리광명을 발동시킬 때가 있다.

속성재배를 하듯 자기 능력의 조기 개발을 서두를 이유가 없다. 왜? 우리에게는 완전한 자유가 주어져 있기 때문이다.

77

청정본성은
항상 빛나고 있다

어느 날 부처님께서는 아난다와 함께 사위성舍衛城으로 나가서 걸식을 하셨다. 이때 가난한 노파가 길가에 서 있는 것을 보고 아난다가 부처님께 말씀드렸다.

"이 여인은 정말 불쌍한 사람입니다. 부처님께서는 당연히 구제하시겠습니다."

그러자 부처님께서 아난다에게 이르셨다.

"이 사람은 인연이 없다."

아난다가 다시 말씀드렸다.

"만약 부처님께서 저 여인에게 가까이 가신다면, 저 여인은 부처님의 거룩하신 모습과 광명을 보고 환희심을 내어 인연을 짓지 않겠습니까?"

그런데 정작 부처님께서 그 여인에게 가까이 다가가니, 그 여인이 몸을 돌려 부처님을 등지는 것이었다. 부처님께서 사방으로 다가서도 바로 다른 곳으로 등을 돌리고, 밑에서 처다보면 얼굴을 위로 향하고, 부처님께서 위에서 보시면 아래로 얼굴을 돌리는 것이었다. 부처님께서 땅 속에서 나오시면 양손으로 눈을 가리어 부처님을 보려고 하지 않았다. 이러한 일이 있고 나서 부처님께서 아난다에게 말씀하셨다.

"이 이상 더 어떻게 인연을 지을 수 있겠느냐!"

이와 같이 구제 받을 인연이 없고, 부처님을 친견할 수가 없는 사람이 있다. 이러한 까닭으로 부처님께서는 말씀하셨다.

"부처님을 만난다는 것은 실로 어려운 일이니, 그것은 곧 우담바라 나무의 꽃과 같다. 그것은 또한 마치 비가 오는 것과 같아서, 많은 비가 내려서 사방에 물이 흐르더라도 아귀는 항상 목이 마르고 그러면서도 물을 먹을 수 없는 것과 같은 것이다."

●● 태양이 아무리 찬란하게 빛나더라도, 세상이 아무리 환희와 영광으로 빛나더라도, 스스로 눈을 가리고 어두운 장막으로 자신을 휘감고 있는 사람이 있다면 그에게는 천지가 어둠일 뿐이다.

마치 부처님께서 다가가는 데도 눈을 감아버리는 그때의 가난한 여인이 부처님의 거룩한 모습과 광명을 보지 못하는 것처럼, 어둠과

질식할 듯한 생활여건이 그를 감싼다. 한숨과 탄식과 슬픔과 고뇌가 그의 가슴속을 가득 채울 따름이다.

이와 같이 이 땅이 부처님의 충만한 은혜로 빛나고, 모든 사람이 무한한 생명의 공덕을 무진장으로 간직하며, 대보살의 자비하신 광명이 끝없이 그에게 부어지더라도, 이를 불신하고 스스로 마음을 어둡게 하고 있는 자에게는 어두운 장막은 없어지지 않는다.

●●● 어떠한 것이 청정본성의 물결을 차단하고 어두운 장막 속에 자기를 가두게 하는 것인가?

첫째는 어리석은 고집으로 불법을 믿지 않는 것이다. 둘째는 실망하고 좌절하며 인생의 미래에 대해 회의적 · 절망적 생각을 가지는 것이다. 셋째는 우울하고 불안한 생각이다. 넷째는 불평 불만을 품고 이웃과 대립하며 갈등하는 생활이다. 다섯째는 그릇된 사상에 물든 자이다.

내가 살아 있는 생명임을 의심하지 않는다면, 마땅히 푸른 하늘에 찬란한 태양이 빛나고 있음을 우러러보고, 이와 같이 부처님 은혜 속에 나의 생명이 빛나고 있음을 읽어야 할 것이다. 그리하여 영원한 행복의 창조자인 우리 자신의 참 면목인 청정본성을 잊지 말아야 하리라.

78

불심佛心이 세상을 구한다

● 지금이 오탁악세五濁惡世인가?

오탁악세라는 말이 경전에 가끔 보인다. 겁탁劫濁 · 견탁見濁 · 중생탁衆生濁 · 번뇌탁煩惱濁 · 명탁命濁이라는 다섯 가지를 일컬음이다.

그런데 요즈음의 신문이나 라디오, 텔레비전 등을 접하고 있으면 현대야말로 그런 시대가 아닌가 하고 절실히 느끼게 된다. 살인 · 방화 · 투쟁 · 강도 · 마약 · 교통사고 등등 눈과 귀를 가리고 싶은 것들뿐이다.

대체 우리의 문화는 전진하고 있는 것인지 후퇴하고 있는 것인지를 도무지 알 수가 없다. 혼란이 극치를 이루고 있다는 생각을 떨쳐버릴 수가 없다.

•• 전환기 시대는 없다.

야운스님은 『자경문自警文』에서 이렇게 말씀하고 있다.

"성인이 가신 지 오래 되어 악마의 법은 강해지고 바른 가르침은 약해져서, 많은 사람이 삿되고 오만하여 사람다운 사람은 적고 사람 답지 않은 사람은 많다. 지혜 있는 이는 적고 어리석은 이는 많아서 스스로도 수행을 하지 않고 또한 타인을 번뇌롭게 한다."

이래서 오늘날을 전환기 시대라고 부른다. 지금까지 인간들이 가지고 있었던 인생관·세계관·윤리관 등의 모든 규범이 지나갔고 또한 지나가고 있지만, 아직 새로운 시대를 이끌어 나갈 새로운 규범 이 등장하고 있지 않는 시대라는 말일 것이다.

그러나 불자들에게는 결코 전환기 시대가 있을 수 없다. 왜냐하 면 불교의 믿음은 인생관이 바뀌는 것으로 시작하는 것이기 때문이 다.

••• 불자의 믿음은 무엇인가.

부처님의 가르침을 만나기 전에는 이 몸을 보기를 세계 속의 자 기로 보고 물질환경과 그 조건 속에서 자기 생명을 보며, 육체적·감 정적 요건을 자아로 삼아왔다. 거기서 안정도 평화도 기쁨도 모두 얻 으려 했던 것이다.

그러나 불자가 되면 우리의 생각하는 바, 보는 바가 달라지기 시작한다. 이 몸은 견고한 듯해도 끊임없이 변해 가는 것이고, '나'라고 하지만 '나'라는 실체는 도무지 잡을 길이 없다는 것을 알게 된다. 물질도, 자연적 현상도 끊임없이 변하고 바뀌어 가는 것을 알게 되고, 그것 역시 실체가 없는 공허한 환상임도 잘 알게 된다.

이런 데서 불자는 지혜의 눈이 열려 인간이 바로 서는 것이다. 참 자기에 눈을 뜨고 참으로 있는 것에 새로운 감동을 얻게 된다. 불자의 인생살이는 이렇게 되어서 참으로 있는 것, 참으로 사는 길을 보아 가는 것이다.

경에서는 불성佛性의 보편普遍과 불신佛身의 상주常住를 역설하신다. 존재하는 것은 오직 법뿐이요, 법은 영원하고 원만하고 내 생명으로 완전하다는 말씀이다. 불자에게 있어서는 기쁨도 용기도 권능도 환희도 여기서 출발한다. 그러므로 설사 눈앞에 어떤 고난이 닥쳐와도 거기에 마음이 흔들리지 않는다. 불자의 믿음이다.

오직 진리의 원만성과 일체 성취의 공덕성을 보고 항상 희망을 불태우고 고난을 이겨 간다. 이러한 불자가 이 땅에 있기 때문에 세상은 희망이 있는 것이고, 이러한 불자들의 불심이 감로수가 되어 이 세상을 능히 구하는 것이다.

그러나 불자라고 하면서 물질이나 육체에 집착하거나 모든 것이 허무하고 인간은 업보 소생이며 죄악이라고 생각한다면, 그는 불자가 아니다. 불자가 될 수 없다.

79
결코 해침 받지 않는 권능자

● 새해 들어 처음 맞는 호법정진일이다. 우리는 어느 때나 부처님을 염하고, 마음을 허공처럼 맑게 지니기를 기약하지만, 오늘 새해 첫 번째 맞는 호법정진일에 새로이 자신의 마음 모습을 살펴보자.

우리의 본성을 구김 없이 나타낼 때, 그것은 나의 본성이며 일체 중생의 본성이며 부처님의 본성이다. 이 맑은 마음에는 항상 크고 너그러운 푸른 하늘이 준비되어 있다. 그러므로 우리는 다시 자신을 돌아보아 푸른 하늘 같은 자기 마음인가를 비추어 보아야 할 것이다.

남에게서 도전적 행위나 말을 당했을 때, 내 마음이 평화스러웠던가? 만약 노여움을 품거나 두려운 마음을 내거나 미움이나 투쟁심을 일으켰다면 그것은 나의 본성을 어긴 것이다.

결코 무엇에도 해침을 받는 일이 없는 뛰어난 존재라는 사실을 잊고 있거나 신념이 약하여 사태를 당하여 잊고 있는 때이다.

모름지기 나는 불자요, 만덕과 공능을 온전히 갖춘 바라밀다행자다. 내가 불성이요 불자일진대 누군가가 노여움이나 슬픔을 도발하는 행위가 있을 때, 불자인 나는 결코 대항 행위로 나가거나 거친 말로 대하지 않는다.

그러므로 우리는 불자로서 무엇에게도 해침을 받거나 남의 부당한 평가에 의하여 가치가 떨어지는 존재가 아니라는 생각을 몇 번이고 돌이켜 염하자. 깊이 염하자.

불자인 우리는 불자인 자각을 자신에게서 회복하여 사태에 임하도록 다짐하자. 결코 자기 마음을 노여움이나 슬픔이나 공포에 내맡기지 말자. 항상 반야바라밀다인 자신을 돌이켜보아 자기 마음에 참된 주인공을 확립하여야 할 것이다.

•• 우리가 자기 마음의 주권이 부처님이요 불성인 것을 확인할 때, 부처님은 자비이시며, 지혜이시며, 무애위신력이시므로 우리의 육체는 곧 부처님의 지혜와 자비와 무애위신력이 흘러나오는 통로라 할 수 있다.

그래서 우리는 우리가 만나는 모든 사람을 우정으로 대하고 사랑하며, 축복할 수 있다.

설사 타인에게서 불친절한 말을 듣거나 매정스런 행동을 당하거나 억울한 일을 당했더라도 지금 우리 앞에 나타난 현상, 이것은 바로 우리 자신의 마음의 나타남이라는 법칙을 생각하여, 그런 일을 당할수록 자신이 한층 더 타인에게 친절과 우정과 자비로 대할 것을 결심하자. 굳게 결심하자.

●●● 만약 억울한 일을 당하여 마음이 평화롭지 못할 때는, '내 생명 부처님 무량공덕생명 마하반야바라밀다'를 반복 염하자.

부처님은 무한의 자비이시며 지혜이시며 위신력이시므로 우리의 마음을 바라밀다 진실 위에 놓을 때, 우리 마음은 부처님의 지혜 위덕의 통로가 되는 것이다.

이러할 때 우리는 부처님의 자비와 지혜로 사는 것이기에, 그 어떤 장애도 우리의 마음을 흐트릴 수 없다.

"부처님이시여, 자비와 걸림 없는 위신력을 항상 넘치게 부어 주셔서 감사합니다. 저로 하여금 거룩하신 위신력의 통로가 됨을 허락하셔서 감사합니다. 나무마하반야바라밀다."

호법을 발원하고 불국토 실현을 서원한 우리 형제 모두는 영광된 부처님의 자비위력의 실현자임을 굳게 믿고 다짐하자.

80
법성정토法性淨土에 눈뜨자

● 우리는 국토와 세계와 우주와 그밖에 온갖 세계를 본다. 천상세계의 수많은 천상중생이 각기의 세계를 살고 있고, 그밖에도 아귀·축생 등 많은 세계와 중생이 있다.

이 수많은 세계와 중생이 있다지만 실로 그 본성은 일심이 있을 뿐이다. 우주도, 천상의 차별도, 수많은 중생세계도 오직 일심일 따름이다. 마음 밖에 다른 것이란 아예 없는 것이다.

마음 밖에 다른 법이란 없고 마음도 성현도 중생도 이 모두가 차별이 없다. 온 우주 일체 중생세계, 일체 성현세계 그 모두가 일심이다. 오직 일심만 있다. 그것뿐이니, 당연히 일심이 우주를 움직이고 일체 중생을 활활 뛰게 하는 대생명이다.

일심생명, 이것이 우주 대생명이다. 이것이 인간생명이다. 그러기에 인종의 차별, 피부 빛깔의 차이 등이 아무리 다르고 기이해도 다만 표면상의 차이요, 보기 나름이다. 내부의 생리구조는 온갖 인종, 모든 민족이 다 같다.

하나의 생명, 일심인 생명, 불성인 생명이 그 모두를 이루고 지배하고 있는 것이니, 모든 인류는 서로가 형제요, 자매다.

생명의 진상, 생명의 본질이 유일심唯一心이어서 모두가 공통이요, 한 몸이라고 하는 자각이 절실하다. 모두가 법성생명, 우주 대생명이라고 하는 자각과 깊은 믿음이 뜨거운 우정을 낳게 하고 참된 세계평화를 낳게 하고 참된 기쁨을 낳게 한다.

•• 우리의 본성이 불성이요, 온 우주, 온 존재, 온 세계가 법성이며, 유일의 대생명인 것을 알 때, 우리는 비로소 삶의 진실을 알게 될 것이다.

삶의 진실이란 행복감이다. 무한한 창조의욕이다. 끝없는 자비며 우정이다. 그 행복감이 충만한 것, 이것이 진실생명으로 사는 참 삶이다. 거기에는 어떤 불쾌감이나 슬픔이나 괴로움도 없다. 뜨거운 햇살 아래 눈발이 남아 있을 수 없는 것과 같다.

부처님께서는 말씀하셨다.

"나의 정토는 허물어지지 않는데 중생들은 불타고 무너져서 온갖 근심과 두려움과 고뇌가 가득한 것을 본다."

또 말씀하시기를, "중생들은 세간 겁이 다하여 모든 세간이 활활 탐을 보게 되지만 여래의 이 국토는 안온하여서 하늘 사람, 세간 사람 항상 넘치네. 아름다운 꽃동산과 여러 누각을 가지가지 보배로 장엄하였고…….

여러 하늘, 하늘 북을 힘차게 치고 언제나 여러 가지 풍악 잡히며 아름다운 만다라화 꽃비가 되어 부처님과 대중 위에 흩어지노라" 하셨다.

우리를 둘러싼 일체 행복요건은 허물어져 없는 것이 아니다. 지금 여기에 분명 있다. 실상정토는 엄연히 현존한다.

그럼에도 근심과 두려움과 고뇌에 빠져 있는 것은 마음이 스스로를 잃고 밖을 향하여 구하며, 그것에 사로잡혀 있는 데서 느끼는 것 때문이다.

●●● 우리를 둘러싼 현상들은 모두가 변화하는 모습이다. 변화는 끊임없는 동요다. 이 변화 가운데서 안정을 찾고자 하나의 물질현상에 사로잡혀 그것을 내 것으로 고정시키고자 할 때, 우리는 거기서 무상을 느끼고 불안정을 느끼며 슬픔이나 고뇌를 맛보게 된다.

참된 안정이란 법성세계에만 있다. 당연히 현상을 고정시키고자 하는 시도는 이루어질 수 없다. 그런 노력 자체가 벌써 끝없는 변화며 동요이기 때문이다.

다만 우리는 모름지기 변화 속에서 변화하지 않는 항상함을 자각하여 무상無常 가운데서 상常을 보며 현상 속에서 실상實相을 보아야 할 것이다. 꽃은 지지만 지지 않는 꽃을 보는 것이 실상을 보는 것이다.

우리는 마땅히 힘써 반야바라밀다를 염하고 생각해야 한다. 어려운 문제를 당하여 문제의 소멸을 기원하기에 앞서 그 문제가 본래 없는 반야바라밀다 평화의 세계를 생각해야 할 것이다.

반야바라밀다 세계에는 원래 문제란 없다. 평화롭고 자비롭고 조화로운 바라밀다 세계에 뛰어드는 것이 실로 바라밀다인 것을 잊지 말자.

이 자각이 깊어졌을 때, 그것이 원인이 되어 결과로써 주변 형상세계에 평화정토가 구현된다. 참으로 있는 진실국토, 진리세계가 구현하는 것이다.

우리는 언제나 바라밀다를 염하고 바라밀다 무량공덕을 생각하여 진실한 불자의 진리의 역사를 열어가자.

81

우리는 축복 받은 인생

● 　우리의 현실생활은 여러 가지에 엉켜 있다. 그 가운데는 뜻대로 이루어진 다행스런 것도 있지만 나에게 고통을 주고 일에 속박을 가져오는 병이나 그밖에 불행한 것도 있다.

이 불행한 것들이 아무리 현실적인 것같이 보이더라도 우리는 그것을 붙잡고 있어서는 안 된다. 현상이란 무엇이든 변하기 때문이다.

분명히 있다는 것도 사실은 허망한 몇 가지 요소가 결합한 것이고, 또 그것은 그 상태를 잠시도 유지하지 못하고 끊임없이 변해간다. 비가 오고 있다 하더라도 비는 이윽고 멈추고 하늘을 가득 메운 검은 구름도 반드시 흩어져 사라진다.

변하지 않는 것, 그것은 부처님의 진리, 부처님의 공덕세계뿐이다. 부처님의 공덕세계, 그것은 분명히 있다. 해가 솟아오르기 전 깊은 밤중에도 태양은 동천을 솟아오르고 있는 것처럼 부처님의 공덕세계도 그렇다.

우리가 생활하고 있는 이 우주, 이 세계현상은 우리의 마음이 지은 바의 나타남이지만 진리이신 부처님의 진리성은 우리가 보는 현상 여하에 관계없이 분명 여기 있는 것이다.

부처님의 공덕세계는 완전하여 무한이다. 그래서 우리를 둘러싸고 있는 모든 환경이나 여건에서 확실하게 있는 것은 부처님 공덕세계의 무한자비와 일체 성취의 무한공덕뿐이다.

●● 인간은 그 본성이 불성이며 무한자비, 무한지혜, 원만성취의 대공덕 자체이다. 그러므로 인간은 결코 고난이나 불행에 싸인 존재가 아니고, 건강하고 행복하고 착한 공덕이 가득한 존재이다.

만약 지금 병고나 불행, 불여의한 일이 나타났다 하더라도 그것은 우리의 마음에서 진리의 원만성을 확인하지 못하고 있는 까닭이다. 진리의 태양은 엄연히 빛나고 있고 모든 공덕을 한정 없이 쏟아내고 있기에 말이다.

건강이나 행복은 인간의 본질이다. 모두가 무너져도 부처님에게서 공급된 근본적인 행복조건은 결코 변하지 않는다.

인간 본성인 불성공덕은 무한인 채 항상 여기 있는 것이다. 어떤 경우라도 부처님 원만공덕을 의심할 수 없다.

그러므로 우리는 어떠한 경우라도 진리실상, 부처님의 무한공덕만을 마음의 눈으로 지켜보고, 모든 경우에 밝은 마음으로 일심정성을 기울여 바라밀다 염송을 정진한다면 반드시 행복·소망 그 모두를 이룰 것이다.

'인간이여, 이 어찌 축복된 자라 하지 않을까. 끝없는 감사를 합장 속에 담자.'

●●● '축복 받은 우리 인생이여, 우리는 부처님의 완전한 자기 실현이 아니신가.'

우리는 무한의 지혜와 자비와 능력을 갖추고 있다. 좀 뜻대로 되지 않는다 하여 주저앉지 말자.

우리의 운명이 땅 속에 묻혀있는 듯 보이더라도 사실은 지금 보이지 않는 곳에 뿌리를 내리며 크게 성장할 준비를 갖추고 있는 것임을 돌이켜 생각하자.

우리가 믿고 생각하여 행하는 대로 인생은 되어지는 것이다.

왜? 우리는 불자, 원만진리 공덕을 갖추었기 때문이다.

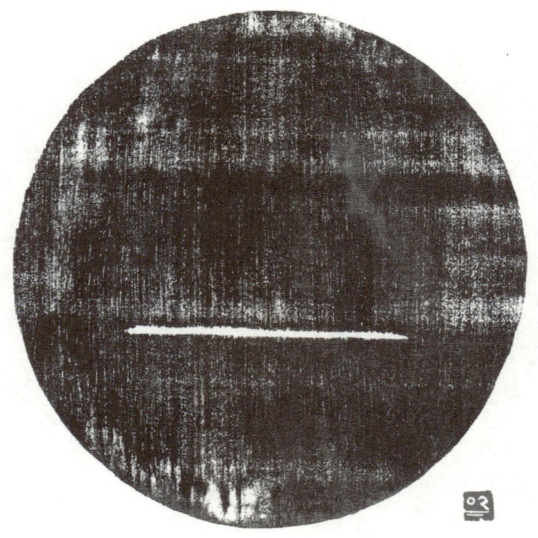

82

일체 부처님이 성불하시는 길

● 　문수보살이 부처님께 여쭈었다.

"삼세 모든 부처님께서는 보살시절에 성불의 원을 세우고 어떤 행을 닦으셔서 성불하셨습니까?"

부처님께서 말씀하셨다.

"일체 여래가 본래 일으키신 인지因地는 모두가 깨끗한 깨달음의 모양을 뚜렷이 비춤에 의지하여 무명을 영영 끊고 바야흐로 불도를 이루느니라."

부처님께서는 청정한 깨달음을 비추어 보았다는 것이 요점이다. 청정한 깨달음의 모양은 어떤 것일까?

원래 깨달음은 궁극적 실존의 전면 노출이므로 그 존재양태는 절대다. 절대적인 존재는 말로 표현하거나 생각 속에 담을 수 없다.

참으로 말과 생각이 이르지 못하는 곳이다. 오직 스스로 증득하고 체험할 뿐이다. 그러나 이 상태로는 전법불사를 지을 수가 없다고 해서, 부득이 사유와 비유와 언설이 있게 되었다.

부처님께서는 이 말할 수 없는 것을, 청정한 깨달음의 모양을 뚜렷이 비춘다고 말씀하셨다. 우리는 이 말씀이 말과 생각이 이르지 못하는 곳의 소식인 것을 먼저 알아두자.

●● 그러면 '청정한 깨달음의 모양'을 어떻게 말할까. 우리는 이 문제에 대하여 말은 허물이 되는 줄 알면서도 부득이 논리적 희론을 가질 수밖에 없다.

청정한 깨달음은 궁극적 실재이므로 절대 독존자다. 이것밖에 다른 것이란 없다. 오직 그뿐이다. 하늘을 보나 땅을 보나 동을 향하거나 서를 향하거나 만나는 것은 모두 이 물건이다. 있는 것이 이것뿐이기 때문이다. 없는 것도 이것이다. 있고 없는 것이 아닌 것〔非有無〕도 이 물건이다. 그것뿐이기 때문에 들어 말할 수도 없다. 놓을 수도 없다.

이 진실한 독존 실재자를 반야바라밀다라 하고 부처님이라 한다. 법성 · 진여 · 불성이라고도 한다. '그러므로 부처님을 따로 구하려 하면 어긋난다. 또한 버릴 수도 없다. 항상 함께 있고 항상 만난다. 실로 부처님으로 일체 중생은 자존한다. 그러기에 일체 중생은 원래 청정자요, 해탈자요, 불멸자다. 보살은 이처럼 청정한 깨달음

의 모양을 알고 생각생각 이 도리를 여의지 않고 행한다.'

●●● 이 깨달음은 궁극적 실존 자체다. 아무리 펼쳐내도 한정이 없다. 무진장의 보고寶庫다. 그것은 어떤 지혜이거나 자비이거나 공덕성의 형태로 있을 뿐만 아니라 온갖 유위형태, 물질적 존재형태, 온갖 자연적 기세간器世間 형태, 그 일체를 무진장으로 간직한다. 일체의 부ㆍ복덕ㆍ지혜ㆍ 능력 모두를 갖추었다는 말이다.

보살은 자신의 실상이 이와 같은 무진장을 함장含藏하고 있는 것을 믿으며 일체 중생이 또한 그러한 것을 믿어 존중하고 받든다.

청정한 깨달음의 모양은 그 존재양태가 일체와 동일자로 존재한다. 일체와 더불어 한 몸이라는 말이다. 그러므로 보살은 만인의 슬픔이 자신의 슬픔이며 만인의 고난ㆍ기쁨이 곧 자신의 것이다. 누구와도 대립한 자 없다. 일체 중생을 수순 공양함이 부처님 공양이 되고, 또 이공李公이 마시매 장공張公이 취하는 도리가 여기 있다. 일체 중생과 한 몸인 도리를 왕성하게 살아가는 것이다.

또한 '청정한 깨달음의 모양을 두렷이 비춘다'는 말은 무슨 말인가. 위에 열거한 바 절대독존성ㆍ원만공덕성ㆍ동일자성同一自性을 일체시 일체사에서 원만히 드러내는 것이다.

이것은 곧 청정각성淸淨覺性을 운영하는 것이 된다. 그러므로 '이와 같이 닦는 자는 곧 성불자다'라고 하겠다.

제 7장

기 도

83
불자는 기도로써 성장한다

● 　불자가 가지는 특권이라는 것이 있을까? 그렇다. 분명히 있다. 그것은 바로 기도다. 이 기도가 불자에게 주어진 특권이라 하는 데는 몇 가지 뚜렷한 이유가 있다.

대개 누구나 소망이나 혹은 어려움에서 벗어나고자 하는 욕구가 있을 것이다. 그리고 그러한 소망을 이루기 위해 나름대로 방법을 선택할 것이고 노력도 할 것이다.

때로는 어떤 절대자를 가정해 놓고 그 절대자의 은총에 기대는 방법도 있을 것이다. 그것을 기도라고 할지는 모르지만, 그러나 불자의 기도는 아니다.

기도를 불자의 특권이라고 하는 것은 불자는 기도로써 일체사를 이루어 가기 때문이다. 즉 자기 생명의 성장도, 인생의 보람도, 역사에의 기여도, 진리에의 충만한 회복도 기도로써 이룬다.

•• 불자의 기도는 큰 믿음에서 출발한다. 그렇다면 과연 무엇을 큰 믿음이라 하는 것일까?

믿음은 위없는 깨달음의 부처님, 부처님의 무한공덕이 영원히 너울치는 막힘 없는 창조의 법이 원願대로 자기와 온 국토 위에 주어져 있는 것을 믿는 것이다. 이 믿음, 이것이 바로 부처님을 믿는 것이며 부처님 법을 믿는 것이다. 이것은 부처님이 만들어서 제시한 이론적 논리가 아니다. 우리의 욕망이 만들어 낸 허구가 아닌, 반야의 큰 지혜가 밝혀낸 인간과 우주와 법성진리의 원래의 모습이다. 온 생명의 근원적 모습이다. 그래서 법성이라고도 하고 본래면목本來面目이라고도 했다.

불자는 이러한 진리본연의 참 모습을 끊임없이 추구하고 끊임없이 그 가슴속에서 지켜보고 그 실현을 추구한다. 바로 이것이 불자의 기도다. 자기의 생명 위에 너울쳐 있는 부처님의 무한공덕, 온 이웃, 온 세계에 충만한 부처님의 자비, 온 생명 구석구석 넘쳐나는 부처님의 지혜위신력, 이것을 생각도 아니고 마음도 아닌, 온 몸 자체로써 보는 것이다.

이러한 불자의 기도에서 불자의 가슴은 지혜와 용기로 출렁인다. 거기서 자비와 위덕이 넘쳐난다. 끝없는 희망과 밝음과 기쁨이

펑펑 솟아난다.

거기, 일체를 삼키고 그 모두를 하나로 받아들이는 너그러움이 함께 있다. 결코 꺾일 줄 모르는 줄기찬 정진력이 거기 있으며, 자기를 바꾸고 국토를 바꾸고 우주를 바꾸는 크나큰 힘이 거기서 용솟음친다.

●●● 현상에서 이루어진다는 것은, 이미 그 마음에 있는 것. 그 가슴에 있는 것이 이루어진다는 것이다. 불자의 가슴에 타오르는 진리생명의 불꽃은 이와 같이 생활의 무대 위에, 현실의 역사 위에 구현된다.

이래서 불자는 기도로써 그 정신이 새로워지고 그 몸이 맑아진다. 그의 지혜와 덕성과 힘이 새로워지면 꿈과 서원이 다시 드높아지고 견고해진다. 창조적 주체를 바로 확립하며 끝없는 성장의 자원을 얻고 빛을 뿌리는 우주의 중심으로 자기를 가꾸어 간다.

기도자의 마음자세는 어떤 것일까? 그것은 진리실상의 긍정이며 생명본분의 긍정이며 부처님의 무한공덕장에 대한 여지없는 신뢰이다. 그것은 우리의 생활감정에서 감사로 나타난다. 자기 자신에게서 끊임없이 다행스러움을 발견하고, 자기 환경에서도 다행과 감사를 발견하고, 모든 국토환경에서도 또한 그러하다. 이 다행스러움의 발견이 우리를 끝없는 감사로 다시 이끈다.

84

바라밀다 행자의 기도

● 　우리는 어느 때나 부처님께 예경드리고 일심으로 반야바라밀다
를 염송해야 한다. 그러할 때 모든 생각 다 맑아지고 반야바라밀다만
이 우리에게 있다. 탐심도 성냄도 어리석음도 그 밖의 모든 번뇌도
찾을 길이 없다. 오직 반야바라밀다뿐이다. 부처님은 진리의 몸이시
며, 참 몸이신 법신法身이 반야바라밀다인 것을 우리는 믿는다. 부처
님의 법신광명, 반야바라밀다 광명이 우주이며 모든 존재며 우리의
진실생명인 것을 믿는다. 그러기에 우리가 지금 반야바라밀다 염송
으로 머물고 있는 반야바라밀다는, 이것이 영원한 시간 이전의 진실
이며, 또한 우리의 생명진실이며, 일체 존재의 진실인 것을 믿는다.

　눈부시게 빛나는 태양 앞에 어둠이 없듯이 반야바라밀다에는 일
체의 괴로움도 없고, 두려움도 없고, 노쇠도 없고, 가난도 슬픔도 근

심도 없다. 우주에 가득한 햇빛처럼 불멸의 진리생명이 우리에게서 나타나고 불멸의 위신력이 나의 생명에서 퍼져 나온다. 일체 성취, 무한환희의 바라밀다 생명이다.

거기에 평화와 안녕이 영원히 물결치고 있다. 우리는 그러한 반야바라밀다를 염하면서 반야바라밀다 생명을 다시 확인하고 있다.

•• "부처님 감사합니다. 저희들의 일체 생활 가운데서 영원히 바라밀다 생명의 자각을 잊지 않도록 보살펴 주옵소서. 부처님께서 저희들을 반야바라밀다의 무한공덕, 무한생명으로 가꾸어 주심을 감사드립니다."

일심으로 반야바라밀다를 염하여, 반야바라밀다 생명을 깨닫고 반야바라밀다 생명을 회복하니 이제 우리는 육체다 물질이다 하는 잘못된 생각의 덧옷이, 햇빛 앞에 어둠이 사라지듯 사라지고 없다. 이에 우리 자신을 돌이켜보고 다시 세계를 볼 때 온 천지 일체가 바라밀다 광명뿐이다.

온 우주를 넘어선 우주 이전자以前者가 바로 나의 생명이고, 나는 곧 온 우주 이전자이니 여기에는 나도 우주도 하나다. 형체 없고, 대립 없고, 막힘 없이 오직 형상 없는 무한청정이 끝없이 끝없이 너울친다. 우주는 오직 신령스러운 바라밀다 광명뿐이다. 이 광명은 우주에 앞서 있고, 우주에 가득하고 다시 영원하다.

●●● 우리의 마음은 반야바라밀다에 통하고 반야바라밀다를 나타낸다. 그러므로 우리 마음에는 오직 반야바라밀다의 뜨거운 자비의 체온과 빛나는 지혜와 끝없는 활기가 넘쳐난다. 우리의 생각은 우리들 마음에 던져진 반야바라밀다 공덕을 확인하고 찬탄하고 감사하며 새로운 창조를 꿈꾼다.

"자비하신 부처님, 저희에게 이 땅에 바라밀다 광명을 새롭게 충족시킬 힘과 지혜와 용기를 주심에 감사하옵니다. 저희들은 반야바라밀다의 무한공덕을 현상세계에서 확인하기 위해 저희들의 마음을 항상 맑게 지켜가겠습니다. 때 묻히거나 이그러뜨리거나 어둡게 하지 않겠습니다. 온갖 감정을 모두 잠재우고 미움과 슬픔과 노여움 등 모든 마음의 충격을 멀리하고 안정과 청정을 지키겠습니다.

자비하신 부처님, 저희들은 불자로서 반야바라밀다 무한공덕을 지니고 태어났습니다. 저희들은 육체 인간이 아니옵고, 법성공덕신 法性功德身입니다. 부처님의 크신 은혜 가득한 탄생임을 감사하면서, 거룩한 밝은 생을 기필코 열어가겠습니다.

나무마하반야바라밀다."

板齒生毛

85

참된 불자 · 참된 기도

•' 우리는 삼귀의를 소리 높이 제창하고 혹은 염불하고 독경하며 혹은 부처님께 백 배, 천 배 예경도 드린다. 그리고 스스로 '내가 불자로다' 하고 드높은 긍지로 지낸다.

과연 우리는 불자로서 참으로 부처님과 가까이 하고 있다고 말할 수 있을까? 스스로 불자로 자처하면서도, 실로는 부처님과 매우 먼 거리에서 헤매고 있지는 않는가?

부처님께서 말씀하셨다.

"나의 옷자락을 붙잡고 뒤를 따르며, 나의 발자국을 밟으며 걷더라도, 만약 그가 욕망 때문에 격정을 일으키고 성내는 마음을 그 속에 품으며 삿된 생각에 사로잡히고 방일하여 깨달음이 없어 미혹해 있다면, 그는 나로부터 멀리 떨어져 있는 자이다.

그는 법을 보지 못하며 법을 보지 못한 자는 나를 보지 못하기 때문이다."

●● 이 말씀을 살피건대, 부처님을 멀리하는 요건 네 가지를 생각할 수 있다.

첫째는 격한 탐욕에 사로잡혀 욕심으로 인해 무엇이든지 취할 줄만 아는 탐욕스럽고 인색한 삶이다. 둘째는 불꽃같이 성내는 마음을 안에 품고 미움과 분노의 공격형 성향을 지닌 삶이다. 셋째는 견해가 바르지 못하여 정법을 믿지 않고 원망 질투에 파묻힌 삶이다. 넷째는 방종한 삶이고…….

우리는 자신의 생활을 돌이켜보아 이 네 가지를 잘 살펴야 하겠다.

자신도 모르는 사이 자칫 타성에 젖어 현실생활에서는 부득이 하다느니, 이 정도는 괜찮다느니, 본래 상이 없는 것이라 걸림이 없다느니, 온갖 말로 자신을 합리화하여 삼독심에 무척 관대하지는 않은지 살피고 또 살필 일이다.

●●● 우리는 기도로써 소망을 이루고 우리의 환경을 바꾸어가며 우리의 의지를 역사 위에 펼쳐간다. 그 사이에 순탄한 환경도 만나지만, 고난과 장애도 숱하게 만난다.

우리의 기도는 기쁜 일을 만나서 감사하는 기도도 있지만, 그보다도 어려움을 만나서, '부처님이시여, 이 고난을 없이 하여 주소서' 하는 기도가 더 많지는 않은지 돌아보면, 확실히 우리는 감사의 기도보다 고난을 만나서 기도하는 경우가 많다고 본다.

예부터 괴로움을 당하여 비로소 '발심한다'는 말도 있기는 하다. 그러나 부처님 앞에 '이러이러한 불행을 없이 하여 주소서' 하는 기도는, 부처님께서 우리에게 이미 주신 은혜의 세계를 모르고 하는 기도다.

이 기도는 참된 기도가 되기 어렵다. 왜냐하면 불행이 참으로 있는 것으로 인정하는 생각이 들어 있기 때문이다.

현상의 어려움을 극복하고 인생의 행복과 성공을 이루려면 무엇보다 '불행과 불완전은 없다'는 것을 먼저 확신해야 한다.

말했지만 부처님의 국토는 완전무결, 원만구족하다. 거기에 터럭 끝만한 결함도 불행도 있을 리 없다. 그리고 부처님 국토의 한량없는 공덕은 우리 국토, 우리 생명 모두에게 충만해 있는 부처님의 지극하신 은혜이다.

이것은 우리 생명 원래의 것이며 우리 생명의 참된 모습이다.

86

기도 성취하는 사람 1

● ˋ불교에 있어 기도는 법성진리法性眞理의 힘을 활용하는 것이다. 법성진리는 일체 존재의 근원이며, 일체 진리의 근원이므로 법성진리의 발동으로 이루어지지 않는 것은 없다. 바른 믿음, 바른 기도에 의해서 사태는 반드시 바뀌고 기도는 성취된다.

그런데도 때로는 바르게 기도를 했어도 사태가 한층 악화되는 듯한 상태가 나타날 때가 있어서, 기도하는 사람을 놀라게 한다. 행여 기도성취가 되지 않고 실패하는 것이 아닌가 하여 두려워하고 흔들릴 때도 있다. 그러나 이런 때에도 부처님의 대지혜·대자비·대신력을 의심해서는 안 된다.

기도 중에 사태가 악화되는 듯 나타나는 것은, 과거에 지은 바 진리에 어긋난 어두운 마음의 축적이 소멸되기 시작하는 때이다. 말하자면 마음속에 미혹한 생각이 허물어져 갈 때, 나타나는 일시적 현상이다. 마치 종기의 뿌리가 녹아 밖으로 빠져 나오느라고 아픈 증상이 일시적으로 더하는 것과도 같다.

●● 모든 병이나 불행·재난 등, 이런 것은 마음에서 이루어진 어두운 상태가 밖으로 나타나는 과정이다. 과거에 있었던 미혹상태가 축적되어 어느 정도를 초과했을 때, 병이나 불행이나 재난의 상태로 나타난다.

미혹이 적은 사람은 그 독소가 신체 내부에서 중화되거나 흡수되어 큰 병을 일으키지 않지만, 미혹의 축적 정도가 심하면 그만 병적인 증세를 나타낸다. 동시에 그 미혹상태는 소멸된다.

그리고는 병은 낫는다. 이렇게 보면 거친 마음의 축적이 허물어지느라고 나타나는 고통이 실은 자기 마음이 정화되고 병이 치유되는 과정임을 알 수 있다.

●●● 기도가 성취되지 않을 때, 그 원인도 여러 가지다. 부처님을 믿지 않거나 현상에 대하여 공포심을 내거나 사태가 악화될 것을 생각하거나 예단하고 있는 사람들이 그렇다.

기도하면서도, 이런 문제는 과학적으로 해결이 불가능하다고 생각하여, 부처님의 위신력을 이론과 한계를 지어 생각할 때, 그 기도는 성취되지 않는다.

한때 고통스런 증세가 나타나면 '병이 악화된다'고 생각하고, 악화된 상태를 마음에 그리고 공포심에 빠진다면, 사태는 자신이 생각한 대로 두려워한 대로 점점 악화되어 간다.

우리가 부처님께 기도할 때, 부처님께서 어떻게 내 병을 치유해 주실 것인가, 어떻게 나의 불행을 제거해 주실 것인가 하는 생각을 갖지 말고, 기도성취 과정을 전적으로 부처님의 대자비와 지혜에 맡겨야 한다. '기도는 반드시 성취된다'는 확신을 가지고 부처님을 온전히 믿어야 한다.

우리는 가지가지를 소망하고 그 소망을 이룰 방법을 연구하고 그 결론에 대해서 혹은 불안해하고, 혹은 기뻐한다. 그러나 부처님께서는 우리의 현재의 완성뿐만 아니라 영원한 완성, 궁극적 완성이시다.

부처님은 이렇게 기나긴 시간 가운데 오늘의 우리 상황을 생각하신다. 그리고 대자비, 대지혜로써 우리를 살피시고 인도하신다. 그러므로 우리는 지금 이 순간부터 모든 생각을 비우고 오직 부처님을 믿자.

부처님께서 우리의 완성과 대성취를 간절히 바라시는 것은 우리로서는 미처 상상도 못하고 있다. 그러니 온전히 부처님께 모두 맡기고 마음을 비우며 일심 염불하며 감사할 따름이다.

野鴨子

87

기도 성취하는 사람 2

● 　바른 소망을 세우고 일심으로 정진하여도 소망이 이루어지지 않 거든 무엇보다 먼저 '내가 부모님과 조상님에게 감사하고 있는가' 하고 반성해 볼 것이다.

　　우리의 생명은 조상님·부모님과 통해 있으므로, 조상님과 부 모님을 통하여 부처님의 위대한 공덕이 우리에게 나타난다. 불보살 님들이 당신의 뜻을 이루시고자 할 때, 사람을 성숙시키고자 할 때는 반드시 그 사람의 조상과 부모를 매개로 한다. 조상과 부모를 매개로 하여 우리는 부처님의 무한생명에 이어져 있는 것을 알아야 한다.

　　그래서 조상과 부모님께 감사하지 않는다면 부처님 무한은덕의 통로를 가로막는 것이 된다. 그러므로 부모님을 미워하거나 반항심 을 가지고 있어서는 부처님께 아무리 기도해도 이루어지기 어렵다.

자신과 부처님을 이은 통로가 막혔으니 말이다.

•• 일심으로 기도하여 타인의 병을 고쳐 주는 경험을 가진 사람도 자기 자신의 고난은 제거하지 못하는 경우를 본다. 남의 병은 고쳐 주면서도 자신의 문제는 해결하지 못하는 것이다.

이런 때는 가족 서로의 정신적 조화가 이루어지지 않는 경우이다. 가족 사이에 정신적 갈등이나 분규가 있고서는 부처님의 평화와 은덕은 우리 현상계에 꽃피지 않는다.

무엇보다 기도하는 사람은 가족 사이가 평화로워야 한다. 가족 사이에 불평이나 반감을 가지고서는 부처님의 은혜는 받지 못한다. 모름지기 이 점에 깊은 관심을 두고 실천해야 한다.

가족에 대한 불평이나 반감을 버리고 진정한 마음으로 감사할 때 기적은 나타난다. 장애를 제거했으므로 소망이 이루어진 것이다.

기도자는 먼저 대립과 갈등이나 그 밖의 기도성취를 장애하는 요소를 깨끗이 쓸어내자.

••• 기도성취를 방해하는 요인 가운데서 가장 큰 것은 부부의 대립이라 할 수 있다. 부부가 서로 대립심으로 있는 한 소망은 이루어지지 않는다.

밝은 하늘의 빛나는 햇빛, 넓고 포근한 대지의 너그러움, 그 사이에서 만물은 성장하고 번식한다. 그처럼 부부의 마음이 화합하고 원만할 때 가족은 건강하고 자녀들은 성장하는 것이다. 자녀들은 마치 부모라는 천지天地 사이에 심어진 식물과 같다.

하늘이 차갑고 땅이 단단하다면 어떻게 지상의 묘목이 성장하겠는가. 이처럼 부모가 서로 화목하지 못할 때, 아이들에게는 당연히 병이 난다.

그러나 부모가 서로 화합하고 일심이 되어 기도할 때 그 집안은 더욱 밝아지고 훈기가 더하여 태양 같은 부처님의 자비광명이 넘치게 된다.

그러므로 기도하고자 하거든 무엇보다 먼저 마음을 맑게 하여 부부간에 화합하자. 부부는 한 몸, 한 마음임을 생각하고, 조상님과 부모님은 부처님의 크신 은혜의 통로임을 믿으며, 그 위에 일체 감정이나 불평을 깨끗이 쓸어버리고 일심염불하며 감사하자.

서로의 잘못을 뉘우치고 화해할 때 집안에 걸쳤던 검은 구름은 사라지고 밝은 햇살이 가득 비쳐온다. 이것이 최상의 기도방법이다.

88

기도 성취하는 사람 3

● 기도를 이루는 중요한 요건의 하나는 평소에 선행善行을 쌓아 가는 것이다. 마치 은행에 예금하는 거와 같다. 스스로의 선심善心으로 선행을 부지런히 쌓지 않고 다른 사람에게 선행 받을 것을 바란다면, 이는 기도가 될 수 없다.

땅에 씨앗을 뿌리지 않고서 풍년이 되기를 기도해봐야 잡초는 풍작이 될지 몰라도 곡식을 거둬들이기는 만무하다. 항상 음덕陰德을 쌓아가며 사람들에게 선심으로 대하고, 선행을 부지런히 쌓아간다면 공덕의 문은 활짝 열리고 진리의 과실은 주렁주렁 열릴 것이다. 선행으로 쌓은 공덕인 진리의 과실은 우주에 가득 널려 있으므로 동쪽에서 쌓은 공덕의 과실이 서쪽이나 남쪽에서도 거둬진다.

그러므로 우리는 누구를 대하든 항상 친절을 베풀고 따뜻한 우정을 주며 지혜있고 용기있는 말을 베풀어야 할 것이다. 무엇보다도 '우리 인간은 죄인이다, 박복자다, 불행자다' 하는 그릇된 생각을 쓸어버리고, 부처님의 무량공덕이 충만한 불자라는 사실에 스스로도 눈뜨고 다른 이에게도 눈뜨도록 돕고 베푸는 것이 무엇보다 중요하다.

•• 우리는 착한 마음으로 이웃에게 베푼다. 그런데 좋은 물건을 베풀고 우정을 베풀고 사랑을 베푼다 하더라도, 그 내용이 단순히 물질적인 것이라면 베푼 효과는 많다고 할 수 없다.

왜냐하면 물질은 우선 유한이다. 뿐만 아니라, 받는 사람의 감각이나 바라는 마음을 일시적으로는 채워줄지 몰라도, 그것이 반드시 깊은 정신적 영혼의 기쁨은 되지 않을 수도 있다.

또 일시적 도움을 받아서 임시 어려움은 면할지 몰라도, 만약 그 사람에게 의뢰심을 가지게 했다면, 그것은 그 사람을 타락시킨 잘못된 일이 된다.

혹시 돈을 주었다면 그것이 상대에게 비굴심을 갖게 했을지도 모른다. 이 점을 생각한다면 베푸는 데에 있어서도 상대방에게 의뢰심이 나지 않게 해야 하겠고, 마음속에 굳세고 덕스러운 마음이 나도록 미리 생각할 필요가 있겠다.

그러므로 남에게 베푼다는 것은 진리를 베푸는 것이 최대 최상의 선善이 된다. 자기 자신 안에 있는 힘을 발휘하지 않고, 남의 원조나 바라는 사람은 자기 몸에 있는 복덕의 문을 꼭꼭 닫아 놓고 궁한 생활을 하는 거와 다를 바가 없다.

그러므로 자신에게 있는 복덕의 문을 열어, 이미 갖춘 능력을 발휘하도록 하는 것이 참된 보시이고 공양이고 부조이며 진정한 협력이 될 것이다.

●●● 우리가 부처님께 청하지 않아도 부처님은 우리를 완성시키고자 끊임없이 은혜를 주고 계신다. 항상 우리를 가호하시고 바른 길로 인도하신다. 이것은 반드시 물질로만 주는 것이 아니고 자비의 힘, 지혜의 힘, 생명의 힘, 온갖 것으로써 끊임없이 베풀어주신다.

이 도리를 안다면 기도하는 자는 언제나 부처님 은혜를 생각하고 평화하고 감사한 마음을 가져야 한다. 부처님처럼 이웃을 돕고 자비한 마음으로 행을 지을 때 부처님의 은혜는 구체적으로 자신의 인생에 나타나는 것이다.

89

기도 성취하는 사람 4

● 　기도하며 수행하는 사람이 아무리 열성을 기울여 기도한다 해도 행동이 따르지 않고 실천이 따르지 않는다면 기도의 효과를 거두지 못한다.

공부하지 아니하고 진학을 바라거나 학자되기를 바란대서야 이루어질 리 만무하고, 달리기 경주에서 훈련 없이 아무리 필승을 기원해도 이루어지지 않는 것과 같다.

기도하고 수행하는 사람은 오직 일심으로 염송하여 마음을 부처님에게로 돌리고, 기원하는 바에 성의와 노력을 기울여야 한다.

만약 스스로 노력함이 없고 간절한 실천이 따르지 않는다면 아무리 방송국에서 전파를 내보낸다 해도 라디오 스위치를 끄고 있는 것과 무엇이 다를까? 어불성설이다.

•• 사람은 원래 부처님의 무량공덕을 지니고 있다. 훌륭한 사람이 될 권능이 쥐어져 있는 것이다. 그런데도 만약 훌륭한 사람이 되지 못한다면, 그것은 될 수 없는 것이 아니라 훌륭하게 되자는 단호한 결심과 성실한 행동이 따르지 않기 때문이다.

비근한 예로, 해마다 정초가 되면 술이나 담배를 기어이 끊겠다고 맹세하는 사람을 종종 본다.

그러나 그 맹세를 이룬 사람은 보기 힘들다. 왜 그럴까? 결단적 행동이 따르지 않기 때문이다.(원래 술이나 담배는 일종의 마취제다. 마음에 있는 갈등, 초조감, 억압감정, 불평불만 등이 소용돌이칠 때, 자기방어 본능에 의해 괴로움을 마취시켜 잊고자 술·담배를 찾는 것으로 볼 수 있다.)

그러나 결단적 의지가 있는 사람은 행동으로 실천하고 마음 깊이 일심 염송하여 안정과 조화를 다듬는다.

••• 기도해서 쉽게 이루어지지 않는 요인 가운데는 마음에 있는 다툼의 감정이 그 하나가 될 수 있다. 가족이나 이웃·동료 등, 누구와도 화합하지 못하고 다툼의 감정이 다소라도 있을 때에 기도는 이루어지기 어렵다.

그러므로 기도가 이루어지지 않는 것을 탄식하거나 불안에 빠져들기 전에, 먼저 자기 자신을 살펴서 '누구와 화합하지 못한 사람이나 담을 쌓고 있는 경우는 없는가'를 돌아보고 반성해야 할 것이다.

불화한 감정이 있거든 조화로운 감정으로 바꾸고, 다시 나아가 감사한 마음으로 바꾸어 오히려 상대방의 행복을 기원하며, 감사의 마음을 갖는 것이 기도에 요긴한 일이다. 그래서 일심으로 반야바라밀다를 염송할 때 자비로운 부처님 은혜를 방해하는 요인들이 사라지고 밝고 평화로운 은혜공덕이 나타난다.

우리는 따뜻한 우정으로 살기를 바라면서도 어쩌다 보면 불화한 관계를 일으킬 때가 있다. 그런 때는 곧 화해해야 한다.

화해한다는 것은 속에서는 혐오하거나 싫은 감정을 품고 있으면서도 표면상에서만 평화스런 표정을 짓는 것이 아니다.

상대방과 불화가 되고 있는 것은, 상대방의 입장이 되어 이해하는 너그러운 정신이 부족하고, 자기 중심으로 일방적 관점에서만 보기 때문이라는 것을 알아야 한다.

같은 것이라도 입장을 달리하면 달리 보이는 것이므로, 상대방의 입장이 되어 생각하고 이해할 때 참된 화해는 이루어질 것이다.

90

기도 성취하는 사람 5

만약 낯선 나그네가 와서 하룻밤 쉬어가자고 했을 때, 주인이 거절했다고 치자. 거절을 당한 나그네가 오히려 거절한 집주인을 향해 행복을 기원했다면 그것이야말로 진정한 자비행이다.

우리는 우리 마음의 주인공이므로 자기 마음속에서 반감이 일어나는 것을 쫓아낼 수도 있고 자비스런 마음을 일으킬 수도 있다.

또 자기에게 냉정하게 대하는 사람에게도 따뜻한 마음을 보낼 수도 있다. 우리가 참으로 자신의 내부에서 부처님의 자비심을 불러일으켜 모든 사람에게 자비로 대한다면, 상대방이 아무리 우리를 미워하더라도 마침내 미움은 해소되고 화해할 수 있게 될 것이다.

진실로 자비는 상대방에게 자비심을 불러일으키고 미운 감정을 해소시키며 반감을 풀어주고 평화로운 마음을 나게 하여 이 땅에 평화스런 정토를 이루게 할 것이다.

•• 기도를 성취하자면, 사람을 '악인이다, 죄인이다' 하는 잘못된 생각을 가져서는 안 된다. 인간 누구라도 불자답지 않은 사람은 한 사람도 없다는 사실을 아는 것이 중요하다. '악인이 있다, 죄인이 있다' 하는 생각이 있는 한 미움의 감정이나 배척하는 감정이 일어나는 것은 피할 수 없다.

만약 미움이나 배척하는 감정이 일어난다면 그 사람은 부처님과 대립하는 사람이 된다. 그렇다면 기도는 성취되지 않는다.

어떤 사람이든 상대를 대하여 '그가 악한 사람이다' 하는 생각을 버리자. 부처님 진리에는 악인이란 본래 없기 때문이다. 모두가 부처님 성품이 충만한 진실불자다.

그러므로 진실로 악인은 있을 수 없고 원래 선인만 있게 마련이다. 우리가 부처님을 믿고 그 진리를 믿는다면 이 땅에 진리와 선만이 있다는 것을 깊이 믿어야 할 것이다.

••• 진리에 의해서 태어난 모든 사람들은 지혜와 덕성과 그 밖의 풍성한 아름다움을 지니고 있다. 그런데도 세계가 나쁘다던가 악인이 있다고 하는 것은 우리의 표면감각이 그렇게 인식할 따름이다.

우리는 부처님의 진리를 믿을 것인가, 감각이 제공하는 인식에 따를 것인가, 어느 쪽인가부터 먼저 생각해 보아야 한다.

흔히 부처님을 믿지 않는 사람은 불자가 아니라고 말할 수 있겠으나, 사실은 부처님을 믿지 않는 사람은 이 세계에는 한 사람도 없다. 왜냐하면 원래 사람의 본성이 불성이기 때문이다.

불성인 본성은 영원히 변치 않는다. 다만 감각에 나타난 물질의 힘만을 믿고 있는 동안을 불신자不信者라고 부를 뿐이다. 그에게 불심이 없는 것이 아니라 있는데도 모르고 있는 것이다.

금덩이를 가지고 있는 사람이 금덩이가 있는 것을 모르고 스스로 빈궁자라고 알고 있다. 그렇지만 그는 부자인 것이다.

물질은 항상 변하고 우리의 감각에 무상한 모습을 나타낸다. 그것은 허무하기 그지없는 것이다. 그래서 경에는 '모든 형상이 있는 것은 허망하다'고 하셨다. 그 허망한 것을 참으로 있는 줄 알고 공포에 빠져 떨고 있는 것이 범부다. 그러나 우리는 결코 범부가 아니다.

'우리는 불자, 영원한 행복자'라는 것을 깊이 믿자.

91

기도 성취하는 사람 6

● 반야바라밀다의 완전실현의 땅을 우리는 불국토라고 부른다. 진리공덕이 원만하다는 뜻이다. 반야바라밀다의 진리, 그대로의 세계다. 무엇이 부족하겠는가, 도대체 무슨 결함이 있겠는가?

그러므로 반야바라밀다를 일심 염하여 반야바라밀다 공덕이 막힘 없이 드러난 마음, 거기에 불행이란 있을 수 없다. 재난이나 부조화, 병고란 당연히 없는 것이다.

그런데도 병고나 재난이나 고난이 있다면 그것은 반야바라밀다 진리는 완전하건만 그릇된 생각, 그릇된 감정의 구름이 바라밀다의 밝음을 가렸기 때문이다.

진리의 참된 창조, 즉 반야바라밀다 세계에는 오직 완전과 원만과 선善이 있을 뿐이다.

그런데도 고난이나 병고가 생긴다면, 어찌한 까닭인가에 대해서 좀 생각해 볼 필요가 있다. 우리가 살고 있는 이 현상세계는 이곳에 살고 있는 사람들의 마음의 표현이다. 반야바라밀다 진리의 세계는 항상 엄연히 있지만, 사람들이 미혹하여 반야바라밀다 진리를 믿지 않고 마음에서 인정하지 않는다. 그러면 바라밀다의 원만성은 현상세계에 나타나지 않는다.

그러기 때문에 우리는 끊임없이 반야바라밀다를 염하고 진리를 염하여 진리세계의 완전과 원만을 우리 마음에 드러내야 한다. 이 도리를 모른다면 설사 기도하더라도 마음에 반야바라밀다 청정이 현전할 때까지 기다릴 수밖에 없다.

●● 본래 존재하지 않는 불행이나 고난도 그 사람이 마음먹기에 따라서, 생각하기에 따라서 현상계에 나타나서 작용한다. 현상세계는 생각한 것, 마음먹은 것이 나타나기 때문이다. 그러기에 우리는 여기서 '일체유심조—切唯心造'의 가르침을 다시 생각해 볼 필요성을 느끼게 된다.

또 기도하는 데 있어서 자기 자신에게 '죄가 있다, 나는 죄지은 사람이다'라는 생각도 기도성취를 방해하는 중요한 요인이 된다.

그렇다면 죄란 도대체 무엇일까? 어느 권능자가 지어놓은 법칙을 배반한 것일까? 아니다. 인간은 본래 참 성품이 반야바라밀다요 무한선無限善이므로, 부처님 공덕을 원만히 갖추고 있다. 그러므로 우리는 죄인이 될 수 없다.

다만 미혹하여 본성진리를 모르고 바라밀다 공덕을 믿지 않는 데서 어두운 생각에 사로잡혀 있을 뿐이다. 이것이 죄의 모습이고 기도를 방해하는 요인이 된다. 이런 때는 참회하여 비워야 한다.

●●●『법화경』에는 이런 말씀이 있다.

"나의 정토는 원만하건만 중생들은 온갖 근심과 공포가 가득한 곳으로 본다." 부처님의 정토, 즉 반야바라밀다 국토는 결코 더럽혀지거나 허물어지지 않는다. 우리가 그릇 알고 그릇 생각함으로써, 그 잘못 생각한 생각의 그림자가 우리 환경에 근심 걱정을 만들어 낸 것이다. 그렇지만 실제로는 우리의 진실생명 국토는 반야바라밀다뿐이요, 청정원만 행복이 넘칠 뿐인 것임을 알아야 한다.

그릇된 생각의 그림자는 검은 구름과도 같다. 하늘을 덮고 태양을 가리며 세상을 어둡게 한다. 그렇지만 실지로 진리의 태양에는 한 점의 구름도 없는 것을 알자. 언제나 바라밀다를 염하여 밝은 마음, 빛나는 생각, 자신과 용기, 이 모두를 내 생명에 가득 채우자. 이것이 성취자의 마음, 기도인의 마음이다.

여섯으로는 알수없다

92

기도 성취하는 사람 7

● 　진리가 부처님이며, 부처님은 일체 중생의 진실생명과 함께 한
다. 부처님의 세계가 청정원만하여 밝은 광명인 것처럼 우리의 본성
인 진실생명도 그와 같다. 마치 찬란한 태양이 빛나는 것과 같이 밝
은 세계다.

　설사 어두운 구름이 가려 있는 듯 보여도, 구름 너머에 있는 태
양은 광명이 눈부실 뿐이다. 우리의 감각의 눈으로 본 어두운 구름은
다만 지구 일부를 덮은 일시적 현상이므로 태양과는 아무런 관계가
없는 것과 같다.

　이처럼 우리의 본래 마음은 언제나 부처님 진리로 밝게 빛나고
있다. 잠시도 어두운 때가 없다. 그런데도 우리의 마음 한 구석에 어
둠이 있고, 미혹이 있고, 불행이 있다면 그것은 참으로 있는 것〔實在〕

이 아니다. 일시적으로 있는 듯이 보일 뿐, 실로는 없는 것이며 이윽고 사라지고 만다. 다만 우리가 마음에서 미혹의 어둠을 붙잡고 있는 동안은 그 어두운 구름이 우리 현상계를 떠나지 않는다.

우리에게 불행 · 재난 · 어둠이 있다고 믿고 두려워하는 데서 현상의 어둠은 시작되고 어둠속에 머무르게 된다.

그러므로 끊임없이 우리의 본분本分을 생각하자, 부처님의 진리공덕 충만한 자신을 생각하자. 이것만이 방법이다.

끊임없이 반야바라밀다를 염하고 '내생명 부처님 무량공덕생명'임을 굳건히 확인하고 다져가자. 빛나는 태양, 찬란한 진리공덕이 내 생명에 활활 넘쳐 난다.

•• 그러므로 어려운 일이 나타나더라도 결코 두려워하지 말자. 두려워하고 불안해하는 데서 어둠의 구름은 머무르게 되고 떠나지 않게 된다. 우리가 어둠을 만나면 무엇보다 먼저 불을 밝히듯, 고난 · 불행이 다가왔거든 부처님 무애대자비를 생각하고 일심 반야바라밀다를 염하자.

이처럼 병이 났다면 병을 생각하지 말고 진리의 완전원만한 건강과 대자비를 생각하자. 바로 바라밀다를 염하는 것이다. 바라밀다를 염하는 데서 일체의 미혹 · 어둠 · 불행 · 재난 등은 본래의 무無를 나타내어 사라지고 만다. 동시에 찬란한 부처님 광명의 진리공덕이 있을 뿐이다.

••• 우리가 생각하고 있는 것, 믿고 있는 것. 그 믿고 생각하고 있는 것이 현상계에서 이루어진다.

그러므로 우리는 잠시라도 불행·재난·병고 등 진리에 없는 것을 마음에 두어서는 안 된다. 오직 밝고 원만하고 환희 넘치는 바라밀다를 생각해서 마음에 두어야 한다. 진리를 생각할 때 평화가 나타나고, 고난을 생각할 때 불행이 나타난다는 것을 알자.

원래 부처님은 완전하시다. 무한지혜이시고 무한자비이시다. 그 밖의 어둠이나 어둠의 요소나 일체의 장애란 이름조차 없다. 부처님에 대한 이와 같은 믿음을 확고히 지니고 있는 것이 곧 기도임을 알자.

부처님이 어떤 신神처럼 벌을 내리거나 보속補贖을 바란다고 생각한다면 그것은 당치도 않다. 그런 생각은 도리어 자기 처벌이나 자기 속죄의식에 의하여 자꾸만 고난을 만들어 낸다.

우리는 바라밀다 불자다. 진리의 태양을 당당하게 표현하자. 생각과 말과 행동으로 바라밀다 원만공덕을 실현하자.

93

기도 성취하는 사람 8

● 　우리 불자들은 원을 세워 기도를 하든 하지 않든, 부처님에 대한 관념이 머리를 떠나지 않는다. 부처님 존상을 법당에서나 사진에서 자주 보고 있기 때문이다.

　그렇다고 부처님에 대한 불자들의 관념이 누구에게나 똑같이 정해져 있는 것도 아니다. 어떤 사람은 자비하신 미소로 부처님을 생각하고, 어떤 사람은 위엄의 모습으로 부처님을 생각하기도 할 것이다.

　또 매일 우러러보는 똑 같은 부처님 존상에 대해서도 때때로 느끼는 느낌이 다르다. 어떤 때는 미소를 머금으신 모습으로, 어떤 때는 엄정한 모습으로, 어떤 때는 사뭇 반가워하시는 모습으로, 또 때로는 크게 기뻐하시는 모습으로 느낄 때도 있다.

　그러나 진실한 부처님은 형상을 떠난 법法이며 자비라는 것을 우리는 잘 알고 있다. 그러므로 형상에서 부처님을 찾는다는 것은 잘 못일 뿐만 아니라, 자칫하면 삿된 길에 떨어진다는 것을 우리는 경계해 왔다. 부처님은 때에 따라 형상을 나투시지만, 그것은 중생을 제도하기 위한 방편이고, 근본 부처님은 형상을 넘어선 법이시다.

●● 기도하는 사람은 먼저 부처님에 대해서 확고한 믿음과 이해가 있어야 한다. 경의 말씀처럼 부처님을 형상으로 구하지 말아야 한다. 왜냐하면 부처님을 한정하고 고정화하고 물질화하는 위험이 있기 때문이다. 그렇다면 부처님을 어떻게 생각해야 하는 것일까?

우선 부처님은 형상을 떠나셨다. 우리의 생각을 넘으셨다. 말과 형용이라는 한계를 넘어선 것이다. 그래서 우리는 법이라 하고, 진리라 하고, 반야바라밀다라 한다. 비록 그러하나 부처님을 그 어떤 개념으로도 한정지을 수 없다는 것을 우리는 깊이 명념해야 한다.

●●● 우리는 기도하면서 부처님에 대해 다음과 같은 믿음을 갖는 것은 허물이 되지 않는다. 즉 부처님의 덕상의 일부를 마음에 그리고 찬탄하는 것 말이다.

부처님은 무한의 생명이시므로 우리와 내지 일체 중생과 생명으로 함께 하신다. 이 생명은 일체 한계를 넘어선 영원무한이시다. 부처님은 무한의 자비이시다. 일체 생명을 키우시는 뜨거운 자비를 한없이, 조건도 없이, 온 중생에게 마구 부어 주신다.

부처님은 무한의 공덕으로 우리를 키우신다. 일체 생활에 필요한 모든 요건들을 조절하시고 공급하시며 끝없이 베푸신다. 일체 공덕이 끝없는 은혜로 우리에게 부어지고 있는 것이다.

부처님은 무한의 지혜이시다. 완전하신 지혜로써 일체를 비추시고 일체 중생을 비추시고 그의 원만한 성장을 끊임없이 도모하신다.

부처님은 완전한 조화이시다. 진리의 완전원만성을 중생들의 일체사 위에 원만히 나투시어 모든 중생의 성숙과 원만한 조화를 도모하신다.

부처님은 끝없는 환희이시다. 반야바라밀다의 완전원만이시며, 궁극적 진리의 완전성취상이시며 일체 세계, 일체 중생 위에 끝없는 밝음과 평화, 행복과 성취로 나타나시니 부처님의 세계는 끝없는 환희일 뿐이다.

부처님은 우리 생각으로 한정지을 수 없다. 그러므로 부처님에 대한 모든 말은 부득이한 표현일 수밖에 없다. 그러나 무엇보다 우리가 절대로 잊지 말아야 할 것은 부처님은 환희와 성취와 자비의 근원이라는 사실이다.

반야바라밀다를 염하면서 감사와 기쁨을 함께 해야 하는 이유가 여기 있는 것을 잊지 말자.

94

감사하는 마음으로
기도를 회향한다

새로 태어난다는 뜻을 가진 신생新生이라는 말이 있다. 이 신생은 때묻지 아니하고 걸림 없이 자유로우며, 희망이 가득한 드넓은 평원과 같다. 그런데 이 신생은 육체에서 이루어지지 않는다. 육체는 한 번 세상에 나면 늙고, 또 어떤 까닭이 생겨 죽는다. 그래서 우리의 육체에 신생이란 없다. 그러면 우리에게 어떻게 해서 신생이 이루어진다는 것일까?

해가 바뀌고 다시 새해가 시작될 때, 우리에게 희망과 새 일들이 다가온다. 이때 우리는 다시 신생한 우리를 돌이켜 보아야 한다. 신생한 내 얼굴을 다시 확인하고 희망의 평원에 끝없는 용기로 창조를 심어가야 한다. 신생은 부처님 지혜의 눈에 비친 나의 참 모습, 나의 참 생명을 믿고 보는 것이다. 우리에게 신생은 이렇게 해서 오는 것이다.

•• 복잡하고 골치 아픈 세간을 살아가는 가운데 불자의 특권이 있다면 그것은 기도이다. 불자는 기도를 통해서 희망을 키우고 힘을 키운다. 장애를 이겨내고 영광의 승리를 자기 것으로 한다.

환경을 바꾸고 운명을 바꾼다. 이때 우리는 신생하는 것이다. 기도는 불자에게 신생의 영험이 있는 것이니, 어찌 특권이라고 아니할 수 있겠는가.

기도를 해서 이와 같은 특권적 공덕을 누리는 것을 어떤 이는 불교의 자력적自力的 특징으로 볼지 모르나, 그것은 아니다. 염송하고 기도하는 행위는 물론 기도하는 사람 자신이 하는 것이므로 자력이라 할 수 있겠지만, 기도의 결과 나타나는 불가사의한 공덕력은 번뇌망상이 부글대는 범부의 자력이 아니다.

그러면 타력他力인가? 타력도 아니다. 타력이란 자기가 설정한 상대적 관념이다. 그럼 무엇이란 말인가?

부처님의 위신력은 자신이 기도했다고 해서 자력의 결실로서 오는 것도 아니며 타력에서 오는 것도 아니다.

부처님의 위신력은 자타 상대에 있지 않다. 조건이나 관계에 있지 않다는 말이다. 부처님은 '절대로' 현재하시며 영원하시다. 거기에 어떤 이유와 조건도 없으시다. 문자 그대로 대자대비하신 것이다. 무애자재 만덕구족하신 것이다. 한마디로 불력佛力이다. 기도의 공덕력은 부처님의 위신력이다. 찬란히 부어지는 광명 속에서 범부 스스로 미혹의 구름을 지어서 그 속에서 헤매면서도 불멸의 광명이 거기에 와 있음을 믿고 일심으로 그것을 받아 잡아 쓰는 것이다.

기도로 인하여 부처님의 위신력을 받아 쓰는 것이니, 그러므로 불자에게는 만사를 성취하는 권능이 있다. 불자는 불력을 쓰는 사람.

●●● 오늘 우리는 임신년의 정초 7일기도를 회향한다. 기도의 회향이란 무엇인가?

그것은 무한한 은덕으로 감싸주시며 바른 법으로 성숙시켜 주시는 부처님께 감사하며, 지은 바 공덕을 이웃에게 돌리는 것이다.

부처님의 가르침과 공덕을 믿으며, 그것이 지금 끊임없이 자신에게 부어지고 있음을 믿으며 감사하고, 자신이 지은 바 공덕을 회향하는 데서 범부를 둘러싼 한계의 벽이 깨지고 불안의 어둠이 사라지며, 희망의 태양이 솟아오르고 용기의 샘물이 솟아나는 것이다.

감사와 회향이야말로 부처님 공덕에 대한 믿음이며, 이미 남김없이 주신 은혜를 받는 행위이다. 거룩하신 부처님의 찬란한 은혜가 올해에도 부어지고 있음을 믿고 감사하는 속에서 자신과 우리와 이웃의 소망을 키워 나가자.

제 8 장

말 · 인욕 · 수행

95
진실한 말이
공덕문功德門을 연다

•   사월이다. 동면했던 개구리의 노랫소리가 완연한 봄을 알린다. 대지는 움트고 왕성한 성장의 소리가 장엄한 합창으로 울려 퍼진다. 이렇게 한 해의 역사는 벅찬 꿈을 안고 시작된다. 계절만이 아니다. 우리 생명의 봄은 영원한 성장을 향하여 벅찬 꿈을 가득 안고 끝없이 퍼져나가고 있다. 이 싱그러운 봄날에 우리의 생명에도 공덕의 밭을 일구고 소망의 씨앗을 뿌리자.

어떻게 공덕의 밭을 가꿀 것인가?

『화엄경』에 '일체유심조一切唯心造'라는 말씀이 있다. 마음이 일체를 만든다는 뜻이다. 그런데 일체를 만드는 마음이 아무리 중요하다고 하나 마음의 가장 가까운 표현수단은 말이다. 그래서 우리는 먼저 그 말을 조심하고 절제함으로써 마음의 평온과 진실을 기르고,

한편으로 우리 환경에 평온과 기쁨을 가꾸어 가야 되지 않을까 생각한다.

•• 인간 생활에 있어서 언어가 가장 중요하다는 것은 경전의 도처에서 발견할 수 있다. 특히 『대품반야경』에서 설하는 십선계十善戒에서 우리는 그 점을 찾아볼 수 있다. 즉 불자들이 일상생활의 윤리규범으로 정하고 있는 오계五戒에는 말과 관련하여 네 번째 계목으로 '거짓말하지 말라'라는 것이 있지만, 대승사상의 견인차인 『반야경』에서는 이것을 다시 네 가지로 분류하여, "반야바라밀다를 행하는 선남자 선여인은 스스로도 거짓말을 하지 않고, 타인을 시켜 거짓말을 하지 않게 하며, 거짓말하지 않는 법을 찬탄하고, 또한 거짓말하지 않는 이를 환희하고 찬탄한다. 이간질하는 말[兩舌], 저주하는 말[惡口], 이익이 없는 말[無利益語]도 이와 같다"라고 설하고 있다.

이러한 법문 속에 내포되어 있는 근본 뜻은 역시 진실한 말을 하라는 것이다. 끊임없는 변화와 자극, 초조와 불안 속에서 우리의 말이 범하기 쉬운 것은 진실의 상실이다. 즉 우리가 쓰는 말에서 가장 중요한 것은 진실한 말이라는 것이다. 진실이란 거짓이 아니라는 뜻이며, 진실한 말이란 진리 그대로를 긍정하는 말이다.

그래서 『금강경』에서도 부처님께서 스스로 말씀하시기를, "여래는 진리의 말을 하는 자며, 진실을 말하는 자며, 여여如如한 말을 하는 자며, 거짓말을 하지 않는 자며, 다른 말을 하지 않는 자이니라"
라고 하셨다.

　　인간은 원래 불성 자체임을 부처님은 보셨고, 그것을 우리에게
가르치셨다. 그런데, 이러한 인간 진실면목을 부정하거나 그 인간성
속의 무한능력과 덕성을 부정하는 말보다 더 큰 허망한 말이 어디 있
겠는가. 크게 위배되는 일이다.

●●●진리를 긍정한 진실한 말은 밝은 미래를 창조한다. 그것은 무한
의 능력장能力藏인 본성의 문을 열어 활용하는 것이다. 공덕의 문은
진실 된 말에 의해서 열려지기 때문이다. 반대로 자신의 진실을 부정
하는 나쁜 말은 자기의 미래를 어둡게 만든다. 진리의 통로를 스스로
가렸기 때문이다.

　　이런 점을 생각한다면, 우리 자신의 밝은 미래를 위해서도 무엇
보다 진실한 말에 유의하지 않을 수 없다. 우리는 말을 하거나 생각
함으로써 자신과 환경을 창조해 가는 것을 잘 알아야 한다. 진리를
긍정하는 내 생명이 부처님의 무량공덕 생명임을 뜨겁게 신봉하는
그 말이 나의 공덕문功德門을 열고 우리 환경을 성숙시켜 가는 것을
잘 알아야 할 것이다.

96

삼업三業을 닦아라

● 　진리의 길을 구하는 사람은 언제나 몸과 말과 뜻[身口意]의 모든 행실을 맑게 하도록 힘써야 한다.

　몸[身]의 행을 맑게 한다고 하는 것은 산 목숨을 죽이지 아니하고, 주지 않는 남의 물건을 훔치지 않으며, 삿되고 음란한 짓을 범하지 않는 것이다.

　입[口]을 맑게 한다고 하는 것은 거짓말 하지 않으며, 악한 말 하지 않으며, 이간하는 말을 하지 않고, 쓸데없는 말을 하지 않는 것이다.

　뜻[意]의 행을 맑게 한다는 것은 탐내지 않고, 성내지 않으며, 바른 견해를 갖는 것이다.

●● 마음이 더럽혀지면 행이 더러워지고, 행이 더러워지면 괴로움을 피할 수 없다. 그러므로 마음을 맑게 하고 행을 삼가는 것이 바른 길을 닦는 요점이다.

행은 생각에서 일어나고 생각은 바깥에서 오는 자극에 의하여 움직이게 된다. 그러므로 어떤 자극에서도 마음이 동하지 않도록 튼튼하게 수행하는 것이 요긴하다. 사람들은 누구나 상대하는 사람이나 환경이 자기 마음에 맞으면 친절하고 겸손할 수 있어도 상대하는 사람이나 환경이 자기 마음에 거슬리면 마음의 평화를 잃어버린다.

자기에게 불쾌한 말이 들릴 때, 또는 상대방이 분명히 적의를 가지고 대할 때, 또는 의식주 생활에 어려움이 있을 때, 이런 때에도 평화로운 마음과 착한 뜻으로 바른 행을 지켜 나아갈 수 있을 것인지를 곰곰 돌아보아야 한다.

상대방이나 환경이 자기 마음에 맞을 때만 고요한 마음을 가지고 착한 행을 한다면 그것은 참으로 착한 사람이라고는 할 수 없다. 오직 부처님의 가르침을 기뻐하고 가르침에 따라 언제나 몸과 마음을 닦는 사람이야말로 고요하고 겸손한 착한 사람이라고 할 수 있다.

●●● 말에는 때에 맞는 말과 맞지 않는 말, 사실에 맞는 말과 맞지 않는 말, 부드러운 말과 거친 말, 필요한 말과 필요하지 않는 말, 자비로운 말과 미움을 품은 말 등 오대五對가 있다.

이 오대의 말 가운데 어떤 말로 상대가 나를 대하더라도 나의 마음은 동動하지 않아야 한다. 그것이 참다운 수행인이다.

나의 입에서 거친 말은 나오지 않아야 한다. 동정심과 자비로운 마음으로 언제나 따뜻한 마음을 품고 노여움이나 미운 생각을 일으키지 않도록 힘써야 한다.

비유를 들면, 어떤 사람이 괭이와 삼태기를 들고 온 대지大地의 흙을 없애겠다고 흙을 마구 파헤치면서 "흙이여 없어져라" 한다고 흙이 없어지는 것이 아니다.

이처럼 어떠한 말로 상대방이 나를 대하더라도 자신의 마음을 잘 닦아 자비로운 뜻을 가득 채워 마음이 흔들리지 않도록 해야 한다.

또 물감을 가지고 허공에 그림을 그리고자 하더라도 그림을 그릴 수 없는 것처럼, 또 마른 풀더미에 불을 붙여서 그것으로 큰 강물을 말리고자 해도 될 수 없는 것처럼, 또 잘 다듬어진 부드러운 가죽을 마찰하여 거친 소리를 낼 수 없는 것처럼, 상대방이 어떤 말로 대하더라도 결코 마음이 흔들리지 않도록 마음을 순직하고 튼튼하게 닦아야 한다.

이 마음을 대지처럼 넓게, 허공처럼 티끌이 붙을 수 없게(맑게), 대하처럼 깊게, 다듬어진 가죽처럼 부드럽게 닦아야 하는 것이다.

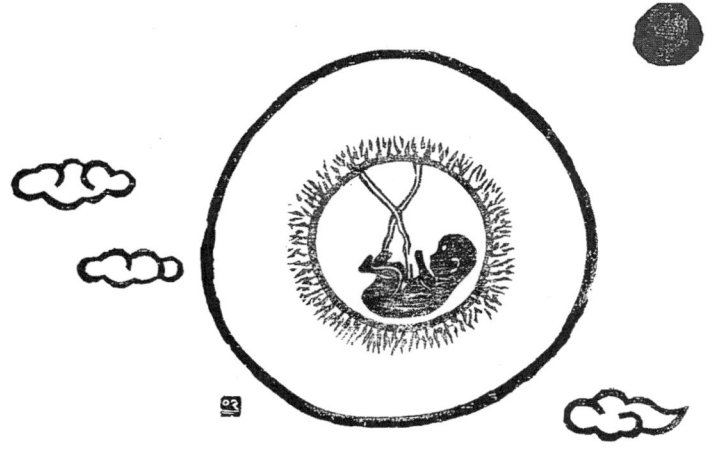

한 순간도 흐름이 멈추지 않는다

97
인욕을 배우자

● 　어려움을 당하거나 모욕을 당하여, 참기 어려운 것을 능히 참아 평온하게 또한 겸손하게 자신을 돌이켜 보는 것을 인욕이라고 한다. 이 세상에 남에게 수모를 당하고 또는 고통을 받게 되는 것을 바랄 사람은 아무도 없다.

　그러나 고통이나 모욕을 당하여 이를 참고 평온한 마음, 더 나아가 감사한 마음이 될 수 있다면 이것은 참으로 큰 공덕을 짓는 계기며 귀중한 자기 성장의 기회이다.

　만약 남에게서 고통이나 모욕을 당했다면 무고하게 받는 것이라고 보여도 실제로는 그 원인이 자신에게 있다.

　현재는 비록 고통을 유발할 하등의 행위가 없더라도 과거 언젠가에 고통이나 수모를 부를 생각이나 행위가 있었기 때문으로 본다.

어쩌면 그것이 금생이 아니고 전생 또는 그 너머 생일지도 모른다.

가리왕이 인욕선인에게 가해를 한 데에도 먼 과거세에 원인이 있었던 것으로 전해 온다. 원래 원인이 없다면 결과도 없다.

지금 남에게 악담이나 수모를 당하거든 과거 업의 축적이 있었던 것을 생각하자. 그것이 현상으로 나타나므로 과거 업이 소멸된다는 것을 생각하자.

그럴 때 어떤 악구도 수모도, 내지 고통도 받아들일 수 있고 참을 뿐만 아니라 오히려 고맙게 소화하고 감사할 수도 있다. 잠복된 악한 업이 소멸되는 것이 어찌 반갑지 아니하랴. 수모를 당하여 이와 같이 닦고 평온하게 참아가자.

●● 인욕한다는 것은 분노하거나 흥분하지 않고 참아 견디는 것이다. 우리는 언제나 착한 생각, 착한 말, 이웃의 도움을 주는 행만을 해왔다고 단언할 수 없다.

우리의 과거에는 허물도 있다고 봐야 한다. 아마 그 허물이 일시에 과보로 나타난다면 고통은 견디기 어려울 것이다.

우리의 허물을 부처님은 다 아신다. 그리고 허물로 인한 어두운 죄업이 소멸되도록 인도하신다. 우리가 현재 곤욕을 받고 있다면 부처님은 그것을 다 아신다.

죄업이 소멸되고 우리의 생명이 정화되고 향상되는 것을 알고 계신다. 그리고 또 우리에게 닥친 고난도 능히 참을 수 있는 것임을 다 알고 계신다.

●●● 부처님은 자비로우시어 우리의 근원, 청정성의 자각을 끊임없이 추구하도록 인도하고 계신다. 그러므로 우리는 항상 자비로운 마음, 아름다운 말, 밝은 행으로써 보리의 씨를 뿌리자.

그리고 끊임없이 본래 청정한 바라밀다 자성을 돌이켜 보아 진실생명의 현존을 확인하자. 이렇게 할 때 과거에 지었던 어둠은 오늘의 바라밀다 밝음을 당하여 소멸되고, 오늘의 고난은 뿌리부터 본래의 무無를 나타낼 것이다.

부처님의 과거생인 인욕선인의 인욕수행을 돌이켜 보자. 몸이 마디마디 끊기는 고통 앞에서도 흔들림 없이 평온, 무상無上의 자성自性을 지켜 갔던 것이다. 그리하여 과거세의 인업因業은 소멸되고 필경 무상보리無上菩提를 얻지 않았던가.

그러므로 우리 잊지 말자. 고난은 업의 소멸과정이라는 것을, 그리고 일체 고에서 벗어나 본자청정本自淸淨의 진실이 나타나는 전조라는 것을……

98
바라밀다 행자의 인욕 수행

● "만일 인욕을 닦고자 한다면 응당 먼저 교만심驕慢心 · 진심瞋心 · 치심癡心을 깨트리고, '아我'와 '아소我所'의 상相과 종성種姓의 상을 보지 말지니라. 만약 사람이 능히 이러한 관觀을 하려 한다면 마땅히 알지니라. 이 사람은 능히 인욕을 닦을 것이며, 이와 같이 닦고 나면 마음에 기쁨을 얻으리라. 인욕에 잘 머물면 제일의 장엄이 되나니, 이것은 가장 뛰어난 재물이어서 세간의 보배는 미치지 못한다." (제법집요경 인욕품)

"항상 자기 몸 제어하기를 달리는 말 붙잡듯 하여, 스스로 자기를 잘 단속함으로 괴로움의 근본을 끊을 것을 생각하라."(출요경 화품)

우리에게는 보시, 지계, 인욕, 정진, 선정, 지혜 등 중요한 여섯 가지 수행 덕목이 있다. 곧 육바라밀다이다.

보살은 이 여섯 가지 수행으로 자신을 빛내고 궁극적 완성을 이룬다. 그 중에서 인욕은 보시 다음 가는 매우 귀한 수행이다.

참기 어려운 것을 능히 참으며 겸손하게 자기를 반성하는 것이 인욕의 덕이다. 혹시 남에게 수모를 당했다면 분노하고 변명하기에 앞서 자기 자신에게 그런 모욕을 받을 이유가 과거에 있을 것이라고 먼저 생각하는 것이 수행자의 참다운 자세고 지혜다.

지금은 비록 아무 일이 없을지라도 과거 언젠가 수모를 당할 만한 생각이나 행동이 있었을 것이니 말이다. 그 원인은 금생의 일이 아니고 보다 먼 과거세의 일일지도 모른다. 원인이 없는 곳에 결과는 없는 것이기에.

•• 지금 남에게 욕을 당하는 것은 과거에 지은 행위가 있고, 그 과果가 지금 형상으로 나타나서 소멸된다는 것을 안다면, 어떤 악구惡口라도 참을 수 있을 것이다. 도리어 감사하게 받아들일 수 있고, 흥분하지 않고 평온할 수 있을 것이다.

무엇보다 인욕을 하자면 우선 잘 참아야 한다. 참을 수 없는 것을 참아내야 한다. 분하고 억울한 것을 참아야 한다.

돌이켜 보면, 가장 크게 참고 항상 우리를 용서해 주는 분들은 성현들이라는 생각이 든다. 우리가 잘못을 아무리 반복하더라도 성현은 너그러이 용서하시고 우리는 그 앞에 참회하고 새로운 기원을 드린다.

불보살님은 어떠한 경우라도 우리를 용서하고 결코 벌주지 않으심을 우리는 일찍부터 안다. 다만 우리는 자기가 한 생각이나 말이나 행동으로 뿌린 씨를 거두어들일 뿐이다.

●●● 이 도리를 잘 알아서, 우리는 항상 뉘우치고 굳게 참으면서 자비심으로 좋은 행동을 이어갈 때, 마침내 행운의 종자는 뿌려진다. 존중하고 칭찬하고 아름다운 말로 훌륭한 씨를 뿌릴 때, 그 종자는 반드시 싹이 트고 꽃이 피고 결실이 될 것이다.

그러므로 수행자는 언제나 인욕하고 겸허한 마음으로 기도하며 자비행을 끊임없이 반복해 가야 한다. 좋은 씨는 반드시 성장하여 좋은 결실을 가져오지만, 우리는 결코 그 결과를 은근히 바라거나 서두르지 않아야 한다.

아니, 인욕하고 보시하고 자비롭고, 또 꾸준히 정진하되, 그것은 모두 우리의 본성대로 행하는 것이기에, 결과를 바라거나 보상을 마음에 두지 않아야 한다.

바라밀다 행자는 오직 자성본분自性本分이 청정불성清淨佛性임을 믿고 정성을 기울여 최선을 다하는 수행이 있을 뿐이다.

99
결코 성내지 않으리

● 우리 주변을 돌아볼 때, 평화스러운 세상만은 아니다. 미움과 대립과 전쟁이 끊이지 않는다. 그래서 많은 것을 파괴하고 많은 생명들이 죽어가고, 미움의 불길은 타오르고, 슬픔의 강물은 도처에 넘친다. 이것이 중생들의 범부세간인 것을 우리는 안다. 미혹에 젖은 중생들의 어두운 마음이 그려낸 범부세간凡夫世間인 것이다.

미혹으로 대상을 보고 자신을 보며 그것으로 집착하고 또는 배척한다. 마음은 점점 어지러워지고, 어두운 마음의 그림자는 끊임없이 새로운 어둠을 만들어 낸다.

그렇지만 이 어둠은 실제로 있는 것이 아니다. 그것은 밝음의 결핍이다. 진리의 빛에 비추어 볼 때 그러한 어둠은 즉시 사라지고 없다. 그래서 있는 것은 진리의 밝음뿐이며, 지혜뿐이며, 자비뿐이다.

●● 그러고 보면 우리는 부처님 나라에 살고, 진리의 자비로 살아가고 있다. 부처님의 은혜에 인도되어 행복한 삶을 이루고 있는 것이 우리의 모습이다.

그러기에 우리의 눈에 나쁘게 보이는 모든 형상들은 미혹한 과거 마음이 지은 어둠이 나타난 것이다. 이것들은 실제로 있는 것이 아니며, 나타나면 바로 사라지는 것들이다.

실제로 있는 것은 빛나는 광명, 완전한 행복, 일체와 조화된 평화뿐이다. 우리는 반야바라밀다를 염송하여 진리생명에 눈뜨며 진리생명을 빛내고, 일체 불행의 어둠을 우리들 마음에서 완전히 소탕해야 한다.

그리고 빛나는 부처님의 국토, 평화 번영을 이루어가야 한다.

●●● 우리는 하루를 지내면서 많은 일을 하고, 많은 사람들을 대하게 된다. 나를 둘러싸고 일어나는 이와 같은 모든 일들은, 밖에서 밀려온 것처럼 보일지도 모르지만, 실제로는 내 마음이 끌어당긴 것이며 내 마음의 그림자가 나타난 것이다.

나를 둘러싼 일이나 사람들이 나를 나쁘게 대하더라도 그것을 탓하기에 앞서 원인이 자신에게 있는 것을 깨달아야 한다.

마음의 상태는 거울 속에 비치는 물체와 같다. 내 마음의 상태가 나의 신변에 나타난다. 마치 거울을 보고 자신의 모습을 가다듬듯이,

환경을 대하여 스스로 반성하여 마음을 맑게 가꾼다면 우리의 환경도 스스로 바뀌고 만다.

이런 사실을 알면 우리는 어떠한 일, 어떠한 사람을 대해도 성내거나 원망하지 않을 수 있다.

'저 사람은 나쁜 사람이 아니다. 나를 새롭게 하고 향상시킬 교훈을 가지고 내 앞에 나타난 보살이다.' 이렇게 생각하여 모든 일, 모든 사람에게 감사하며 새로워지고 성장할 것을 진지하게 생각하자.

그렇다면 오늘 하루를 이렇게 다짐하면서 생활하는 것도 좋지 않을까?

'내 오늘 하루 누구에게든 결코 성내지 않으리. 설사 나에게 나쁘게 대해 오더라도 나를 빛낼 보살로 생각하리.

부처님께서 나에게 너그러우시듯, 나도 그의 허물을 탓하지 아니하리라.

그리고 감사하고 존중하며 그의 진실한 뜻을 발견하고 힘써 받들자.'

100

문제는 향상의 과제

● 부처님은 법이시며 진리이시다.

지혜, 자비의 위신력은 완전원만하고 무한이시다. 부처님을 떠나 다른 존재란 없다. 그러므로 부처님만이 일체를 성취시키는 지혜 자비의 위신력을 가졌다. 우리가 마음을 비워 진리이신 부처님의 공덕세계로 향했을 때, 우리는 일체 장애를 극복하는 지혜와 용기를 얻게 된다.

문제는 우리가 마음을 비우는 것이다. 일체의 집착과 아견我見과 계교計較하는 마음을 내버리는 과감한 지혜와 용기가 필요하다.

이와 동시에 일체 불안, 공포, 의혹심을 버리고 원만하신 부처님의 완전한 진리를 믿는 일이다. 굳건한 믿음이 용기를 내고, 진리를 믿는 용기에서 아집我執을 버리게 되며, 그 빈 마음에 부처님의 공덕은 나타난다.

진리이신 부처님을 온전히 믿는 데서 부처님의 무한공덕이 우리의 생활 전체에 넘쳐나 성취의 길로 나아가게 된다.

●● 그러므로 우리는 진리만 믿고, 부처님만 보며, 법에만 의지해야 한다. 부처님의 자비하신 위신력이 우리에게서 넘치고 부처님의 무한공덕이 나의 생명의 땅인 것을 믿어야 한다. 그래서 우리는 범부 몸이 아니라, 부처님 진리가 충만한 부처 몸이라는 사실을 믿어야 한다.

이렇게 될 때 이제까지의 나쁜 습관은 사라지고, 밝고 바르며 넉넉한 성격으로 바뀌어 생활 전체의 분위기가 바뀐다. 나아가 마음속에 쌓였던 일체 어둠이 소멸된다.

여기서 우리는 이 세계를 차별과 대립과 악과 고난이 쌓인 세계로 보지 않고, 부처님께서 진리의 눈으로 세계와 인간을 보시듯, 우리도 아름다운 국토, 참된 국토로 보게 된다.

또한 모든 사람의 성품에서 무량공덕성無量功德性을 보아 그것을 존중하고, 찬탄하며, 실현하면서 생활하게 된다. 이에 우리의 삶은 밝아지고 용모와 분위기도 밝아지며 서로 신뢰하고 존중하면서 밝은 세계로 나아간다.

●●● 아침에 일어나서 독경하고 염송하며 일심으로 정진하자.

그리고 부처님의 무한공덕이 내 생명에 충만하고 부처님의 자비 위신력이 나에게서 넘쳐나 나의 진실생명을 키우고 나의 소망을 실현시켜 주심을 반복 생각하고 감사하자.

이에 우리의 지혜는 끝없이 밝아지고 용기는 넘쳐나며, 자신감이 더해 우리가 향하는 길이 더욱 원만히 열려갈 것이다.

그러므로 어려운 일을 당하더라도 결코 실망하지 말자. 삶의 모든 문제들은 우리를 단련하는 교과로 주어진 것임을 알고, 오히려 모든 문제에 감사하자. 그리고 평온한 마음으로 맞이하자. 이윽고 험난한 길은 평탄해지고 매사가 순조롭게 진행될 것이다.

어떤 일을 대하든 적대 관념을 버리고 조화롭고 화합된 마음으로 대하는 것이 중요하다. 설령 어떤 문제든 그 문제의 어려운 점에 마음을 머물지 말아야 한다.

고난에 마음을 돌리기보다 부처님의 자비하신 공덕을 생각하자. 대자대비 위신력이 우리를 감싸고 나를 성장시켜 주심을 한층 깊이 생각하자.

고난은 고난이 아니라, 내가 성장하는 데 필요한 소재임을 믿는다.

부처님의 대자비가 필경 우리를 성취의 길로 인도하심을 믿고 환희와 감사로 일심 정진할 것이다.

어떤 것이 부처와 조사를 초월하는
말입니까

餬餅

101

우리는 절대가치다

● 　감사는 일체 현상과 조화하고, 감사는 위없는 진리와 조화한다.

　감사는 일체와 조화하여 대립을 끊고, 일체와 한 몸으로 평화를 누리게 된다. 그래서 감사는 일체와의 사이에 평화를 가져오는 근본 원리다.

　감사하는 데서 몸의 병을 낫게 하고, 마음의 불안을 잠재우며, 사업의 장애를 소멸시킨다.

　우리가 겪었던 모든 일, 그것이 좋은 일이었든 괴로운 일이었든, 우리에게 새로운 경험을 주고 지혜를 주며 정신을 풍요롭게 하는 데 도움이 된다. 그러므로 지나간 모든 일에 감사하는 것이 마땅하다.

　때로는 육체적·정신적 괴로움을 당한 경우라도, 그 경험을 통해 우리의 정신은 진보하고 향상한다. 정신이 그만큼 풍요로워지는 것이다. 이 점을 생각하면 우리는 과거에 있었던 모든 경험이나 그 일에 상관한 모든 사람과 일에 대하여 감사하지 않을 수 없게 된다. 이럴 때 우리는 그런 모든 경험에서 정신적 자양분을 흡수했다고 할 수 있다.

●● 우리는 부처님의 위없는 진리를 본성생명에 이어받은 고귀한 존재다. 다른 어떤 것과도 비교할 수 없는 절대가치를 지니고 있는 것이다. 그러므로 우리는 자신을 남과 비교해서는 안 된다. 남과 비교는 자신을 절대가치가 아닌 상대가치에 두기 때문이다.

자신을 다른 이와 비교할 때, 현재의 자신에 열등감을 느끼게 되거나, 또는 불평스런 생각이 일거나, 현재 받고 있는 대우에 분노가 치밀어 오기도 한다.

우리는 다양하고 풍부한 개성을 자신 가운데 가지고 있으니, 이것은 불성본성佛性本性에서 오는 절대가치다.

우리는 자신이 일체와 비교를 초월한 절대가치를 지닌 존재라는 것을 자각하여, 대립감을 떠나서 모두와 함께 한 진리로서 행동해야 한다. 이럴 때 다른 사람으로서는 할 수 없는 자신에게만 있는 독특한 개성을 발전시켜 스스로와 모두에게 기쁨과 도움을 줄 수 있다.

반야바라밀다에 의하여 자신은 모두와 더불어 절대적 하나임을 자각하고 개성을 발전시켜 갈 때, 일체와 화합하고 조화롭게 되며 평화와 기쁨을 같이 누리고 함께 발전을 기할 수 있다.

우리는 반야바라밀다를 염하여, 무한공덕을 지니고 태어난 자신임을 의심하지 말자. 우리가 지닌 개성은 부처님에게서 받은 것이며, 또한 자신과 사회를 발전시킬 요소임을 믿고 용맹정진으로 풀어쓰자.

●●● 우리가 아무리 어려운 처지에 놓여 있고, 고독하게 보일지라도, 그것은 겉모양이고 거짓모습이며 잘못된 일시적인 견해다. 우리는 언제나 근원적 대진리인 부처님과 함께 하고 있다.

우리가 망념을 일으켜 그릇된 길을 찾아들어 부처님을 잊고 있을 때도, 부처님은 우리 생명의 진리태양으로 우리를 지키시고 우리를 떠나지 않으신다.

진리의 존재성이 그런 것이다. 마치 부모에게 손을 잡힌 어린이가 한눈을 팔고 있을 때라도 어린이의 손은 부모님이 붙잡고 지켜주고 있는 거와 같다.

우리가 세간적 이익이나 권력쟁탈에 정신을 빼앗겨 한눈을 팔고 있는 동안에도 부처님은 우리를 떠나지 않으시고 손을 잡고 계신다.

그러므로 우리는 외로운 존재가 아니다. 언제나 부처님과 함께 함을 믿고 부처님을 일심으로 염하자.

102

어둡거든 불을 밝히자

● 일상생활 가운데서 불안한 사태, 두려운 사태를 당하였을 때는 무엇보다 부처님을 생각하고 부처님의 대자대비 무애위신력無碍威神力을 생각하며 부처님을 염하고 반야바라밀다를 염念할 일이다.

그래서 우리는 부처님의 무애위신력 가운데 크신 자비로 가호받으며 대지혜의 인도를 받고 있는 자신임을 생각할 것이다.

부처님의 걸림 없는 위신력에 감싸여 있는 우리에게는 불행은 없는 것이고, 설령 일시적으로 불행에 빠진 듯이 보이더라도, 그것은 성장하는 과정의 일시적 현상임을 분명히 알아야 할 것이다.

해가 저문 듯 보이지만 아침해는 다시 어김없이 솟아올라 산을 붉게 물들이고, 낙엽 지는 가을의 조락凋落은 다시 새봄의 화려한 신생新生을 약속하지 않은가.

다만 그에 필요한 힘을 내부에 축적하는 기간이 필요할 뿐이다.

그렇다면, 일시적인 불안이 두려울 것이 무엇인가? 그렇다. 비록 불안한 현상이 나타나 보이더라도 그것은 새로운 성취를 향한 진행 과정임을 우리는 안다.

그래서 불안 공포의 생각이 극복된다. 우리 생명 깊은 곳에서 넘쳐나는 무한의 신력이 거침없이 도도히 흘러나와 우리가 바뀌고 환경이 바뀌어 밝은 소망을 이루어간다.

•• 여기서 요긴한 것은, 무엇보다 자신이 육체나 물질이 아니고 부처님 진리의 실현이며, 우리의 진실생명이 부처님 신력에 의하여 살아 있고, 무한대로 공덕을 발휘할 존재임을 생각해야 한다.

그리고 이와 같은 큰 지혜이시며 큰 자비이신 부처님께 모두를 내맡겨, 망념妄念을 뿌리로 한 망상을 활활 털어버려야 한다.

비로소 우리는 부처님의 걸림 없는 신력으로 살아가고 있는 자신을 발견하게 되고, 필경 두려움의 범부생활은 평화와 안심으로 바뀌어, 이 땅의 삶에서 청정국토를 실현할 용기를 갖게 된다.

••• 불행 · 고난 등 인생의 어두움을 당했을 때, 인생을 탄식한다고 어둠이 사라지지 않는다. 어둠을 없애는 방법은 오직 불을 밝히는 일뿐이다. 불빛만 있으면 거기에 어둠은 없다. 이 점을 일상생활에서

실천할 것을 잊지 말자.

예를 든다면, 누가 일을 그르쳤다고 하여 그의 결점을 지적하고 꾸짖거나 탄식한다면, 이것은 어두움을 보고 저주하고 탄식하는 것이 된다. 결코 바람직한 일이 아니다.

모름지기 그의 입장을 이해하고, 밝은 점·아름다운 점·바람직한 진실을 발견하고 인정하며 내지 칭찬함으로써 불을 밝히게 되는 것이다.

상대방이 아무리 어둡고 거칠어 보이더라도 그의 진실상이 부처님 성품임을 알아서 존중 찬탄한다면, 이것이 바로 불을 크게 밝힌 것이 아니겠는가.

설령 백만 년 동안 계속된 캄캄한 어둠이라도 불을 밝히는 순간에 어둠은 사라진다. 왜냐하면 어두움은 적극적 존재가 아닌 다만 빛의 무無를 의미하기 때문이다.

그러므로 고난을 당하거든, 대자대비 부처님이 우리의 생명으로 물결치고 있는 것을 생각하자. 염불하고 감사하여 우리 마음에 불을 밝히자. 그래서 밝은 천지를 열어가자.

103

업보業報를 초월하는 불자

● 업보의 두 가지 원칙.

한 해가 저물어가고 있다. 새해에 세웠던 소망들이 얼마나 이루어졌는가 돌이켜 보자. 새로운 성장의 터전을 마련할 또 하나의 시기가 오고 있다.

이러한 때에 혹시 이루지 못한 소망들을 업보의 소산이라고 낙담한다거나 혹은 매사를 소극적으로 생각하는 경향은 없는가 잘 반성해 보아야 하겠다. 왜냐하면 불자는 업보를 초월하는 지혜를 가진 사람들이기 때문이다.

●● 그렇다면 업業이란 무엇인가? 업의 이론에는 대개 두 가지가 있다. 첫째는 선善이나 혹은 악惡의 행위가 있었을 경우이다. 이것은 좋

거나 혹은 좋지 못한 과보가 필연적으로 나타난다고 하는 '업과業果의 필연성'이다.

둘째는 그 과보는 엄격히 개체적이고 하나의 행위를 일으킨 당사자에 한정된 문제라고 하는 '자업자득성自業自得性'이다.

그러나 이러한 업의 근본적인 두 원칙은 심히 엄격하긴 하지만, 절대로 변할 수 없는 것은 아니다. 즉 원시불전原始佛典이나 율전律典에는 참회·수습修習·귀불歸佛·죄의 고백 등에 의해서 악한 과보가 경감되거나 혹은 없어진다는 업의 제1원칙을 초월하는 것과, 착한 업의 공덕이 그 업을 지은 사람 이외의 사람에게 방향을 바꾸어 베풀어질 수 있다고 하는 업의 제2원칙을 초월하는 기록이 있다.

●●● 바라밀다 행자는 업보業報를 초월한다.

마하반야바라밀다의 염송에 의하여 이 업의 원칙을 초월하고 벗어나며 부수어 버린다는 것을 『대지도론』권57에서는 이렇게 설명하고 있다.

"현재 반야바라밀다를 수지하고 독송하는 사람도 군대가 싸우는 곳에 들어가면 칼에 다치기도 하고 목숨을 잃는 일도 있다.

이처럼 부처님께서는 업인연業因緣은 어떤 곳에 있더라도 면할 수 없다고 말씀하셨는데, 어찌하여 다시 부처님께서는 반야바라밀다를 독송하는 사람은 군대가 싸우는 곳에 들어가도 칼에 다치지도 않고 목숨을 잃지도 않는다고 말씀하시는가?"

"여기에는 두 가지 종류의 업인연이 있다. 첫째는 반드시 과보를 받는 것이고, 둘째는 반드시 과보를 받지 않아도 되는 것이다.

반드시 과보를 받아야 하기 때문에 법구法句 가운데서 이처럼 말하지만, 반드시 과보를 받지 않아도 되는 것이기 때문에 반야바라밀다를 독송하면 칼에 다치지 않는다고 설하신다.

예를 들어 대역중죄에 의해서 죽는 것이 결정된 사람은 아무리 재산이 있다고 해도 그것을 면할 수 없다. 그러나 가벼운 죄를 지은 사람은 목숨을 구제 받을 수 있다.

선남자도 이와 같아서 만약 반드시 죄의 과보를 받지 않아도 될 경우에는, 죽음이 눈앞에 닥쳤다 해도 반야바라밀다를 독송하면 구제되고 만약 독송하지 않으면 죽음을 면할 수 없게 된다.

이 때문에 반야바라밀다에 세력이 없다고 말할 수 없는 것이다."

이는 반야바라밀다 행자는 업보를 초월하는 것을 말하고 있다.

104
순수한 염불일념

● 　부처님은 법성이시며 불성이시다. 그러므로 두루하지 아니한 곳 없고, 지혜와 자비의 크신 물결 어디서나 누구에게나 모든 중생과 함께 하신다.

　일체 중생에게 골고루 부어 주시는 부처님의 은혜로운 자비공덕은, 이유 없이 조건 없이, 어느 때나 누구에게나 무진장 부어 주신다.

　그러므로 부처님은 기원을 드리든, 기도하지 아니하든, 차별하지 아니하고 항상 지혜와 자비의 빛으로 모든 중생을 비춰주고 보살피고 계신다.

　마치 방송 전파와도 같다. 라디오가 있든 없든, 듣는 사람이 있든 없든, 다이얼을 방송 주파에 맞추고 있든 않든, 전혀 관계 없는 방송 전파와도 같이 부처님의 은혜로운 광명은 항상 일체 중생에게 보내지고 있다.

그렇지만 방송 주파에 라디오 다이얼을 맞추지 않으면 방송을 들을 수는 없다.

이처럼 우리가 부처님의 자비하신 은혜를 온전히 받고자 한다면 부처님의 자비로운 은혜의 파장에 마음상태가 맞추어져 있어야 한다. 부처님은 자비로운 마음의 파장이시다.

그 파장에 우리의 마음이 맞춰지도록 자비로운 마음, 평화로운 마음을 가져야 한다. 그때 부처님의 위덕은 구체적으로 우리 앞에 나타난다.

그러나 부처님 은덕을 받겠다는 마음만 가지고서는 부처님 공덕을 만나기는 어렵다. 왜냐하면 이기적 이득만을 바라는 신심이라면 부처님은 이기주의가 아니므로 은혜를 받기 어렵다.

오히려 바람이 없는 무심한 마음이 되어서 일심 염불할 때 부처님의 참된 공덕을 알 수 있고 얻을 수 있는 것이다.

•• 부처님 공덕을 받자면 일심 염송해야 하지만, 그에 앞서 대립감정이나 원망심, 미움, 이기심 등을 버려야 한다. 이런 마음을 버리지 않고서는 현실적으로 부처님 공덕과 하나되기 어렵다.

왜냐하면 그런 마음에서는 부처님을 이기적인 자기 욕망의 실현 수단으로 생각하고 있기 때문이다. 그래서는 결코 부처님 공덕을 입을 수 없다. 이점 길이 명심해야 한다.

우리가 부처님 자비공덕과 하나가 되려면 마음을 말끔히 비우고 감사하면서 일심정진해야 한다. 이때 이기적 마음에서 벗어나야 부처님의 자비하신 은혜와 하나될 수 있음은 말할 나위도 없다.

되풀이 말하지만, 일체 대립심을 버리고 원망, 불평심을 버리고 일체를 존중하며 감사한 마음이 되었을 때, 우리의 마음은 비로소 부처님의 자비하신 은혜를 받을 수 있는 자세가 된다.

그리고 소망을 이루자면 다시 더 나아가 일심염불, 일심염송이 끊임없이 함께 이어져야 한다.

●●●또 한 가지, 기도하는 데 있어 특히 유념할 것은 마음이 동요해서는 안 된다. 마음이 흔들리면 자기 마음의 파장이 바뀌거나 흔들리는 거와 같아서 바라는 방송을 들을 수 없게 된다.

모름지기 일체 경계에 마음을 팔지 말고, 일체심을 버려 오직 순수한 염송일념이 되어야 한다.

105

무한 창조력을 발휘하는 길

● 　인간에게 있어 가장 중요한 것은 자신이 부처님의 진리생명, 즉 법성생명法性生命이라는 사실에 대한 자각이다.

　　인간이 범부가 아니요, 능력 제한자도 아니요, 업보수신業報受身도 아닌 부처님의 법성생명이라는 자각에서 우리는 당연히 자신에게 무한의 창조능력이 깃들어 있는 것을 깨닫게 된다.

　　이 자각에 기초해서 우리는 무한의 창조력을 현실화하는 행동을 하게 된다. 실로 불성의 무한력이 자신에게서 발현될 때, 우리의 창조행을 방해하는 요소란 있을 수 없다. 우리는 이 사실을 확신해야 한다. 그리고 이 본래 갖추어진 능력을 항상 십분 발휘해야 한다. 우리에게는 현재상태보다도 한층 완전한 능력이 있다는 사실을 확신하고 실천해야 한다. 이 믿음 위에서 자신의 능력을 행사하여 발전하고, 사회도 인류도 번영되고 평화로운 국토를 이룰 수 있는 것이다.

우리에게 갖추어진 창조력은 사용하면 할수록 더 큰 힘이 나온다. 마치 땅 속 깊은 곳에서 솟아오르는 샘물과도 같다. 물은 퍼낼수록 솟아나는 것이다.

우리는 스스로에게 갖추어진 이 위대한 능력을 자신과 사회와 인류를 위해 계발하고 발휘할 때, 우리 모두가 함께 기쁨과 보람을 누리게 된다.

•• 부처님의 완전하고 무한한 공덕을 생명에 이어받은 우리 불자는 자기의 능력이 부족하다던가 가치가 없다던가 일이 적성에 맞지 않다던가 하는 등의 비하감이나 열등감은 있을 수 없다. 그런 생각들은 '나는 불자, 바라밀다 생명'이라는 자각이 없을 때의 산물이고 버려야 할 폐기물이다.

우리는 자신의 내부에 새로운 창조를 펼쳐 나갈 한량없는 힘을 가지고 있고, 이 무한대의 힘을 계발하고 발휘할 때, 또 새로운 힘이 줄기차게 솟아난다.

우리는 현실의 필요에 의해서나 이상을 실현하기 위해서 필요한 지혜를 내어 쓰게 된다. 그것은 우리의 소망이 이미 진리세계에 갖추어져 있기 때문이다. 아니, 완전하게 이루어져 있기에 가능한 것이다.

그것은 우리의 마음, 우리의 생각에 이미 갖추어진 소망을 떠올리는 것이다. 다시 말해 진리세계에 있는 진리의 소망을 우리는 생각과 정진을 통해 현실세계에 구현하는 일만 남아 있다.

●●● 우리 생명의 참모습인 진리. 진리는 자신에게 갖추어진 무한의 힘, 창조의 힘을 언제나 우리에게 부어 주고 있다. 우리는 진리의 자기 실현으로서, 또한 진리가 솟아 나오는 창구로서, 무한의 창조력이 솟아나는 것을 가로막지 않고 발휘해 나가는 정도에 따라서 보람을 느끼고 기쁨을 느끼게 된다.

만약 우리가 삶의 보람을 느끼지 못한다면, 그것은 우리가 무한의 창조력을 마음껏 발휘하지 않기 때문이다. 그렇다면 무한의 창조력을 어떻게 발휘할 것인가? 그것은 우선 자신의 주위를 둘러싼 모든 일에 적극성과 자비심을 부어넣는 행동으로 시작해야 한다. 우리를 둘러싼 모든 사람, 모든 일에 감사하고 존경하고 찬탄하는 친절행, 보시행, 자비행을 실현하는 것이다.

설사 아무리 작은 자비행이라도 이것이 사회와 누군가에 도움이 되는 일이라면 아낌없이, 주저함이 없이 실천할 것이다. 우리는 보현보살의 십종행원十種行願을 배운 바 있지만 이 행원의 적극적 전개, 과감한 실천이야말로 진리의 무한력을 발휘하는 첩경이며 최선의 방법이기도 하다.

106

원래 깨어 있는 진실생명

• '수많은 환경 여건에 둘러싸인 자기가 있고 여러 현상도 있고 그것을 감지하고 분별하는 자신도 있다.' 이런 식으로 우리 인간을 살펴보면, 수많은 한계의 벽과 속박 속의 자신을 알게 된다.

범부 인간의 시작은 무명無明이라 한다. 이 무명은 무지無知상태가 근원이 되어 인생만사의 온갖 번뇌가 벌어진다. 그렇다면 무명 이전의 우리 자신은 무엇일까?

그것은 범상적 인식방법으로는 인식도 표현도 허락되지 않는 세계다. 그러나 그 세계는 무명범부라고 하여 멀리 떠나 있는 것이 아니다. 무명 속에서 말하고 움직이는데, 언제나 함께 있다.

우리는 인식과 감각이 가져다 주는 소재를 자신의 것으로 생각하여 살고있지만, 사실 그것은 허망한 것이므로 진실한 자기가 아니다.

거듭 말하지만 우리는 무명의 존재인 듯하지만 실로는 무명 이전의 영원한 실존이다. 무명은 미혹의 세계요, 거짓된 세계다. 그런 까닭에 우리는 마땅히 무명 이전의 진실청정眞實淸淨 법성실상法性實相에 눈떠야 한다.

•• 우리는 진실자기眞實自己로 눈을 돌려서, 미혹이 가져다 준 육체적·물질적 모든 관념은 무無인 것을 철저히 알아두어야 한다. 그래서 '인간은 육체다, 물질이다' 하는 미망迷妄에서 벗어나야 한다.

본래부터 인간에게는 대립도 미움도 두려움도 없다. 그러므로 우리의 육체를 미혹迷惑에 매어 둘 것이 아니라 진실자기인 바라밀다 실존으로 되돌아가야 한다. 여기에서 우리는 법성본연法性本然한 지혜자비의 생명력을 풍성하게 내어 쓰게 된다.

우리가 진실자기를 회복하자면 지금까지의 몽상夢想에서 벗어나야 한다. 흐린 물이 담긴 그릇에 맑은 물을 부어도, 물은 여전히 흐리다. 모름지기 흐린 물을 쏟아버린 뒤, 맑은 물을 담아야 한다.

이처럼 우리의 상식이나 선입관념, 고정관념은 무명의 부림을 받던 수많은 타성에 얽혀 있다. 이것을 버려야 한다. 그래야 무명, 범부, 육체, 물질 등 온갖 미망의 구름에서 훤출히 벗어난다.

마음을 비워야 한다는 말이다.(마음을 비운다는 말은 본래 無인 것을 깨달으라는 뜻) 온갖 망상을 비웠을 때, 진리생명인 바라밀다의 태양이 온 누리를 시원스레 비춤을 본다. 이 태양을 가리지 말아야 한다.

바라밀다 태양인 자신의 본분을 회복해야 한다. 여기서 근원적 진리실존인 바라밀다 생명으로 돌아가, 일체와 더불어 함께 하는 만덕이 갖추어진 자신을 보게 된다.

●●●『반야심경』에는 '오온개공五蘊皆空'이라 했다. 육근六根인 안이 비설신의도, 육경六境인 색성향미촉법도 없다고 했다. 그러므로 우리는 육체가 인간이요, 감각이 진실이라는 잘못된 생각을 말끔히 버리자. 그래야 육체의 속박에서, 물질의 속박에서 벗어난다.

거듭 말하거니와 육체가 인간이 아니요, 물질적 존재가 인간이 아니다. 즉 가죽 주머니가 인간이 아니라는 말이다.

오직 반야바라밀다 생명이 불자의 진실이다. 우리는 진리생명의 자각과 함께 과감하게 진실생명으로 살아갈 결의가 있어야 한다.

우리의 진실생명, 일찍이 어둠이 없고 불행이 없고 대립이 없고 다툼이 없고 죄가 없으며 병고도 재난도 일체 장애도 그 이름조차 없는 영원히 신선하고 청정한 절대 원만자임을 알자.

南泉斬猫兒
洞則刺

107
가장 큰 즐거움은 깨닫는 것

• '욕심을 버리고 일하라.'

그것은 남을 위해 일하는 것밖에 없다.

'나'라고 하는 이 육체는 진정한 '내'가 아니다.

육체에 욕심이 없으면 육체를 위해 할 일이 없다.

이러한 정신으로 내 본 마음의 자세를 그대로 지니고 간직한다. 다만 부모·형제·남편·아내·자녀·친구·이웃과 사회와 국가, 인류를 위해 일해야 한다. 욕심을 버리고…….

•• 그러기 위해서는 이성을 되찾아 정신을 차려야 한다. 정신을 특별히 따로 차릴 것이 아니라 자기의 기분에 좌우되지 말고, 군중심리에 휩싸이지 말며, 어떤 일에나 경계에도 부정이나 긍정도 하지 않고,

오로지 마음의 본연한 그 자세에 안주하여 즐거움을 찾아야 한다.

그때의 즐거움이란 말로 이루 다 형언할 수 없다. 그 즐거움은 돈 한 푼을 모으는 즐거움이 아니다. 우주를 다 얻고 영원한 생명을 얻은 환희이며, 혼자 웃을 수 있는 진정한 즐거움이다.

이럴 때 지구가 용해되어 들어오고 해와 달 그리고 별들, 온 우주가 용해되어 내 마음의 창고에 들어온다.

••• 이러한 즐거움을 느낄 때는 모르는 것도 없고 아는 것도 없으며, 다 알고 다 모르는 '나'와 우주가 혼연 일체—體가 된다. 해서, 불교는 하나도 모르면서 다 아는, 그 자리, 거기에 참으로 '가장 큰 즐거움이 있다'는 것이다.

이럴 때는 근심·걱정·불안·초조·갈등·대립·시비 등이 없고 원수도 없다. 이것이 바로 마하반야바라밀다의 지혜다.

제 9장

감사와 은혜

108

감사와 신념

● 눈을 뜨고 보면 온 천지가 부처님의 자비로우신 은혜다. 무수한 가르침과 은혜가 보석처럼 빛나고 있다. 공기도 물도 햇빛도 의복 도……, 온 천지만물이 자비로우신 은혜의 지극한 표현이다.

무엇이든 감사하고 받는 마음이 모두를 맑히고 은혜를 더욱 크게 한다. 감사를 모르는 마음에는 은혜가 어두워지고, 거기 따라 충분한 공덕을 누리지 못한다.

●● 매일 아침 일어나서 부처님의 은혜를 생각하자.

좋은 날, 기쁜 날, 오늘은 축복 받은 날이라고 반복하여 생각하자. 이렇게 반복할 때 하루하루는 새로워지고, 깊은 마음에서 이미 이루어진 대로 환경조건은 거기 맞추어 이루어져 나타난다.

진리를 순응하는 말과 생각은 자석 같은 힘으로 조화로운 환경 조건을 끌어당긴다.

그래서 원만한 성격, 원만한 인격, 행복한 운명은 다가온다.

●●● 매일 체조하면 근육이 발달하듯이 매일 기도하면 영혼을 맑게 하고 마음을 바르게 발달시킨다.

기도하는 힘의 축적은 현세뿐만 아니라 그 공덕이 영원으로 이어진다. 우리 매일 기도하자.

매일 식사하듯 빠짐없이 기도하여 마음에 빛과 양분을 부어 주자. 기본적 기도의 실천이 인격과 운명을 가꾸어 간다.

기도하면서 잘 되어 간다는 믿음을 심어야 한다. 그러나 근심하면서 기다리는 마음은 불행을 부른다. 걱정할 틈 있거든 부처님을 생각하고 '반드시 잘된다'는 신념의 거름을 주자.

그러나 자기 생각대로 잘 된다고 예상하지 말자. 부처님의 지혜와 자비로써 바른 길로 되어 간다는 신념이 필요하다.

설사 때로는 일이 어려워지는 듯 해도 더욱 부처님을 믿자. 부처님의 지혜와 자비를 굳게 믿고 흔들리지 말자.

109

부처님 입멸하실 때

● 열반이란 '니르바나'를 한문으로 적은 것인데, 번뇌의 불이 다 타서 사위어, 불도 재도 없는 것을 의미한다. 이렇게 보면 부처님은 원래 번뇌가 없으시니 부처님의 현존이 곧 니르바나라고 할 수 있다. 그러나 우리는 형상의 부처님이 형상을 거두심을 열반이라고 말한다. 형상의 멸滅을 번뇌의 멸로 본 것이다.

부처님께서 열반에 드심에 즈음하여 남기신 법문은 지극히 깊지만 실제로는 부처님의 열반시현 자체가 대자비 법문임을 알아야 한다. 경전에 보이는 열반에 즈음한 최후 법문은 열반사덕涅槃四德과 불성보편佛性普遍 · 계율존중戒律尊重 · 정법호지正法護持로 요약될 수 있음을 불자는 누구나 안다. 그러므로 여기서는 열반 전후에 남기신 몇 가지 법문을 살펴본다.

•• 자등명自燈明 법등명法燈明.

부처님께서는 열반에 드시기 전, 안거를 하시던 죽림촌에서 시자 아난에게 다음과 같이 말씀하셨다.

"아난이여, 여래가 입멸한 후에도 자기 자신을 등불로 삼고 의지처로 하여 남에게 의지하지 마라. 법을 등불로 삼고 의지처로 하여 다른 것에 의지하지 마라. 그런 사람이 수행자로서 가장 내 뜻에 맞는 사람이다."

바이샬리 교외 차팔라 사당에 머무시는 동안 부처님은 아난에게 세 차례나 다음과 같이 말씀하셨다.

"여래처럼 사신족四神足에 통달한 사람은 자신이 희망한다면 몇 겁이라도 이 세상에 머물 수 있다."

그러나 이때 아난은 부처님의 말씀을 알아듣지 못했다. 부처님은 아난을 물러가게 한 뒤 홀로 앉아 계셨다. 그 사이 마왕 파순이 와서 입멸을 청했다. 부처님은 석 달 후에 입멸할 것을 선언했다. 이때에 대지가 크게 흔들렸다. 아난이 달려와 지진의 유래를 듣고서야 세존이 입멸하실 것을 알고 크게 통곡했다.

••• 부처님은 파사 교외의 한 과수원에 머물렀다. 금속공인 춘다의 소유다. 춘다는 기뻐하여 청법하고 나서 세존을 공양에 초대했다. 이것이 부처님의 마지막 공양인데 흔히 먹는 보통 음식 외에 특별히 전

단나무 버섯〔숫카라맛다바〕요리를 드셨다.

부처님 자신은 이 버섯요리를 드신 뒤 비구들은 먹지 못하게 하고 남은 것을 땅에 묻도록 했다. 부처님은 공양 후 바로 병이 나셨으나, 춘다의 최후 공양공덕이 성도 때의 수자타 공양과 같다고 말씀하시어 춘다를 위로하셨다.

부처님은 쿠시나가라로 가시는 도중, 말라족의 귀족 풋쿠사를 만났다. 알라라카라마의 제자였다. 그는 자기 스승의 선정력보다 부처님의 선정력이 사뭇 큰 것을 알고 우바새가 되었다. 부처님은 제자들과 카쿠타 강에 목욕했다. 그리고서 사라나무숲 사이에 자리를 펴고 누우셨다. 사라나무는 때도 아닌데 꽃이 피어 꽃잎이 휘날렸다. 천상의 꽃이 훌훌 비나리고 음악은 은은히 울렸다. 부처님이 말씀하셨다.

"여래를 참으로 공양하는 데는 법에 따라 바로 수행하는 것, 이것이 참 공양이다."

아난에게 말씀하셨다.

"여래가 멸한 뒤에는 법과 율이 그대들의 스승이다. 앞으로 교단의 희망에 따라서는 세세한 계는 버려도 좋다. 찬나에게는 중벌을 주어라. 모든 형상은 변천한다. 게으름 없이 정진하라."

110

감사하고 기뻐하자

● 부처님 당시 재가제자로서 이름난 파사익 왕에 관해서 『잡보장 경』에 이런 얘기가 보인다.

파사익 왕의 딸 중에 '뢰제'라는 왕녀가 있었다. 이 왕녀는 너무 나 얼굴이 못나고 무섭게 생겨서 추녀로 소문난 사람이다. 이 딸이 장성하자 파사익 왕은 한 청년을 왕궁에 불러들였다. 그는 원래 이름 난 장자 집안의 출신인데 그때는 패가영락敗家零落하여 걸인 신세로 지냈다.

왕은 청년에게 '뢰제' 왕녀를 아내로 맞아 달라고 부탁하고, 인 물이 못났으니 결코 집 밖으로 나오지 않도록 당부했다. 청년은 왕녀 와 결혼한 후 장자들과 함께 어울려 지냈으나 아내를 동반하는 부부 모임에는 참석할 수가 없었다. 그래서 결국 청년이 몇 번인가 부부동

반 약속을 어겨 처벌을 받았다. 이것을 알고 '뢰제' 왕녀는 매우 근심하고 슬퍼한 나머지 부처님을 생각했다.

'세상에는 부처님이 나시어 모든 사람이 다 큰 은혜를 입는다 하는데 나는 어이하여 버려진 몸인가' 하고, 일심으로 부처님을 생각하고 간절히 기도를 드렸다. 왕녀의 지성이 간절한 것을 부처님께서 아시고 그 앞에 나타나셨다.

왕녀는 지상으로 솟아오르는 부처님을 보았다. 처음 머리를 보고 크게 감사하고 기뻐했다. 다음에 이마를, 눈썹을, 눈·귀와 코를, 다음에 상반신과 하반신을……차례로 다 보았다. 왕녀는 뛸 듯이 기뻐하여 그 심정을 이루 표현할 수가 없었다. 그녀는 기뻐함에 따라 형상과 용모가 바뀌어 부처님을 다 보았을 때는 이미 천상의 여인으로 변해 있었다. 부처님을 일심으로 생각하고 환희한 결과 그녀의 몸, 그녀의 마음이 천인天人으로 바뀌었던 것이다.

•• 우리는 여기 '뢰제' 왕녀의 변화를 대하면서 다시 깊이 깨닫는 것이 있다. 감사하고 환희에 넘치는 마음일 때, 용모가 바뀐다는 사실이다. 물론 거기에는 부처님을 일심으로 생각했던 것은 말할 것도 없다.

우리는 마음의 변화가 형상을 바꿀 뿐만 아니라 환경을 바꾼다는 것을 깨닫게 된다. 마음의 기쁨뿐만 아니라 그밖에 행복한 생각을 일으켜 감사하고 있을 때 우리는 자신의 마음세계에 행복의 종자를 심고 자신의 환경과 이웃에게 행복의 분위기를 만들어 가는 것도 알아야 한다. 행복함으로써 우리가 감사하고, 환희에 차 있을 때, 자신과 이웃과 환경에 행복을 불러들인다는 것을.

•••우리가 불행을 생각하거나 고통을 마음에 두고 슬퍼하고 있을 때, 우리는 마음세계에 불행의 씨앗을 뿌리고 환경과 이웃에 불행한 분위기를 만들어 더럽히고 있는 것이다. 그럴 때 그 영향을 받는 사람들은 함께 불행해질 수밖에 없다.

그러므로 우리는 자신과 이웃과 온 누리 국토를 위해서, 일심으로 염불하고 행복을 생각하며 감사하고 환희한 마음에 있을 것을 생각해야 한다. 그리고 우리 주변에 자신을 둘러싸고 있는 온갖 조건에 대해 반항하고 반감을 갖는다는 것도 다시 생각해야 한다. 음식이나 대하는 사람에게도 마찬가지다. 대립하고 저항하는 감정일 때 자신과 이웃에 불행과 어둠을 뿌린다.

그러므로 우리는 매사에 모든 사람을 자비로 대하며 지성을 기울이고, 모두가 부처님에게서 온 크신 은혜임을 생각하고 깊이 감사하자. 자비와 지성과 감사와 환희로 자신의 마음을 채웠을 때 우리와 환경에 온갖 행복요건이 주어지고 성장하는 것을 잊지 말자.

111
반야의 종을 울리자

● 우리가 부처님을 생각하기 전에 부처님께서는 먼저 우리를 생각
하신다. '바른 깨달음을 이루어 진리의 몸 회복하라고······.'

우리가 부처님을 찾기 전에 부처님은 먼저 우리를 부르고 계신
다. '빛나는 지혜, 큰 위덕에 눈뜨라고······.'

이처럼 우리는 항상 부처님의 자비로운 지혜와 은혜의 위신력으
로 살아가고 있고, 가호를 받으며 성장하고 있다.

그러므로 우리는 부처님의 크신 은혜의 생명으로 사는 불자다.

●● 우리를 둘러싼 온 누리에 참으로 있는 것은 진리의 햇살뿐이다.

우리 주위의 수많은 사람들은 지극히 자비롭고 덕스럽고 착하신
분들이다.

그 모두는 사랑하고 존경해야 할 서로이다.

모두는 지극히 사랑 받을 사람들이고 지극히 사랑할 사이들이다.

모두가 진리광명으로 하나의 생명을 이루고 있다.

우리 모두 서로 깊이 믿고 존중하며 신뢰하고 찬탄하자.

솔직하게 마음을 터 놓고 마음의 노래를 함께 부르자.

서로가 사랑하고, 즐거워하며, 서로를 존중하여, 정성껏 섬기자.

●●● 우리의 희망은 끝이 없다. 기쁨도 끝이 없다. 모든 이웃에게서 부처님의 거룩한 빛을 발견하고 찬탄하며 일체사를 이루니 기쁘지 않을 수 없다.

모두 마음을 열고 힘껏 새벽종을 울리자. 오늘 하루도 많은 형제들이 불자인 자신에 눈뜨도록 종을 울리자. 우주 법계가 진동하는 반야의 종을 울리자. 감사의 종을 울리자. 그리고 샘솟는 미소를 머금고 바라밀다의 하루를 힘차게 시작하자.

112

밝은 눈 밝은 마음 밝은 인격

● 　사람들은 누구나 겉모습이 같지 않은 것만큼이나 각자 다양한 개성을 지니고 있다. 그리고 그의 본성세계는 부처님의 무량공덕세계이므로 많은 덕성과 개성의 특장特長과 아름다움을 간직하고 있다. 그래서 누구나 아름답고 덕스러우며 행복할 여건을 풍족하게 갖추고 있다. 그러기에 모든 사람은 원래부터 착한 사람이며 귀한 사람이며 복되고 아름다운 사람이다. 사랑 받고 존경 받을 실질을 갖추고 있는 것이다.

　사람을 대할 때 이와 같이 착하고, 귀하고, 아름다운 면을 생각하며 대하는 것이 불자의 기초다. 사랑과 존경으로 대한다는 말이다.

　결점을 보는 사람보다 근원적으로 사람의 진실을 보고 덕성을 긍정하고 장점을 발견하는 사람이어야 한다.

이처럼, 불자는 모름지기 사람을 대할 때, 그의 장점을 발견하고 존중할 수 있는 습관을 들여야 한다. 사람들의 밝은 면, 긍정적인 면을 발견하고 존중하도록 유념해야 한다.

장점과 밝은 면, 긍정적인 면을 보도록 습관지음으로써 이웃과 환경이 밝고 평화로워지며, 동시에 밝고 긍정적인 영상이 자신의 깊은 마음에 새겨지게 된다.

자신의 깊은 마음에 밝은 면과 아름다운 면이 새겨질 때, 자신의 성격도 또한 밝아질 뿐만 아니라 주변 환경도 아름다움을 더해 간다.

●● 다시 말하면, 타인의 장점과 아름다움을 자신의 마음에 이입移入함으로써 자신이 아름답게 바뀌는 것이다.

불행과 고난 등 어두운 면을 발견하고 동정하는 것보다 행복과 공덕과 밝은 면을 발견하고 긍정하며 찬탄함으로써 서로가 한층 성장하게 된다.

'당신은 불행하다. 불쌍하다'고 하며 눈물지어 동정하는 것보다, '당신은 큰 덕성이 있소. 그동안 큰 공덕을 쌓았소. 당신은 보다 큰 공덕을 쌓을 힘을 갖추고 있소. 불보살님들은 당신 편이요. 나도 당신의 성공을 기도하겠소'라고 하는 것이, 고난을 호소하는 벗에 대한 예절이고, 불자의 기본적인 자세일 것이다.

그렇게 함으로써 넘어졌던 벗도 힘을 얻어 다시 일어선다.

●●● 우리의 진실 면목은 '반야바라밀다'이다. 우리의 진실한 인격은 완전하고 원만하고 무한공덕인 불성자체이다. 즉 우리의 진실인격은 진리라는 말이다.

이 진리인격에는 원래 변함이 없건만, 우리의 미혹된 생각이나 감정, 행위 등으로 만들어지는 범부인격이 변한다. 우리는 끊임없이 노력하여 자신의 범부인격을 떠나서 진리인격을 드러내어 진실한 생각, 행동, 언어를 통해서 밖으로 드러나는 자기 인격을 다듬어가야 한다.

우리의 자신 속에 아름다운 덕성과 뛰어난 창조능력을 지니고 있다 해도 그것을 구체적인 행동으로 발현하는 것을 게을리해서는 안 된다. 행동으로 드러내지 않을 때, 우리는 자칫 범부적 일상생활에 물들어 그만 범부인격을 형성하게 된다.

모든 사람을 섬기고 받들고 존경한다. 온갖 것으로 베풀어 주고 찬탄한다. 끊임없이 중생과 사회를 이롭게 할 창조적 노력을 게을리하지 않는다.

이런 가운데서 우리의 진리인격은 범부인격을 녹여버린다.

應無所住而生其心

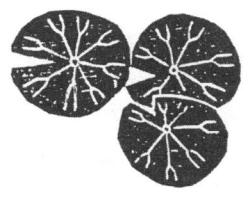

113

반대자에게 찬탄과 감사를

● 　부처님은 법성이시며 진여이시다. 완전무결, 일체원만의 근원 진리 그 자체이시다. 무한의 지혜, 무한의 자비, 막힘 없는 위신력이 원래 원만구족하시다. 무한의 위신력이 넘쳐나시며, 일체 중생을 감싸신다.

　우리는 불자, 부처님의 이와 같은 근원적 진리성과 원만구족한 위신력을 원래 갖추고 태어났다. 그래서 우리의 본성이 불성이고 불자다.

　우리는 부처님의 무한공덕을 생명으로 타고났으며 우리는 모두를 원만히 이룩할 권능적인 힘을 지니고 태어났다. 그렇지만 이 힘은 어디까지나 진리본연의 방향으로 발현해야 한다.

　진리본연의 청정질서를 어기고 그릇된 방향으로 우리의 힘을 발현한다는 것은 곧 자기 모순이요, 소망하는 바가 이루어지지 않게 되는 어긋남이다.

그러므로 당연히 바른 목적을 세워 바른 방법을 선택하고, 바른 마음과 바른 태도로 수행해야 한다. 즉 진리성에 바르게 순응하고 일치해야 하는 것이다.

이와 같은 바른 마음자세를 가진 사람은, 설령 다른 사람이 무엇이라 비평하더라도 걸리거나 흔들리지 않는다.

비평은 비평하기 좋아하는 사람에게 맡기고 오직 순수하게 진실을 추구해 갈 뿐이다. 한결같이 부처님의 무한위신력을 믿고 그 위신력의 계승자인 자신을 믿으며, 스스로 향상하고 이웃에 도움을 주는 높은 뜻을 추구하는 한 우리의 소망은 필경 성취된다.

•• 자신의 죄업을 따라서 몸을 받은 듯이 보여도, 실로는 부처님의 무한자비와 거룩한 뜻이 담겨진 자신이다. 우리는 이처럼 부처님의 거룩한 뜻을 간직하고 이 땅에 태어났다.

그러므로 자연 이와 같은 거룩한 일을 할 수 있도록 되어 있다. 동시에 이와 같은 자기의 청정본분을 구현하는 행을 할 때 참으로 삶의 보람을 느끼게 된다.

이 같은 부처님의 크신 뜻이 담겨진 진실한 자기를 실현하자면 우리는 무엇보다 하루의 시작을 반야바라밀다 염송, 또는 염불로 시작해야 한다. 하루를 시작하는 데 있어 먼저 자신의 진실본분인 법성, 즉 부처님을 향하여 자신의 마음을 활짝 여는 것이고 열어야 하는 것이다.

그리하여 자신에게 끊임없이 부어지는 부처님의 지혜와 자비의 위신력을 확인하고 감사하며 하루를 힘차게 시작해야 한다. 우리가 반야바라밀다를 염하여 우리의 본성을 돌이켜 보고 부처님 무한공덕에 마음을 열어서 향해 갈 때, 우리에게는 거룩한 일을 하는 데 필요한 지혜가 넘쳐나고, 그 일을 성취할 신념과 용기가 불어나게 된다. 매일 반야바라밀다를 염하여 기원을 새로이 하며 정진할 때, 신념과 용기가 끊임없이 불어난다.

●●● 우리가 하는 일에 반대도 하고 비평적 태도를 취하는 사람도 있을 것이다. 그러나 그 사람을 상대하여 대립할 것 없고 다툴 것 없다. 그가 비록 우리를 찬탄하지 않는 듯 보이지만, 그의 내면에는 우리에게 보다 높은 지혜와 성취를 바라는 큰 뜻이 담겨져 있다. 그에게 감사하고 존중하며 찬탄하자.

형상에 매여 그와 대립하지 말고 그가 지닌 내면의 진실공덕을 찬탄하자는 말이다. 우리는 사람들의 비평을 통해서 새로운 지혜와 힘을 얻고 성장을 기약하게 된다. 얼마나 고마운 일인가.

114

은혜로 빛나는 삶

• 우리는 언제나 부처님과 함께 하고 있음을 생각하고 기도한다. 어려운 일을 당하였을 때는 말할 것도 없고, 평소 일상생활에서도 부처님의 대자대비 위신력 가운데 살고 있음을 믿으며 감사한다. 매사를 부처님의 은혜로운 위신력 가운데서 이루어짐을 믿는 것이다.

부처님은 진리이시다. 근원적 완전자이시며 원만자이시다. 완전한 지혜이시고 막힘 없는 위신력이시다. 우리가 당한 어려운 일은 부처님의 지혜와 위덕으로 해결되지 않는 것이 없다.

부처님은 근원적 진리인 까닭에 일체의 조화로운 완성을 이루게 하는 힘이 있다. 그러므로 우리는 매사를 부처님의 은혜로운 위덕에서 원만히 이루어짐을 믿고 의지한다.

그래서 매사를 기도로 시작하고 기도로써 성취한다. 그 사이에 불안과 근심, 갈등이나 초조 등 못난 감정은 말끔히 내다버린다.

오직 부처님의 자비로운 은혜 속에서 원만히 이루어짐을 믿고 감사하며 성실하게 정진의 길을 나아간다. 그 사이에 원만한 활로는 끊임없이 열려온다.

●● 우리가 진리에 의해 성장하자면 무엇보다 자신이 불자라는 자각을 깊이 가져야 한다.

자신이 불자로서, 정신적이든 물질적이든 또는 지혜나 능력에 있어서, 그 밖의 모든 일에 무한 가능성을 지니고 있다는 사실을 부처님께서 증거하고 있다고 자신의 깊은 의식으로 굳게 믿어야 한다. 자신의 깊은 의식은 자신의 현실상황과 진리세계를 연결하는 통로가 된다.

진리세계에는 무한의 지혜가 충만하다. 우리의 깊은 마음이 부처님을 향해 전적으로 문을 열 때, 부처님의 무한한 지혜위력이 우리의 깊은 의식 속에 넘쳐나고 현실생활 위에 충만하게 된다.

믿음으로써 생활을 밝혀 가는 불자들은 부처님의 무한한 지혜가 자신의 생명 깊은 곳에서 빛나고, 넘쳐흐르고 있다는 것을 끊임없이 관해야 한다.

●●● 지혜의 눈으로 볼 때, 인간본성은 법성진리로 빛나고 있다. 그래

서 우리 모두는 불자인 것이다. 원래부터 원만하고 완전한 불자다. 번영하고, 부유하고, 화합하고, 사랑하고, 창조하는 기쁨을 지니고 있는 불자다.

그리고 그것을 실현할 지혜와 힘을 지니고 있다. 부처님의 생명을 이어받고 부처님의 진리공덕을 원만하게 이어받은 불자이기에.

그러므로 우리가 참된 삶을 이루자면 이러한 진리현실을 자각하고, 자각된 기쁨을 항상 유지해야 한다. 설사 장애가 되는 현상을 만나게 되더라도 마음을 현상에 사로잡히지 말아야 한다.

무애자재하고 원만구족한 진리세계인 부처님 은혜의 세계로 마음을 돌이켜, 부처님의 대자비 위신력과 대지혜 광명이 자신의 생명에서 빛나고 있음을 관해야 한다.

그리고 일심으로 마하반야바라밀다를 염해야 한다. 그렇게 함으로써 무애자재한 지혜의 물결이 넘쳐나와 문제를 해결한다. 아니, 문제가 본래 없다는 것을 보게 된다.

115
내 생명은 은혜의 빛
무한광명

● 아침에 일어나면 먼저 예경하고, 독경하고, 염송하는 것이 불자들의 하루 일과의 시작일 것이다. 이 수행에 있어서 가장 중요한 것은 자기 마음을 맑게 하여 청정본성을 밝게 드러내는 일이다.

거기서 부처님의 진리생명인 법성광명이 오롯하게 드러난다.

그리하여 부처님 진리의 무한하고 완전한 공덕이 내 마음에 드러나고, 부처님의 진리공덕인 무한의 지혜가 내 마음에 드러나며, 내지 진리의 자비와 진리의 풍요와 진리의 조화와 진리의 환희와 진리의 용기가 내 마음, 우리 마음에 완전히 드러나는 것이다.

아침에 일어나서 예경하고 염송하여 부처님의 진리공덕이 자신 속에서 빛나고 있는 것을 확인하는 것이 불자 삶의 출발이다.

희망찬 활기와 감사로 마음을 가득 채우고 하루를 출발하는 것이다. 이렇게 하여 행운의 문은 활짝 열리게 된다.

•• 인생에 있어 감사는 삶의 보람을 더해 주고 진실생명을 성장시킨다. 완전하고 원만한 무한생명의 공덕이 삶을 뒷받침하고 앞길을 밝게 비추며 성공의 길을 열어 준다. 인생에 있어 가장 아름다운 음악은 감사인 것을 잊지 말자.

　　고난을 만났을 때 고난을 극복할 최초, 최상의 방법은 감사이다. 감사는 험한 길을 평탄하게 하고 거친 물결을 잠재우는 큰 힘과 용기를 부어 준다.

　　감사는 나쁘게 보이는 현상 속에서 좋은 길, 좋은 상황, 좋은 사람을 발견하게 한다. 감사에서 좋은 일을 생각하고 그 마음을 희망과 평화로 바꾸며, 그 마음이 평화로울 때 환경은 평화로이 바뀐다.

　　감사는 모든 사람에게서 선을 발견하고, 모든 환경에서 평화를 발견하며, 모든 상황에서 조화와 성공을 발견하게 한다. 그래서 감사는 진리생명이 성장하고 진리환경이 열리는 최상의 음악이다.

••• 모든 사람은 자신의 겉모습 여하에 상관없이 내면에 지극히 착하고 지극히 위대한 덕성과 능력을 지니고 있으며, 그것은 곧 무엇으로 비유할 데 없는 최상의 가치며 진실이다.

　　그것은 만인의 생명에 깃든 영원히 저물지 않는 태양이다.

이 영원히 저물지 않는 태양에 등을 돌리거나 무엇에 가리지 않는 한 이 광명의 주인인 자신은, 인간은 행복하다.

이 광명에 대하여 눈을 감거나 유혹에 빠져 눈길을 다른 곳으로 돌릴 때 빛은 그대로 있어도 자신의 인생은 어둡게 된다.

만약 우리 인생에 어려운 문제가 일어났다면 눈길을 어두운 곳으로 돌린 결과인 것을 깨닫고, 얼른 마음을 돌려 부처님의 자비광명을 향해야 한다. 그리고 생각할 것이다.

'부처님은 무한의 지혜, 나의 생명에 깃들어 나의 인생을 빛내 주신다.

부처님은 무한의 자비, 나의 생명에 깃들어 나의 인생을 빛내 주신다.

부처님은 무한의 위력, 나의 생명에 깃들어 일체를 성취시키신다.

나는 이처럼 항상 부처님의 인도를 받아 성공의 길을 간다.

오, 감사하여라.'

116

감사가 만복을 이룬다

● 이 땅은 보장엄불의 무량공덕장엄의 불국토다. 모든 사람들이 부처님과 똑같이 보련화좌寶蓮華座에 앉아 있다. 만인이 부처님의 무량공덕을 함께 하고 있는 것이다. 이것이 진실이요 실상이요, 부처님의 지혜광명이 여지없이 드러난 지금 우리 국토며 모든 이들의 원래 모습이다.

그러므로 지금 우리 국토, 우리 형제들에게는 나쁜 것이 있을 리 만무하다. 부정한 것, 불행한 것, 미워할 것이 있을 리 없다.

그러므로 참된 불자의 믿음을 지닌 사람은 결코 타인의 나쁜 점을 말하지 않는다. 또한 자신의 나쁜 점도 말하지 않는다. 나쁜 것이란 원래 없는 것이기 때문이다. 진리세계에 어찌 나쁜 것이 있으랴. 고난 · 불행 · 부정한 것 따위가 어디 있으랴.

누군가가 타인의 나쁜 점을 말할 때에는 결코 그 말에 귀를 기울이지 않는다. 오히려 나쁜 말을 하고 있는 그 사람도 진실불자이므로 설령 그에게 나타난 상대방의 인상이 아무리 나쁘게 보였더라도, 그것은 거짓모습 · 허망한 모습 · 일시적 모습 · 몽환임을 본다. 몽환은 결코 오래 머물 수 없고 거짓모습이 영원할 수는 없다.

진실한 모습, 참된 실상인즉 그 사람도 바라밀다 생명의 무량공덕을 지닌 불자이므로 완전하고 원만하고 자재하여, 결코 나쁠 수 없다. 그 사람의 완전원만한 참된 모습을 깊은 믿음의 눈으로 보고 그 사람을 축복해 준다.

원만한 무량공덕상인 마하반야바라밀다, 청정한 자재위덕상인 마하반야바라밀다로 마음을 돌이켜 생각해 보면 나쁜 말을 하는 그 사람조차도 나에게 진리실상에 눈뜨게 해주고, 진리실상에 대한 믿음을 더욱 굳게 해주는 자비보살이다. 그러므로 의당 그에게도 감사하고 축복할 것을 잊지 말아야 할 것이다.

•• 눈을 뜨고 보면 모든 사람이 부처님의 대지혜 대자비로, 나에게 다가와서 나를 돕고 깨달음의 길로 나를 인도하고 있다.

모든 어려움은 그 속에 우리의 성장과 향상을 기약할 묘약을 지니고 우리에게 다가선 것이다. 당연히 감사하며 받자.

우리가 처한 어떤 환경이라도 실제로는 부처님의 대자비 안에 있는 것을 잊지 말자. 아주 잠시 동안이라도 부처님의 자비하신 은혜 밖에 있을 수 없다. 안 될 일이다. 일체 성취의 공덕이 햇살처럼 끊임 없이 우리에게 부어지고 있기에 말이다.

우리는 마땅히 감사하고 받으면 된다. 만약 부처님의 이 축복을 받지 못하는 사람이 있다면, 마음에 어두운 장막을 드리웠기 때문이다. 그래서 못 본다. 어두운 장막을 젖혀 버리자. 밝은 광명이 충만한, 무량공덕이 충만한, 완전한 은혜의 세계를 보게 되리라.

여기서 지혜도 윤택도 평화도 환희도 구체화된다.

••• 우리 모두는 은혜 속의 삶이다. 항상 감사한 생각을 가슴에 가득 채우자. 감사하는 곳에 다툼은 사라지고, 실패는 성공의 길잡이가 되고, 지혜가 솟아나 고난은 극복되며, 슬픔은 기쁨으로 바뀐다.

감사한 생각이 가득한 곳에는 설사 재난을 만나더라도 피해가 가벼워지며 다시 일어설 지혜와 용기가 금방 솟아난다.

가족이 함께, 부부가 서로 감사하자. 노사勞使가 서로 손잡고 감사하자. 감사하는 곳에 진리세계의 상서祥瑞가 구체적 모습을 나툰다. 돌이켜 보자. 지금 우리 마음에 감사가 얼마나 가득한지를.

117

영원히 중생과 함께 하시는
대자대비시여

● 부처님께서 이 세간에 나타나심은 법을 설하여 사람들에게 참된 복리를 베풀기 위해서다.

고뇌와 고통 속에 빠져 있는 사람들을 버릴 수 없으므로 부처님은 이 고해苦海의 세계에 나타나신 것이다.

바른 도리가 없고 삿된 지견이 성하며 욕망에 싫증을 모르고 심신이 함께 타락한 이 세간에서 법을 설한다는 것은 매우 어려운 일이다.

중생에 대한 대비심인 까닭에 부처님은 그 모두를 이기신다.

부처님은 이 세간에 있는 모든 사람들의 착한 벗이 되신다. 번뇌의 무거운 짐을 지고 괴로워하는 자가 부처님을 만나면 부처님은 대신 무거운 짐을 지신다.

부처님은 이 세간의 참된 스승이시다. 어리석고 미혹하여 괴로

위하는 자가 부처님을 만나면 부처님은 지혜의 빛으로 그 어둠을 없애 주신다.

송아지가 언제나 어미 소 곁을 떠나지 않는 것처럼 한 번 부처님 가르침을 들은 사람은 부처님을 떠나지 않는다. 부처님 가르침은 항상 즐겁고 안온하기 때문이다.

•• 달이 구름 속에 숨으면 사람들은 달이 없다고 하고, 달이 나타나면 사람들은 달이 떴다고 한다. 그러나 달은 항상 머물러 있어 출몰하지 않는다.

부처님도 그와 같이 항상 머물러 생멸하지 않지만 다만 사람들을 가르치기 위해 생멸을 내보이신다.

사람들은 '달이 찼다. 달이 줄었다'고 말하지만 달은 항상 가득 차 있고 더하거나 줄지 않는다. 부처님도 또한 그와 같아 항상 머물러 생멸하지 않는 것이나 다만 사람들이 보는 데에 따라 생멸이 있다고 한다.

달은 또한 모든 것 위에 나타난다. 도시에도 마을에도 산에도 내에도 못 가운데에도 독 안에도 풀 끝에 맺힌 이슬 위에도 나타난다. 사람이 백 리·천 리를 가더라도 달은 항상 그 사람을 따른다.

달에는 변화가 없어도 달을 보는 사람에 따라서 달은 다르게 보일 뿐이다. 부처님도 또한 그와 같아서 세상 사람들의 근기를 따라 여러 가지 모습을 나타내 보이지만 부처님은 항상 머물러 변하지 않는 상주불멸常住不滅이시다.

••• 부처님은 생멸하는 모습을 내보이더라도 부처님은 생멸하지 않는다. 이 도리를 잘 알아서, 부처님이 보이시는 생멸과 세상만사가 바뀌고 변하는 것에 놀라지 않고, 슬퍼하지 않고, 오직 참된 깨달음을 열어 위없는 지혜를 얻어야 한다.

부처님은 육체가 아니고 오로지 '깨달음'이시다. 육체는 그릇이다. 그 그릇에 깨달음이 충만하면 부처님이라 한다.

그러므로 육체에만 사로잡혀 부처님이 사라지는 모습을 보고 슬퍼하는 사람은 참된 부처님을 보지 못한다.

모든 현상의 참된 모습〔眞相〕은 생멸·거래·선악의 일체 차별을 떠나 공空이다. 일체의 차별들은 보는 자의 분별심에서 일어나는 것으로 부처님의 참된 모습은 실제로 나타난 것도 아니고 숨은 것도 아니다.

118

대자대비는 누구이신가
누구를 위한 대자대비인가

●   부처님의 마음은 대자비다. 온갖 방편 베푸시어 모든 중생을 구제하시는 대자大慈의 마음, 중생들과 함께 아파하고 함께 괴로워하시는 대비大悲의 마음이 부처님 마음이다. 마치 어린 자식을 생각하는 어머니와 같이, 잠시도 중생에게서 마음이 떠날 때 없이 지키고 키우고 필경 구원하는 것이 부처님의 마음, 대자대비다.

  부처님의 대자대비는 중생으로 인하여 일어나고, 그 자비를 받아서 믿는 사람이 있게 되고 믿음으로 인하여 깨달음을 얻는다. 그러나 사람들은 부처님을 모르고 다만 어리석은 생각으로 탐착을 일으켜 괴로워하며 번뇌에서 업業을 짓고는 다시 또 괴로워한다. 죄업의 무거운 짐을 잔뜩 지고는 힘겹게 미혹의 첩첩 산을 돌고 돈다.

•• 부처님의 자비는 일생의 것으로만 생각해서는 안 된다. 머나먼 과거에서 오늘날에 이르는 한량없는 세월동안 중생들이 생사를 거듭하고, 미혹을 거듭한 그 처음부터 부처님은 항상 중생들에게 가장 친한 모습을 나타내시어 구원의 온갖 방편을 다 기울이신다.

가필라국 석가족의 태자로 태어나 출가 · 고행 · 수도하여 마침내 무상도無上道를 깨닫고 거룩한 법을 설하여 교화하고 열반을 보이신 것도 또한 구원의 지극한 방편인 것이다. 중생들의 미혹이 끝이 없으므로 부처님의 자비방편도 끝이 없고, 중생의 죄가 깊으므로 부처님 자비의 깊이도 끝이 없다.

그러므로 부처님은 네 가지 큰 서원을 일으키셨다.

맹세코 모든 중생을 건지리라.

맹세코 모든 번뇌를 끊으리라.

맹세코 모든 법문을 배우리라.

맹세코 위없는 깨달음을 이루리라.

부처님께서는 이 네 가지 서원을 근본으로 하여 도를 구하고 정진하고 중생들을 구원하는 보살의 수행을 했다. 부처님 수행의 근본이 이 네 가지 서원인 것은 부처님의 마음은 오로지 중생을 구원하는 대자비의 실현인 것을 잘 보여 주신다.

••• 부처님은 성불을 발원하였을 때, 살생의 죄를 여읜 청정한 생활

을 닦아서 그 공덕으로 사람들의 장수를 기원하였고, 훔치는 죄를 여읜 청정한 생활을 닦아서 그 공덕으로 중생들이 구하는 것을 얻기를 기원했고, 음란한 행을 여읜 청정한 생활을 닦아서 그 공덕으로 중생들 마음에 더럽힘이 없고, 몸에 굶주림이 없기를 기원했다.

부처님은 성불을 발원하였을 때, 망녕됨을 여읜 청정한 생활을 닦아서 그 공덕으로 사람들의 목소리가 청량하기를 기원했고, 양설兩舌을 여읜 청정한 생활을 닦아서 중생들이 항상 화합하여 서로 도道를 말하기를 기원하였고, 또한 악구惡口를 여읜 청정한 생활을 닦아서 사람들의 마음이 평화롭고 어지러움이 없기를 바랐고, 실답지 않은 말을 여읜 청정한 생활을 닦아서 사람들의 여러 가지 괴로움이 없기를 바랐다.

또한 부처님은 탐심을 여읜 청정한 생활을 닦아서 사람들의 마음에 탐심이 없기를 바랐고, 성냄을 여읜 청정한 생활을 닦아서 사람들의 마음에 자비심이 넘치기를 바랐고, 어리석음을 여읜 청정한 생활을 닦아서 사람들의 인과를 무시하는 사견邪見이 없기를 바랐다.

이처럼 부처님의 본원本願은 모두가 중생들을 위한 것이었다. 마치 부모와 같이 완전한 자비로써 중생을 불쌍히 보시고 생사의 바다를 건너게 가호하시고 인도하셨다.

119
부처님과 덕성德性

● 　부처님을 모양이나 형상으로 찾을 수는 없다. 모양이나 형상으로 보는 부처님은 참된 부처님이 아니기 때문이다. 참된 부처님은 바로 깨달음 자체이시다. 그러므로 깨달음을 이룬 사람이 참된 부처님을 본다.

　세상에 겉모습이 뛰어난 형상의 부처님을 예경하고 부처님을 뵈었다고 말하는 사람은 지혜가 없는 잘못된 말이고 부족한 말이다. 부처님의 참된 모습은 세간 범부의 눈으로는 볼 수 없다. 아무리 긴 세월 동안 생각하고 또 생각하더라도 부처님의 참 모습은 볼 수 없는 것이고 알 수도 없으며 짐작조차 할 수 없다. 형상이 있는 것은 부처님이 아니다. 부처님에게는 형상이 없다.

　그렇지만 부처님은 또한 생각하신 대로 마음대로 미묘 단정한 모습을 보이기도 하신다. 그러므로 부처님을 분명히 잘 보아야 한다. 겉모습에 사로잡힘이 없다면 그 사람은 자유스러운 법의 힘[法力]을 갖추어 부처님을 뵈었다고 말할 수 있을 것이다.

•• 부처님 원래의 몸은 깨달음[覺]이므로 영원히 머무시어 허물어지는 일이 없다. 부처님의 참 몸은 음식을 잡수시어 유지되는 육체가 아니며, 지혜로 이루신 금강金剛의 몸이므로 거기에는 두려움도 없고 병도 없어, 영원히 살아 계시어 어느 때나 변함이 없으시다. 그러므로 부처님은 영원히 멸하시지 않는다.

깨달음에는 멸함이 없으므로 역시 부처님께서도 멸함이 없으시다. 부처님은 이 깨달음의 지혜광명을 나타내시어 그 광명으로 중생들을 인도하여 당신이 계시는 부처님 나라에 태어나게 하신다.

이 도리를 깨달은 사람이라야 진정 불자佛子라 할 것이다. 이 사람은 의당 부처님의 가르침을 간직하고, 부처님의 가르침을 지키며, 다시 부처님의 가르침을 세상 사람들에게 전해준다.

진실로 부처님의 거룩하신 위신력은 참으로 불가사의하다.

우리 범부의 생각으로는 결코 헤아릴 수 없다.

••• 부처님의 몸은 법의 몸, 법신法身이시다. 법신이란 법 자체를 몸으로 하신 것이다. 이 세상의 진실한 이치와 그것을 깨달은 지혜가

하나를 이룬 '법', 그 자체이시다.

'법 자체'가 부처님이시므로 '법신 부처님'에게는 빛깔도 없고 형상도 없다. 빛깔도 아니고 형상도 아니므로 오는 바도 없고 가는 바도 없으시다.

오는 바도 없고 가는 바도 없으므로 일체를 초월하고 원만하여 일체에 두루 하시므로 푸른 하늘처럼 일체 세계 어느 곳에나 두루 원만한 것이다.

부처님은 사람들이 생각하기 때문에 있는 것도 아니고, 사람이 잊고 있기 때문에 없는 것도 아니고, 사람들의 기쁨 속에 오는 것도 아니고, 사람들이 게으르다고 가는 것도 아니다.

부처님 자신은 사람들 마음의 온갖 변화와 움직임을 초월한 그 가운데 여여如如하게 계신다.

그러므로 법신인 부처님의 몸은 온갖 세계에 가득히 넘치고 어느 곳에나 두루 하시며 범부들이 갖는 '있다던가 없다던가 온다던가 간다던가' 하는 생각을 초월하여 영원히 살아 계신다.(法身佛은 常住 · 眞實 · 普遍 · 平等인 眞如法性의 本身이다.)

120
부처님과 삼신三身

●   부처님의 법신法身이란 무엇일까? 법신이란 부처님은 법 자체이시므로 부처님에게는 형상도 빛깔도 있을 리 없다. 그런데도 부처님을 형상과 빛깔로 찾는다면 결코 찾을 수 없다.

    부처님은 법으로서 일체에 충만하시므로 가시는 바 없고 오시는 바도 없다. 동시에 우리의 생각과는 아무런 상관이 없다. 부처님을 생각하든 생각하지 않든 일체에 초월하여 진리로서 영원하시고 항상 현재하신다. 그러기에 부처님은 법신인 것이다. 부처님에 대하여 이밖에 보신報身과 응신應身—化身을 생각할 수 있다. 그러나 부처님의 근본 몸은 법신인 것을 언제나 잊지 말자.

●●   부처님의 보신報身이란 무엇일까? 보신이란 진실한 도리와 지혜

가 하나를 이루어 형상을 나투지 않으시는 법신불法身佛이 중생들의 고뇌를 구하기 위해 형상을 나타내는 것이다. 그리고 본원本願을 일으키시고 기나긴 동안 수행을 쌓아 보이시며 거룩한 이름을 널리 알게 하여 중생들을 제도하시는 부처님이다.

보신불報身佛은 대자비를 근본으로 하여 온갖 방편으로 많은 중생들을 구원하신다. 모든 것을 끝까지 태워버리는 불처럼 중생들의 괴로움의 먼지를 끝까지 다 털어 주신다.

●●● 부처님의 응신應身이란 무엇일까? 또한 응신應身―化身은 부처님이 중생제도를 완수하기 위해 세상의 온갖 상황과 중생들의 가지가지 성질에 따라서 이 세간에 몸을 나투시어, 탄생 · 출가 · 성도 등 무수한 방편을 베풀어서 법을 설하고 중생을 인도하신다. 병을 보여서 중생을 깨우치고, 죽음을 보여서 범부들을 발심하게 하는 부처님이시다.

부처님의 몸은 원래 법신이시지만 중생들의 성질이 각각 다르므로 부처님을 보는 것도 한 가지가 아니다. 중생들은 제 각각의 업연業緣이나 욕망, 또는 행위의 과보에 따라서 부처님을 여러 가지로 보지만, 부처님은 오직 중생들에게 진실을 보여 진실을 깨닫게 하고자 하실 뿐이다.

121

언제나 밝은 태양

• 부처님이 이 세간에 나타나시는 것은 매우 희유한 일이다. 부처님은 이 세상에 나시어 깨달음의 가르침을 여시고 법을 설하신다. 그리하여 중생들의 온갖 의심의 그물을 끊고 애욕의 뿌리를 뽑으며 악의 근원을 막아 주신다. 세간에서는 이와 같으신 부처님을 공경하는 일보다 더 귀한 일은 없다.

부처님이 이 세간에 나타나시는 것은 법을 설하여 중생들에게 진실한 행복을 베풀기 위해서다. 이 세간에서 고통받고 괴로워하는 사람들을 버릴 수 없으므로 이 고난 많은 세계에 나시는 것이다.

이 세간에는 삿된 지견이 무성하며, 욕망에 지칠 줄 모르고 생활에 어려움이 많으며 다툼이 많다. 그러므로 이 탁한 세간에 법을 펴는 일은 매우 어려운 일이다. 그러나 부처님은 오직 대자비이신 까닭에 이 모든 어려움을 이기신다.

•• 부처님은 이 세상 모든 사람들의 착한 벗이 되신다. 번뇌의 무거운 짐을 지고 괴로워하는 자가 부처님을 만나게 되면 부처님은 그를 위해 그 무거운 짐을 대신 맡아 준다.

부처님은 이 세간에 진실한 도사이시다. 어리석어 생사의 괴로움에 빠진 자라도 부처님을 만나게 되면 부처님 지혜의 빛이 즉시에 모든 어둠을 소멸시켜 준다. 마치 송아지가 어미 소 곁을 떠나지 않고 젖을 먹으며 즐거워하는 것처럼, 한 번 부처님 가르침을 들은 사람은 부처님을 떠나지 않는다. 법문을 듣는 것은 언제나 기쁨이 솟아올라 편안하고 즐겁기 때문이다.

••• 달이 구름에 가리우면 사람들은 달이 없다 하고, 달이 나타나면 사람들은 달이 떴다고 한다. 그러나 달은 그 자리에 머물러 출몰出沒한 적이 없다. 부처님도 그와 같이 항상 머물러 생멸하지 않으나 오직 중생들을 가르치기 위해 생멸하는 모습을 보이신다.

보름달은 둥글다고 하고, 초승달은 가늘다고 한다. 그러나 달은 언제나 원만하여 늘지도 줄지도 않는다. 부처님도 또한 이와 같아서 항상 머물러 생멸함이 없건만 다만 사람들이 보는 데에 따라 생멸이 있음을 볼 뿐이다.

하루종일 부처님
매일매일 부처님
오래오래 부처님

122
영원한 광명

● 　부처님이 이 세간에 나오시는 것도, 모습을 거두시는 것도, 모두 인연이다. 중생을 제도할 적당한 때가 오면 이 땅에 나타나시고 인연이 다하면 세간에서 몸을 거두신다.

　그러하시기에 부처님께 생사의 모습은 있어도 생멸이 있는 것은 아니다.

　이 도리를 잘 알아서 부처님이 우리에게 보이시는 생사와 여러 변화에 놀라지 말고 슬퍼하지 말고 부처님의 참뜻을 사무쳐서 자신의 진실한 깨달음을 열어 위없는 지혜를 얻어야 한다.

●● 　부처님은 육신이 아니고 깨달음이다. 육신은 그릇, 거기에 깨달음이 담겨져 부처님이라 한다. 그러므로 육신에 사로잡혀 부처님이

멸도를 보이시는 것을 슬퍼하는 자는 참된 부처님을 보지 못한다.

원래 일체의 경계·생멸·거래·선악의 모든 차별을 여의어 공空이며 평등인데, 차별을 보는 것은 보는 자의 분별심에서 일어나는 것이다.

일체 차별을 여읜 부처님의 진실한 모습은 나타날 것도 없고 숨을 것도 없다.

태양이 솟아오를 때 먼저 높은 산을 비추고, 다음에 낮은 산을 비추며, 그 다음에 온 대지를 비춘다.

햇빛이 차별하는 것은 아니지만 산의 높고 낮음에 따라 햇볕을 받는 데 선후가 있는 것이다.

부처님도 이와 같아서 한없고 끝없는 지혜태양을 성취하여 언제나 한이 없이 일체에 걸림 없는 지혜광명을 놓아서 먼저 보살들의 높은 산을 비추고, 다음에 성문·연각의 산을 비추고, 그 다음에 서서히 선근善根이 있는 사람들의 대지를 두루 비춘다.

이미 비추지만 그가 구함에 따라 비추어 법으로써 키워 주며 마침내 일체 중생을 남김 없이 비추어 제도하는 것이다.

대지혜의 광명은 가없고 끊임없이 일체를 두루 비춘다.

●●● 부처님은 선정에 들어 고요와 평화를 이루고 모든 중생에 대하여 자비하신 마음, 기쁜 마음, 평등한 마음으로 대하시어 항상 맑은

기쁨에 머무신다.

그래서 부처님은 모든 사람들의 부모다. 아기가 어릴 때, 부모는 아기처럼 아기에게 말하여 서서히 말을 가르치는 것처럼, 부처님도 또한 중생의 말을 따라 법을 설하시고, 중생들을 따라 모습을 나타내시어 사람들을 편안하고 흔들림 없는 경지로 인도하신다.

부처님은 똑 같은 한 말씀으로 법을 설하시지만 중생들은 제각기 깜냥에 따라 제 소견대로 듣고는 부처님은 지금 나를 위해 법을 설하신다고 기뻐한다.

부처님의 경계는 사람들의 생각을 초월했다. 사실 이것을 비유로도 말할 수 없지만 억지로라도 부처님의 경계를 말하고 설명하려면, 부득이 비유로 말할 수밖에 없다.

'강물은 고기가 헤엄치고 말들이 밟고 지나가도 언제나 맑고 평화한 것'처럼, 부처님은 어떠한 사견邪見 앞에서도 마음의 어지러움이 없고 항상 맑고 평화로우시다.

123
고요한 바다에
하늘의 별이 나타나듯이

● 　부처님의 지혜는 모든 도리를 다 아시고, 치우친 양변兩邊을 떠나 중도中道에 계신다.

　그리고 모든 문자나 말을 초월하여 모든 사람들의 생각하는 바를 그대로 아시고 순간에 이 세간의 모든 일을 다 아신다.

　고요한 바다에 하늘의 별이 모두 그 그림자를 나타내는 거와 같이, 부처님 지혜의 바다에는 모든 사람들의 마음이나 생각하는 바와 그 밖의 온갖 것이 그대로 나타난다.

　그렇기 때문에 부처님을 일체지자—切智者라고 한다.

　이 부처님의 지혜는 모든 사람들의 마음을 평화롭게 감싸고 밝게 비추어 평등하게 하여 사람들로 하여금 세간의 의미, 성쇠, 인과의 도리를 밝게 알려 주신다.

그러므로 오직 부처님의 지혜에 의해서만 사람들은 이 세간의 일을 참으로 알 수 있다.

●● 부처님의 자비하신 활동은 한이 없다. 부처님은 부처님 모습뿐만 아니라 중생을 위해 여러 다른 모습으로도 나타나신다.

병이 돌 때는 의사가 되어 약을 베풀어 법을 설하시며, 다툼이 일어나면 바른 법을 설하여 욕심을 없애 재앙에서 벗어나게 하고, 언제나 변함 없다는 생각에 사로잡힌 자에게는 무상無常의 도리를 말하고, 아我의 집착에 얽매어 괴로워하는 자에게는 무아無我의 법을 설하며, 세간 향락에 빠져 있는 자는 향락이 괴로움을 부르는 것임을 밝혀 주신다.

그러므로 부처님의 자비하신 활동은 이 세간 모든 사물 위에 나타나는 것이지만, 그것은 모두가 법신法身을 근원으로 하여 흘러나온다. 끝이 없는 수명과 한이 없는 광명의 작용도 그 근원은 모두 법신이다.

이 세간은 마치 타오르는 불집과 같아서 편안한 곳이 없다. 사람들은 어리석어 어둠에 싸여서 성내고 미워하고 질투하며 온갖 번뇌에 사로잡혀 있다.

그러므로 어린아이에게 어머니처럼, 사람들은 모두 부처님의 자비에 의지해야 한다.

●●● 부처님은 성인 가운데 성인이시고 일체 세간의 아버지이시다.

그러므로 일체 중생은 모두 불자佛子다. 원래 불자인 중생들은 그만 세간락에 흠뻑 빠져서 재앙을 살피는 지혜가 없어졌다.

그래서 저들이 살고 있는 세간은 불안과 괴로움이 넘치고 노병사老病死의 불꽃이 치성하다.

본래부터 불자인 저들이 근본을 망각한 채 부처님의 가르침을 믿지 않는 것은 눈앞의 욕심에 끄달리기 때문이다.

그러나 부처님은 자식인 중생을 평화로 인도하여 진실한 행복을 베풀어 깨닫게 하고자 세간에 나타나신 것이다.

그러므로 한 번이라도 가르침을 듣고 기뻐하는 사람은 다시 미혹의 세계에 빠져들지 않는다. 왜냐하면 저 부처님의 가르침에는 믿고 따름으로써 들어갈 수 있는 곳이기 때문이다.

부처님의 말씀은 믿음으로써 알게 되는 것이요, 얻게 되는 것이다. 지식으로 이르는 것이 아니다.

제 10장

우리는 불자

우리는 불자,
무량공덕신이다

● 　항상 반야바라밀다를 염하자. 반야의 지혜광명이 모든 어둠과
불행, 장애가 소멸된 바라밀다 세계를 드러낸다. 반야가 최상의 지혜
이기 때문이다.

　반야에서 온갖 착한 공덕의 문이 열린다. 우리는 눈에 보이는 현
상에 사로잡혀 진리세계를 보지 못하고 알지 못하지만, 반야의 광명
으로 진리세계, 무한공덕세계의 문이 열린다. 그러므로 반야바라밀
다를 염하여 무한공덕세계를 우리의 현실로 받아들여야 한다.

　그렇지 않고 설사 물질적 부를 구하여 그것을 얻었다 하더라도,
물질적 부가 반드시 우리의 진정한 행복을 약속하지 않는다. 때로는
고귀한 약을 얻을지 몰라도 그것이 반드시 우리의 건강을 약속하지
도 않는다. 안락한 환경, 고가의 장식품을 얻는다 하더라도 그것이

마음의 평화나 인간의 아름다움을 약속하지도 않는다.

참된 행복, 참된 건강, 참된 평화, 참된 아름다움을 얻고자 하면 반야바라밀다에 의지하여 우리의 마음을 밝히고 우리의 마음을 진리공덕으로 바꿔야 한다.

•• 우리는 부처님의 무한공덕을 이어받은 자다. 반야바라밀다를 염할 때 이 사실을 확인하게 된다. 거기서 큰 지혜와 아름다운 품성과 뛰어난 능력이 원래 갖추어져 있음을 본다.

우리는 원래 축복받은 자이며 아름답고 행복하게 살아갈 모든 권능을 갖춘 사람이다. 그러므로 '나는 못났다', '불행할 수밖에 없다', '인생은 절망이다' 하는 등, 스스로를 한정하거나 부정해서는 안 된다. 그것은 자기 스스로를 불행하게 만들고 부처님께서 받은 무한공덕을 거부하는 것이 된다.

원래 우리에게 필요한 것은 이미 다 주어져 있다. 우리에게 참으로 필요한 것은 진리세계에 이미 잘 갖추어져 있건만, 우리가 그것을 얻지 못하는 것은 부처님이 은혜롭지 못해서가 아니라 우리 스스로가 자기 한정 또는 자기 부정을 하고 있기 때문이다. 자기의 능력을 한정하고 고난과 불행과 장애가 필연적으로 닥쳐온다는 것을 마음에서 받아들이기 때문이다.

우리는 마땅히 부처님의 무한공덕을 믿고 자기 한정을 깨뜨려야 한다. 그리고 부처님의 원만공덕이 우리에게 이미 주어져 있다는 사실을 깊이 믿고 감사할 때, 진리의 무한공덕은 우리 생활 위에 도도하게 흘러나온다.

●●● 기도하면서 부처님의 대자대비와 진리세계의 원만구족을 깊이 믿어야 한다. 어찌 될까? 하고 근심 걱정하며 기다리는 마음은 불행과 고난, 어둠을 부른다.

일단 부처님을 믿고 대자대비를 믿고 무량공덕을 믿었을 때 우리의 참된 소망은 반드시 이루어진다고 확신하게 된다. 이 부처님 공덕에 대한 확신이 성공의 씨앗이다. 땅에 뿌려진 씨앗은 반드시 싹이 트고 꽃이 피고 열매가 맺듯이…….

그러나 싹이 트기 이전에 종자를 파헤치면 안 되는 것처럼 나의 기도가 이루어지지 않을지도 모른다고 미리 근심 걱정해서는 안 된다. 절대로 불행을 예상하지 말고 반드시 성취된다는 신념을 가져야 한다. 이것이 뿌려진 종자에 물을 주고 가꾸는 것이 된다.

기도를 진행하는 가운데 자기가 설정한 예상과 다른 사태가 나타나더라도 흔들리지 말자. '진리는 반드시 나의 문제를 해결해 주신다'고 확신으로 염하고, 성취의 진행을 감사하며 진리의 진행에 맡기고 정진할 때, 필경 원만한 성취를 보게 된다. 큰 원을 실현하는 힘도, 과정도 진리에서 오는 것임을 깊이 믿자.

125
무한공덕의 통로를 열자

● 　매일 어느 때나 부처님을 생각하고 부처님의 공덕을 생각하자. 우리 마음에 부처님이 언제나 임하신 것이 우리의 실상實相이다.

　　우리의 생각이 부처님을 염할 때, 우리의 현재 마음에 부처님 광명이 비추게 된다. 부처님 광명이 비추는 곳에 어둠은 사라지고 불행은 자취도 없이 사라진다.

　　착한 일이 성장하고 의로운 일이 성취되며 일체 대립이 사라지고 모두가 평화와 조화를 이루어 바르게 성장한다.

　　그렇지 않고 우리 마음에 어둠을 생각하고 불행을 생각할 때 어둠과 불행은 우리 곁에서 떠나지 않는다. 병고를 생각하고 있을 때 병은 뿌리를 내리고, 대립과 미움과 원망을 생각할 때 미움과 원망은 더욱 성장하여 괴로움의 불길이 더욱 치성해 간다.

부처님을 생각하지 않고 미움을 생각하고 싸움을 생각할 때 조화를 이룬 평화세계는 실현될 수 없다.

그러므로 우리는 대립이 없는, 온갖 것이 조화를 이룬 지극히 평화로운 착한 공덕이 충만한 세계를 생각하며 살아야 한다.

마음에 있는, 끊임없이 추구하는 그것이 필경 이루어진다.

●● 진리세계에는 끝없는 공덕이 충만해 있고 무한한 지혜가 충만하며 무한한 창조를 성취시킬 힘이 충만해 있다.

진리세계는 바로 우리들 마음의 세계다. 그러므로 조석으로 게으르지 않고 진리세계를 생각하며 진리공덕을 생각하자.

부처님의 대자비와 위신력을 생각하며, 맑고 순수한 마음이 되었을 때, 진리세계의 원만한 공덕이 우리 현실세계에 나타난다. 그리하여 진리의 완전성이 현상으로 나타나는 데 필요한 새로운 지혜, 새로운 아이디어가 우리 생각 위에 솟아오르게 된다.

부처님의 세계인 진리세계에는 무한공덕이 갖추어 있다. 그러므로 우리가 부처님 세계에 통로를 열었을 때, 진리의 무한성 가운데서 새로운 현상이 나타나는 것이다.

우리는 모름지기 마하반야바라밀다를 염하고 부처님 공덕을 생각하여 하루하루를 새롭게 탄생하는 날로 만들어 가야 할 것이다. 참으로 부처님을 염하고 진리를 염하는 생활에서 새로운 삶이 활짝 열린다.

●●● 인정하든 인정하지 않든 진리에서 보면 인간은 모두가 불자이므로 그 내면에는 부처님의 무한공덕을 갖추고 있다. 전적으로 인간인 우리가 미혹하여 부처님 공덕생명을 믿지 않고 부처님 공덕이 흘러나오는 통로를 폐쇄하고 있다.

그렇지 않다면 우리는 항상 부처님의 지혜에 의하여 인도되고 자비로 보호되며 위신력으로 살아가게 된다.

우리의 사업도 예외가 아니다. 부처님 지혜의 길을 차단하지 않는 한 부처님의 가호와 인도를 받아서 반드시 번영한다. 또한 무한의 생명력이 넘쳐나 우리에게 주어진 커다란 사명을 완수하게 된다.

그러므로 우리는 저 미혹에서 벗어나기 위해, 게으름 없이 반야바라밀다를 염하며 행원을 실천하고 감사하여 부처님의 지혜와 자비의 통로를 활활 열어가야 한다.

126
우리는 창조적 권능자

● 　부처님은 법이시며 진리이시기에 이 세상에 참으로 있는 것은 오직 부처님뿐이다. 어느 것이고 부처님을 떠나 있는 것은 없다.

　내가 여기 있다고 하는 사실은 법이 있는 것이며 진리가 있는 것이며 부처님과 함께 있는 것이다. 온 우주 어느 한 구석도, 어느 한순간도 부처님을 여읜 존재는 없다.

　온 누리에 진리광명이 충만하고, 부처님의 지혜가 충만하다. 이와 같은 부처님의 완전원만한 대자비의 위신력은 우리 생명에 그대로 이어져 있다.

　부처님이 진리로서 능동적이며 창조의 중심이 되시는 것처럼, 우리 또한 그와 같은 진리를 생명에 이어받아 권능적인 무한공덕을 지니고 있다.

그러므로 우리의 참모습은 위대하다. 위대한 창조능력을 자신 가운데 간직하고 있는 것이다.

우리는 때때로 우리 자신이 부처님의 진리를 내 생명에 지니고 있다는 사실을 잊을 때가 있다. 그런 데서 우리는 의기소침하고 비관하기도 하며 혹은 실패하고 혹은 그른 길을 걷게도 된다.

우리는 자신이 부처님의 무한공덕을 지닌 불성생명이라는 사실을 항상 생각해야 한다.

우리는 끊임없이 '반야바라밀다'를 염함으로써 부처님의 무량공덕을 지닌 자기인 것을 확인해야 한다.

●● 부처님의 무량공덕을 지닌 우리는 불자라는 사실을 잊어서는 안된다. 항상 마음에 행복을 생각하며 스스로 아름답고, 이웃을 돕는 생각을 지니며 그러한 생각을 말로 나타내고 몸으로 행할 때, 우리에게는 다행스러운 일만이 열려간다.

마음속 깊이 '나는 불자다'라는 믿음이 새겨져 있을 때, 우리는 결코 불행을 생각하지 않으며, 불행을 말하지 않으며, 나쁜 행을 가까이 하지 않는다. 우리의 생명이 부처님 공덕생명이므로 부처님 공덕과 창조적 생각만을 열어간다.

●●● 부처님은 일체 존재에 앞선 진리이므로 진리이신 부처님은 일체

에 걸림없는 권능자이시다. 그러므로 부처님의 무량공덕을 생명으로 지닌 우리 또한 외계 사물이나 환경의 종속자가 될 수 없고 저 모든 것의 지배자적 위치에 있고 주인공의 위치에 있다.

우리는 환경조건에 맹종하는 존재가 아니고 우리의 생각, 우리의 말, 우리의 행동으로 창조의 법칙을 움직여 환경을 바꾸어 가고 새롭게 만들어 간다.

우리 생명의 근원, 법성진리인 반야바라밀다에는 우리를 향상시키고 환경을 평화롭게 번창시킬 모든 요소가 다 갖추어져 있다.

우리 생명진리에 깊이 간직된 부처님의 공덕은 우리의 진리생명으로서 자신이 순수하고 청정할 때 구체적 현상으로 나타난다.

마치 식물의 종자가 싹이 트고, 잎이 피고 성장하여 여무는 것처럼 구체적 형태를 갖추어 우리 앞에 나타난다.

우리는 반야바라밀다를 순수하게 믿고 어느 때나 서두르지 않으며 무슨 일에도 실망하지 않는다. 진리는 마침내 이루어진다는 확신을 가지고 감사하며 기다린다.

塵塵三昧

127

불행에서 벗어나는 길

• 　우리 몸은 육체로 이루어진 범부생명이라고 생각하기 쉽지만 실제로는 놀라운 능력을 생명 내부에 간직하고 있다.

　물질적 형상이나 생각으로는 짐작할 수 없는 위대한 힘을 우리는 지니고 있는 것이다. 인간을 단순한 단백질이나 아미노산의 일종이라고 보는 것은 그림자를 본 것뿐이다.

　우리 생명에는 위대한 지혜가 갖추어져 있다. 몸에 상처를 입었을 때 우리의 두뇌 지혜로는 알 수 없는 놀라운 회복력이 발동된다.

　이러한 완전상을 향한 수복력修復力은 육체적 · 생리적 방면에만 있는 것이 아니다. 우리 생활 전반에 걸쳐 완전을 향한 수복작용이 행해진다.

　우리가 실패했을 때 진리의 힘은 그 실패를 바로 잡고자 작용한다. 다만 우리가 그릇된 생각을 가지고 진리의 수복작용을 방해하지 않는 것이 중요하다. 부처님께 감사하고 진리의 위덕에 감사할 때 만사는 완전을 향하여 수복되어 간다.

•• 우리는 부처님의 무한공덕을 지니고 대자비 위신력 가운데에 있는 것을 잊어서는 안 된다. 우리의 두뇌로 생각하는 것보다 몇 만 배의 뛰어난 지혜가 우리에게 깃들어 있는 것이다.

우리는 이 지혜, 이 자비를 잊지 말아야 한다. 부처님이 주신 진리의 무한공덕을 결코 잊지 말자. 부처님을 염하고 무한위신력을 생각하고 대자대비를 생각하자. '나는 성공한다'는 확신을 갖자.

비록 겉으로는 장애가 있어 보여도 실지는 그렇지 않다. 대자비 위신력이 완전원만을 향하여 움직이고 있는 것이 진리의 참모습인 것이다.

••• 그러므로 만약 불행을 만나거나 피해를 입거나 사람들과 대립관계에 서게 되었을 때, 그것을 바르게 하는 길은 우리 자신의 생각을 바꾸고 마음을 바꾸는 것이다. 이것이 문제해결의 근본이다.

이제까지 타인이나 자신의 결점이나 불행이나 환경상의 불안전에 마음을 두고서 괴로워하고, 분노하고, 또는 어두운 마음으로 있던 것을 활짝 돌이켜야 한다.

자신과 타인의 장점이나 행복·우수성에 마음을 두고 어떠한 환경에서도 감사할 점을 발견하도록 힘쓴다면 좋은 일, 밝은 일은 어느덧 모여들어 환경이 바뀌게 된다.

　　만약 불행 앞에 속수무책 상태에서라도 속수무책이라는 생각을 갖고 있는 한은 그런 상태에서 벗어나지 못한다.

　　환경을 바꾸자면 무엇보다 먼저 마음을 바꿔야 한다. 우리를 둘러싼 일체 현상 앞에 있는 것이 마음의 상태이고, 운명의 방향타는 이 마음이 잡고 있다. 불행·고난·대립·불화에서 벗어나 평화·행복을 이루고자 한다면 무엇보다 먼저 마음을 바꿀 것을 굳게 명심하자.

　　사태가 어렵게 되었거든 무엇보다 온갖 생각을 버리고 마음을 바꾸어 부처님에게로 향하자. 완전한 지혜, 무한의 자비인 부처님에게로 마음을 돌이켜야 한다.

　　자기가 '무無'가 되도록 열심히 염불하여 부처님의 지혜 속에 뛰어들자.

　　거기에는 악도, 불행도 없다. 반드시 자신을 둘러싼 사건들에 해결의 길이 열리게 된다.

128

우리는 운명의 개척자

● 우리는 매일 여러 가지 문제를 만나게 된다. 그것은 아주 하찮은 작은 문제도 있고 중대한 문제도 있어 천차만별이다. 때로는 작은 문제가 중대한 문제로 바뀌어 가는 것도 있다.

이러한 여러 문제에 대하여 항상 밝은 생각을 가져 문제를 좋은 방향으로 전개시키든지, 혹은 그 반대로 어두운 생각을 가져 문제를 악화시키든지 하는 것은 전적으로 우리 자신의 선택에 달려 있다.

그래서 우리는 각자가 자기 운명의 주인공이라고 말할 수 있다. 그러므로 우리가 깊은 믿음에서 반드시 좋은 일이 온다고 생각하여 믿는다면 우리는 점차 밝은 일을 만나게 될 것이다.

●● 무엇보다 좋은 소망을 품고, 생각에서 그것을 확고하게 지녀야

한다. 그리고 그 소망은 자기 자신이 행복할 뿐만 아니라, 그 소망의 성취에 따라서 다른 사람들에게도 편의를 주고 복지에 도움을 주는 소망이어야 한다. 이런 소망은 반드시 성취된다는 신념을 함께 할 때, 그 소망은 성취된다.

무엇보다 성취된다는 신념이 중요하다. 그러므로 항상 '나의 소망은 바른 길을 따라서 지금 성취되고 있다'고 하는 신념을 가져야 한다. 실패할지도 모른다는 공포감이나 회의를 품어서는 안 된다.

실패할지 모른다는 생각을 가질 때, 소망은 완전성취의 길에서 삐끗 어긋나게 된다.

무엇보다 성취하겠다는 소망을 마음에 그리고 확신을 가지며 부처님을 생각해야 한다. 그것은 일심으로 염불하는 것이다.

당연히 부처님의 무한의 지혜와 위신력이 우리의 소망을 성취의 길로 인도하신다.

필요한 때 필요한 장소에서 적당한 지혜의 인도를 주시며 사태를 호전시킴으로써 우리의 소망은 확실하게 실현하게 된다.

●●●소망을 세워 염불하며 기도하는 사람은, 일체의 공포·근심·걱정·불안 등 어두운 감정을 반드시 버려야 한다. 진리이신 부처님이 가호하여 주심을 확신해야 한다.

자비하신 위덕으로 나를 인도하시고 소망을 실현할 모든 조건을 조정해 주신다는 것을 확신해야 한다.

　일심염불하며 하루에 몇 번이고 그렇게 생각하는 것이 좋다.

　설사 일시적으로 소망이 이루어지지 않는 듯 보여도 기뻐하자. 부처님의 자비와 지혜를 믿기 때문이다. 부처님의 지혜는 우리의 작은 소망을 큰 성취로 이루게 한다.

　다음에 유념할 것은 신념이 담긴 말을 하는 것이다. '나의 소망은 반드시 이루어진다', 또는 '나의 사업은 크게 성취된다', 또는 '부처님의 가호를 받는 나에게는 결코 불경기는 없다'는 등 확고한 신념이 담긴 말을 사용해야 한다.

　이 확신과 말은 함께 통하며 확신에 따라 말과 같이 일은 이루어진다.

　그리고 반드시 알아둘 것은 자비하신 부처님은 개성 있는 우리의 인격을 통해 자비를 실현하신다는 사실이다. 부처님의 자비를 실현하는 데, 우리가 소중한 존재임을 굳게 믿자.

129
등불을 밝히는 마음

● 　불자佛子의 5월!

연초록의 물결이 온 천지를 장엄하고 있다. 들에 나가도 산을 올라도 온통 연한 초록빛이 감미로운 햇살과 함께 눈부시다. 앙상하던 나뭇가지, 얼어붙었던 들녘 어디에서 저토록 싱그러운 잎새가 돋아났을까!

　지금쯤 룸비니 동산도 새로운 옷을 입었을 것이다. 마야당 앞에 서 있는 무우수無憂樹에도 새 잎이 났을 것이고, 아기 부처님을 목욕시키기 위해서 솟아올랐던 그 물은 더욱 맑게 출렁일 것이다.

　'부처님오신날'이 있는 5월은, 불자들에게 무상無常이란 법칙이 이렇게도 진한 감동으로 다가오는 계절이다. 그러나 거기에는 어둠의 또 한 그림자인 무상이 발붙이지 못한다. 그래서 우리는 '부처님

오신날'을 맞이하면서 먼저 연등을 만들고 연등공양을 권선하며, 등불을 부처님 전에 올린다. 형제와 이웃과 함께 우리 주변을 감싸고 있는 일체의 어둠을 밝히겠다는 불자들의 서원이 이렇게 등불공양으로 나타나는 것이다.

●● 등불을 밝히는 마음.

『불본행집경』에서는 부처님 오실 때의 모습을 이렇게 설하고 있다.

"보살이 처음 탄생했을 때, 이 대지가 열여덟 가지 상을 갖추어 여섯 가지로 진동하여 일체 중생들이 전부 쾌락을 받았다. 그때는 한 중생도 욕심을 냄이 없었고 또한 성내고 어리석음도 없었으며, 교만함도 없고 두려워함도 없었다.

한 중생도 악업을 지음이 없었고 일체의 병자는 다 나았으며, 주린 이는 먹을 것을 얻고 목마른 이는 마실 것을 얻어 배부르고 모자람이 없었다.

혼미하게 취한 중생은 다 깨어났으며 미친 사람은 정상함을 얻었다. 눈먼 사람은 보게 되고 귀먹은 사람은 듣게 되고 불구자는 전부가 구족함을 얻었다. 가난한 사람은 재물을 얻었으며 감옥에 매인 사람도 다 해탈을 얻었다. 지옥 중생은 다 쉼을 얻고 축생들도 모든 공포를 제했으며, 아귀 중생은 다 충족함을 얻었다.

보살이 처음 오른쪽 옆구리로 탄생할 때에 이러한 한량없고 끝없는 희귀한 일과 일찍이 없었던 법이 있었다."

우리는 이 법문에서 부처님의 탄신이 결코 한 자연인의 탄생이 아니라, 깊은 진리의 눈으로 볼 때 거기에는 우주를 감싸고 일체 중생을 키우며 온 세계를 성숙시키는 대진리의 뜨거운 원력이 담겨 있음을 알게 된다.

즉 부처님이 탄생하신 사실이 큰 은혜를 주신 것이고, 큰 법문을 열어 주신 것을 알게 되는 것이다.

●●● 우리를 둘러싸고 있는 환경인 개인적인 신체사항에서부터 사회적인 조건, 자연적인 환경과 우리가 가지가지로 한정하고 제약하고 내지는 고난과 부자유로써 둘러싸고 있는 우리의 생활조건들, 그리고 그것으로 인하여 희망을 펴지 못하고 즐거움을 누리지 못하고 참된 뜻을 펴지 못하고 불행을 의식하며 불안 속에 떨고 있는 중생들에게 무한한 축복과 희망을 주시는 것이다.

우리가 이웃과 함께 부처님 전에 등불을 밝힌다는 것은 우리에게 그와 같은 장애가 있다고 하는 미혹의 어둠을 깨뜨리고, 인간이 지니는 생명의 진실한 내부에는 그 모두를 초월하고 그 모두에 걸림 없이 모두를 이기는 무한한 지혜와 용기와 권능이 주어져 있음을 확인하고 내어 쓰는 것이다.

자정自淨의 정신

● 　새로운 불교운동.

불교를 크게 나누어 남방불교와 북방불교로 구분할 수 있지만 흔히
북방불교를 대승불교라고 한다. 인도불교사를 더듬어 볼 때 대승불
교운동이 일어난 것은 부처님께서 열반하신 후 대략 300여 년 가량
이 지난 뒤였다.

　　왜 이렇게 대승불교가 새롭게 일어나지 않으면 안 되었는가 하
는 점에 관해서는 여러 가지 이론이 있을 수 있다. 그러나 대체로 그
기원을 '부처님의 근본정신으로 돌아가자는 신앙운동'이라고 보는
견해가 지배적이다. 즉 부파불교의 비구들이 사원에 틀어박혀 자기
일신만의 해탈을 바라는 소극적인 수행만 했기 때문에 이러한 그릇
된 불교를 일체 중생을 구제한다는 본래의 불교사상으로 회귀시키

고자 하는 운동으로 대승불교는 일어난 것이었다.

이렇게 시대의 흐름에 따라서 생기는 불교 내부의 잘못을 혁신하고자 하는 사상운동은 비단 인도뿐만 아니라 불교가 전파되는 모든 나라에서 일어나게 되고, 이러한 사상운동에 의해서 불교교단은 그때마다 새롭게 태어났다.

우리나라에 불교가 전래된 이후에도 삼국시대, 통일신라시대, 고려시대, 조선시대를 포함해 나름대로 불교의 새로운 사상운동은 그때마다 일어났는데, 근현대에 들어와서는 일제강점기의 왜곡된 불교를 반성하고 정통성을 회복하기 위해 수행불교, 정법불교를 주창하며 일어난 정화淨化운동이 있었다.

•• 불교신앙의 확립.

그러나 지금도 한국불교의 주변에는 새롭게 시작하지 않으면 안될 너무나 많은 요소들이 여전히 산적해 있다. 그 중에 하나가 우리의 신앙생활에 대한 자정自淨 정신의 결여이다.

불자들의 신앙이 부처님의 정법에 의지하는 것이 아니라, 신비주의에 입각한 개인의 요행 일변도로 흐르고 있는 것이다. 거기에는 '상구보리 하화중생上求菩提 下化衆生'이라는 대승보살도의 정신을 찾아보기 힘들다.

긴 인류의 역사를 돌이켜 볼 때, 개인은 개인대로 단체는 단체대

로 스스로를 맑히는 정신이 있을 때 발전이 있었고, 그것이 없을 때
는 부패하고 마침내 역사에서 사라졌다. 불자라면 모름지기 정법으
로 스스로를 맑히는 정신이 있어야 할 것이다.

●●● 기도는 자정自淨의 실현.

불교에 있어서의 기도祈禱란 일반적으로 불보살님의 도움을 힘
입어 재앙을 덜고 복을 더할 것을 기원하는 종교심으로 인식되고 있
다. 그렇지만 이러한 일반적인 관념과는 달리 불교는 원래가 자기를
맑히는 것을 말한다.

칠불통계게七佛通戒偈라는 부처님의 말씀이 있다.

"온갖 나쁜 짓을 하지 않고, 일체의 착한 일을 받들어 행하여, 스
스로 그 마음을 청정히 하는 것이, 바로 모든 부처님의 가르침이다(諸
惡莫作 衆善奉行 自淨其意 是諸佛敎)"는 불교의 근본을 밝히는 내용이다.

그런데도 불구하고 이렇게 일반적으로 기도라는 말이 가지는 보
편적인 의미와 불교의 근본 가르침 사이에 괴리가 있기 때문에 일부
식자識者들 간에는 기도를 부정적인 시각으로 보는 사람도 있다.

그러나 기도에 대한 이런 부정적인 시각은 불교에서 말하는 수
행으로서의 기도에 대한 인식의 부족이라고 할 수 있다.

왜냐하면 불교에 있어서의 기도란 자기를 맑혀 그 청정심을 행
하는 것이기 때문이다. 청정심이란 완전 무결한 궁극적인 법이다. 그

것은 곧 생명과 존재의 실상이다.

그러므로 거기에는 불행도 없고 괴로움도 없으며 일체 재난이란 말조차 없다.

청정을 회복하면 생명력을 속박하고 억압하는 병도 사라지며, 자기 능력을 속박해서 가난했던 빈궁도 사라진다.

때문에 사실상 불교의 기도에는 기원祈願이 발붙일 자리가 없다. 오직 일심으로 하는 염불과 염송, 그리고 무한한 은덕으로 감싸 주시며 바른 법으로 성숙시켜 주시는 부처님을 향한 감사가 있을 뿐이다.

다시 말하면 불보살님께 구하여 얻겠다는 기도가 아니라, 자신의 마음을 청정하고 원만구족한 불보살님의 마음으로 회복하는 것이 기도라는 것이다.

131
장애를 두려워 말라
우리가 성장한다

● 　새해가 열리고 다시 두 번째 호법정진일을 맞이한다. 우리 바라밀다 행자는 인생의 목표가 확고하며 반야바라밀다의 위대한 공덕을 실현할 사명에 불타고 있다.

　그런데도 오늘 나의 사명이 구체적으로 무슨 일부터 손댈 것인가? 망설이는 자신을 볼 때가 있다. 정작 반야바라밀다의 믿음은 견고하면서도 그 사명의 실현을 어디서부터 손댈 것인가를 몰라 주저하고 망설이고 있는 것이다.

　아무쪼록 반야바라밀다 행자는 오늘의 자기 실현의 구체적 내용에 확신을 가져야 한다. 그것은 지금 자신이 처해 있는 시점에서 자신의 눈앞에 전개되고 있는 일에 도전하고 그것을 해결하는 것이 구체적 사명임을 굳게 믿어야 한다.

인생의 한 생애를 통해서 수행할 사명은 사람마다 분명히 주어져 있는 것이지만, 이것은 어디까지나 올라갈 산봉우리를 바라보는 것과 같다. 오직 그 산봉우리까지 올라가는 한 걸음 한 걸음을 건실하게 걸어갈 때만 앞에 놓인 최고봉을 정복할 수 있다.

이처럼 바라밀다 행자의 사명에 도달하는 데는 지금 있는 위치, 지금의 시점에 서서 만사에 전심전력을 다하는 것이 원대한 목적달성을 향한 오늘의 우리 사명인 것이다.

수행일과修行日課 실천, 주어진 직무의 적극적 처리, 사명 달성을 향한 확고한 신념이 오늘 하루에서 실현되어 가는 것을 알자.

•• 우리의 희망을 실현해 가는 데 있어 크든 작든 장애를 만나는 때가 있다. 이럴 때 장애를 극복하기 어려운 것이라고 생각해서는 안 된다.

불성공덕이 원만한 바라밀다 행자에게 있어 극복하기 어려운 장애란 실로 존재하지 않는다. 반야바라밀다의 원만공덕 일체성취를 장애하는 요소란 실제로는 없는 것이기 때문이다. 성취만법 무애위덕이 반야바라밀다 불자의 진실 존재가 아닌가 말이다.

다만 장애를 만났을 때 그것을 넘어서자면 보다 노력이 필요하고 그 노력을 통하여 우리의 정신은 연마되고 계획은 실현되어간다.

이 점을 자세히 살펴보면 고난이나 장애, 그 속에는 우리의 희망을 성취하고 정신을 연마하고 진보시킬 힘이 있는 것을 알 수 있으니, 결코 장애를 두려워할 것이 아니요, 극복하지 못할 고난이 아닌 것을 알아야 한다.

●●● 우리 바라밀다 행자는 친지나 벗들이 병고나 그 밖의 고난에 빠져 있는 것을 보면 기도하고 돕는 것이 수행요목의 하나다. 이런 때 우리는 그 사람을 심방하거나 모임에 초대하여 기도하고 돕게 된다.

이러할 때 우리의 마음자세가 중요하다. 일심으로 독경하고 반야바라밀다를 염송하기에 앞서 부처님의 무애위신력이 그 사람을 감싸고 온 환경에 충만하고 있는 것을 생각하고 관하자. 그리고서 일심으로 독경 또는 염송을 해야 한다.

마음에서 관하고 신념으로 확인하며 반야바라밀다에 뒷받침되었을 때 만사는 그 방향으로 움직여 간다.

그리고 그 사람에게 '당신은 부처님과 함께 있다. 반야바라밀다 생명이다. 만사는 원만히 성취된다'고 신념 있는 말로 그 사람을 돕는 것이 좋다.

눈송이가 딴곳으로 떨어지지 않는구나

132

재가불자의 길

● 불교를 믿는 사람은 삼보三寶, 즉 부처님과 부처님의 가르침과 승가를 믿는 것이다. 그러므로 불교를 믿는 사람은 부처님과 그 가르침과 승가에 대하여 굳은 믿음을 가져야 하고, 특히 가르침에서 말씀하고 있는 계율을 지키지 않으면 안 된다.

재가불자在家佛子로서의 '계戒'란 가장 근본 되는 계가 오계五戒이니, 즉 산 목숨을 죽이지 아니하고, 남의 물건을 훔치지 않으며, 삿된 애욕에 빠지지 않고, 거짓을 말하지 않으며, 술을 마시지 않는 것이다.

재가불자는 '삼보에 대한 믿음'과 재가자의 '계'를 지킴과 동시에 다른 사람들에게도 '믿음'과 '계'를 갖도록 노력해야 한다. 친지와 이웃과 벗, 그 밖의 사람들에게도 불교의 믿음과 계를 갖도록 힘껏 도와야 그들도 또한 부처님의 자비를 받을 수 있게 된다.

삼보에 대한 믿음을 갖고 재가자의 계를 지키는 것은 깨달음을 얻기 위한 일이므로 재가자는 비록 세간의 애욕의 생활 속에 살더라도 애착에 결박되지 않도록 자신을 잘 단속하고 절제해야 한다.

•• 부처님의 가르침을 듣고 믿음이 두터워 물러서지 않고 앞으로 나아가면 기쁨이 솟아오른다. 이 경지에 이르면 모든 일에서 빛을 보게 되고 기쁨을 발견한다.

그 마음은 맑고 부드러우며, 매사에 잘 참아 견디고 다투지 아니하고, 사람들에게 기쁨을 주고 삼보를 찬탄하는 마음이 쉬지 않아 기쁨은 점점 크게 솟아오르고 곳곳에서 빛을 발견하게 된다.

믿음이 견고함으로써 부처님과 일체가 되고, '아我'의 집착에서 벗어나므로 탐착을 여의고 생활에 두려움이 없으며 남이 비난하는 것을 싫어하거나 미워하지 않는다.

그리고 자신이 이미 부처님 나라에 태어날 것을 믿고 있으므로 죽음도 두려워하지 않는다. 가르침의 진실과 거룩함을 믿고 있으므로 사람들 앞에서도 조금도 두려움 없이 자신이 믿는 바를 말한다.

또한 자비를 마음의 근본으로 삼고 있으므로 모든 사람에 대하여 차별이 없고 어느 때나 마음이 밝고 맑으므로 항상 일체 선을 닦는다.

나아가 환경이 순조로울 때나 역경일 때에도 신앙을 증장시키고 가르침을 공경하고 자신에 대한 부끄러움을 알며, 말한 대로 행하고 행한 대로 말하여 말과 행이 일치하고, 밝은 지혜로써 사물을 보며, 마음은 산과 같이 움직이지 않고 더욱 깨달음의 길로 나아가고자 정진한다.

●●●어떤 일을 당하더라도 불심佛心으로써 사람들을 인도하고, 거친 세상에서도 모든 사람들과 사귀어 그 사람들이 선善으로 나아가도록 힘써 돕는다.

그러자면 먼저 스스로 가르침을 배워야 한다. 불 속에 뛰어들어서라도 가르침을 배울 각오가 있어야 한다. 거기서 참된 구제와 구원을 받는다.

이와 같이 하여 스스로 가르침을 얻고 널리 베풀며 이웃을 공경하고 섬겨 깊은 자비심으로 타인을 대한다.

이기적이거나 방종한 언행은 결코 진리를 행하는 사람의 태도가 아니므로 가까이 하지 않는다.

133
이 몸이 소중한 까닭

● 　부처님의 가르침을 배우는 사람〔學佛者〕은 마땅히 부처님 가르침의 말씀을 듣고 깊이 믿으며 남을 부러워하지 않고 남의 말에 흔들리지 않으며, 오직 스스로가 행하고 있는 일을 면밀히 돌이켜 보는 것이 중요하다.

남이 하는 것을 표준삼지 말고 자신의 마음을 돌이켜 부처님 가르침을 힘써 닦도록 해야 한다.

부처님 가르침〔眞理〕을 믿지 않는 사람은 어느 때나 자기 일만을 생각하기에 마음이 좁고 초조하며 불안하다.

그러나 부처님을 믿는 사람은 자신의 배후에 있는 부처님의 힘, 크신 자비를 믿으므로 마음은 크고 넓어서 결코 초조해하거나 불안해하지 않는다.

•• 부처님 가르침을 닦는 사람은 '이 몸은 무상無常한 것으로 보고, 괴로움이 모여드는 근원'이라고 보며, 또 '악한 일이 흘러나오는 뿌리'라고 보고 그 몸에 집착하지 않는다.

그러나 몸을 소중하게 보존하는 것을 게을리 하지도 않는다. 몸의 감각적인 쾌락을 즐기고 탐착하기 위해서가 아니라, 오직 몸으로 법을 배워 얻고 그 법을 이웃에게 전하기 위해서다.

만약 평소에 이 몸을 다듬지 않으면 목숨을 온전히 하기 어렵고, 목숨이 온전하지 못하면 거룩한 가르침을 받아서 몸으로 행할 수도 없고 또한 널리 전할 수도 없다.

마치 물을 건너고자 하는 사람은 뗏목을 잘 간수하며, 말 타고 여행하는 사람은 말을 잘 돌보는 것처럼, 부처님의 가르침을 배우는 사람은 그 몸을 소중히 지켜야 한다.

또한 부처님을 믿는 사람은 의복을 입어도 헛된 치례에 마음두지 않으며 다만 수치스러운 곳을 가리고 추위와 더위를 막는 데 먼저 마음을 두어야 한다.

음식을 먹을 때도 식욕에 사로잡히지 않고, 몸을 길러서 진리의 가르침을 배우고, 또한 배운 것을 남을 위해 전할 것을 생각한다.

집에 머물 때도 향락을 생각하거나 허영을 채우는 것이어서는 안 된다. 마땅히 진리의 집에 머물러 번뇌의 도적을 막고 그릇된 가르침의 풍우風雨를 피하기 위한 것임을 생각해야 한다.

재가불자는 이와 같이 모든 일에 자신의 일신만을 생각하거나 위하지 않고, 언제나 타인에게 교만한 마음을 두지 않으며, 오직 깨달음을 위하고 진리의 가르침을 위해 남에게 도움 줄 일을 생각한다.

●●● 재가불자는 어느 때나 부모를 섬기고 가족과 이웃을 섬기며 부처님을 섬길 마음이어야 한다.

타인에게 보시할 때는 마음을 비우고 탐심을 없앨 것을 생각하며, 사람들의 모임에 있을 때는 부처님 모임에 들 것을 생각하고, 어려움을 만났을 때는 무엇에도 동요하지 않는 굳건한 마음을 얻고자 정진해야 한다.

부처님께 귀의하고는 모든 사람들과 함께 대도大道를 얻기 바라고, 법에 귀의하고는 대중과 더불어 깊은 가르침의 바다에 들어가 큰 지혜를 얻기 원하며, 승가에 귀의하고는 대중들과 더불어 많은 사람들을 인도하여 온갖 장애를 없앨 것을 원해야 한다.

134

깨달음의 세계에 눈뜨자

● 　부처님의 가르침을 믿는 사람은 모든 현상의 참된 모습, 본래 있는 그대로의 모습을 안다. 즉, 모든 현상은 공空한 것이고, 대립갈등도 공한 것이며, 모든 존재 또한 공한 것이라는 근본 가르침을 알고 있다.

　그래서 세간에 있는 모든 일이나 인간 사회에 일어나는 온갖 일을 가벼이 보지 아니하고 있는 그대로 받아들여 그것을 그대로 깨달음의 길에 상응하도록 한다.

　그리고 '인간의 세계에 관한 일들은 미혹된 것이라 가치가 없고 깨달음의 세계에 관한 일은 귀하다'고 하는 분별하는 마음이 없이, 세간의 모든 일 가운데서 깨달음의 도를 배우고 이루어가도록 한다.

　무명無明에 덮인 눈으로 보면 세간은 가치가 없고 잘못된 것으로 보일 것이다. 그러나 밝은 지혜의 눈으로 내다 볼 때 있는 그대로가 깨달음의 세계인 것이다.

모든 사물을 '가치가 있는 것'과 '가치가 없는 것'으로 나누지도 않고, '좋은 것'과 '나쁜 것'으로 나누지도 않는다. 둘로 나눔은 미혹한 사람들의 분별심에서 오는 것, 분별심을 여읜 지혜의 눈으로 비춰 볼 때, 모든 현상은 모두 존귀한 가치를 지닌 것임을 알 수 있다.

•• 이와 같이 부처님의 가르침을 믿는 사람은 부처님을 믿고, 그 믿는 마음으로 세간의 모든 일을 귀하게 대하고, 귀하게 살아간다. 그 귀한 마음으로 더욱 마음을 낮추고 몸을 낮추어 모든 사람들을 받들어 섬긴다.

그러므로 불교를 믿는 사람은 교만한 마음이 없다. 자신을 낮추는 마음, 다른 사람을 섬기는 마음, 대지처럼 모든 것을 이고 받드는 마음, 모든 이를 섬기면서 싫어하지 않는 마음, 온갖 괴로움을 참아받는 마음, 게으름이 없는 마음, 모든 가난한 사람들에게 선근을 베푸는 마음, 이러한 마음으로 살아간다.

••• 그러므로 불교를 믿는 사람에 대하여 설사 많은 사람들이 원한을 품고 적대시하여 해롭게 하고자 하여도 그것은 될 수 없다. 마치 탁한 물로 큰바다의 물을 더럽힐 수 없는 거와 같다.

是甚麽

135

불성佛性과 무아無我

• 　부처님께서는 모든 사람들이 원래부터 부처님의 지혜와 덕성을 갖추고 있는 것을 사무쳐 보시고 찬탄하셨다.

　그러나 실제로는 많은 사람들이 어리석음에 덮여 사물의 참된 도리를 보지 못하고 불성을 보지 못한 채 마냥 살고 있다.

　그러므로 부처님은 모든 사람들을 가르쳐 망상에서 떠나게 하고 본래 부처님과 다름이 없는 것을 알려 주신다.

　부처님은 이미 이루신 부처님이고, 우리는 장차 이룰 부처님으로서 근본지혜에 있어서는 조금도 다름이 없다.

　그러나 우리는 장차 이룰 부처님이기는 하지만 지금 부처님이 된 것은 아니므로 도를 모두 이룬 것으로 생각한다면 큰 허물을 짓는 것이 된다.

비록 모든 사람들이 불성을 갖추고 있지만 닦지 아니하면 나타나지 아니하고, 나타나지 않으면 도를 이룬 것이 아니다.

•• '옛날에 한 왕이 있었다. 맹인들을 모아 놓고 코끼리를 만져보게 한 다음, 코끼리에 대해 물어보았다.

코끼리의 어금니를 만진 사람, 혹은 귀를 만진 사람, 등을 만진 사람, 다리를 만진 사람, 배를 만진 사람 등등. 그들은 제각각 다른 말을 했다. 아무도 코끼리를 제대로 안 사람은 없었다.

사람을 보는 것도 이와 같아서 어떤 사람의 한 부분을 만질 수는 있어도 그의 본성인 불성을 알기는 쉬운 일이 아니다.

죽음을 만나서도 없어지지 않고 번뇌 속에서도 때묻지 않는, 영원히 멸함이 없는 불성을 보는 것은 부처님과 법에 의하지 않고는 이룰 수 없는 일이다.' (삼혜경)

••• 이처럼 불성이 있다 하여도 '아我'가 있다고 생각하는 것은 잘못이다. '아'는 부정되어야 할 집착이고, 불성은 열어서 드러내지 않으면 안 될 지극한 보물이다.

'아'가 있다고 생각하는 것은 없는 것을 있다고 하는 잘못된 생각이고, 불성을 부정하는 것도 있는 것을 없다고 생각하는 잘못된 견해다.

젖먹이 아기가 병이 나서 의사에게 가니 의사는 약을 주면서 약이 소화될 때까지는 젖을 주지 말라고 했다. 어머니는 젖에 쓴 물을 발라 아기가 젖을 먹지 못하게 했다가 약이 소화된 뒤에 쓴 물을 씻고 아기에게 젖을 먹였다.

이처럼 세간 사람들의 잘못된 생각을 버리게 하고 '아'의 집착을 버리게 하기 위해 '아'는 없다고 말하지만, 잘못된 견해를 버린 다음에는 '불성'이 있다고 말하는 것이다.

'아'는 미혹을 부르고 '불성'은 깨달음에 들게 하는 것이다.

집안에 황금 보배가 가득한 상자를 두고도 그 사실을 모르기 때문에 가난한 생활을 하는 여인이 있었다.

그 집에 보배상자가 있는 것을 아는 지혜 있는 사람이 가난한 여인을 불쌍히 보아 보배상자가 있는 곳을 가르쳐 주어 풍요를 누리게 하는 것처럼, 부처님은 사람들의 불성을 열어서 저들에게 보게 하는 것이다.

136

정법正法을 배우자

● 　이 세간에는 인정은 엷고 화목하고 친애할 줄 모르며 하찮은 일로 성내고 다투며 나쁜 행과 괴로움 속에서 제각각의 일로 하루 하루를 보내는 사람들이 있다.

　사실 알고 보면 신분이 높든 낮든, 재산이 많든 적든, 모두들 괴로워한다. 재물이 없으면 없어서 괴롭고, 있으면 있어서 괴로움에 빠져 헤어날 길이 없고 편안할 날이 없다. 한결같이 욕심의 부림을 받아 고해에서 허우적거리는 것이다.

　밭이 있으면 밭 걱정하고, 집이 있으면 집 걱정하며, 자신이 가진 것을 집착하여 근심을 더하며, 혹은 천재天災를 만나고 또는 인재人災를 만나 빼앗기거나 불이 나서 태우거나 없애버리게 되면 아파하고 괴로워하여 마침내는 목숨마저 잃게 되나, 그 죽음의 길에는 홀로 갈 뿐 아무도 따라가는 자가 없다.

가난한 사람은 부족한 것 때문에 항상 초조하고 괴로워하며, 그 부족한 것을 갖고 싶어서 밤낮으로 노심초사한다. 집을 갖고 싶어하고 논밭을 갖고 싶어하고 남이 가진 것을 보면 어느 것 하나 무던히 넘기는 것이 없다.

그 갖고 싶어하는 생각에 밤낮으로 시달려 몸도 마음도 피곤하고 지쳐 병이 되어 마침내 수명을 온전히 누리지 못하고 그만 죽는 때도 있으나, 그 죽음의 길에는 다만 혼자서 쓸쓸하게 갈 수밖에 없다.

●● 사람들은 서로 존경하고 사랑하며 베풀면서 지내야 하는데도 작은 이해 때문에 미워하고 다툰다. 뿐만 아니라 다투는 마음이 굳어져 풀리지 않아 후세에 가서는 더욱 큰 원결이 되는 것을 알지 못한다.

이 세간에서의 사소한 다툼은 서로 해치는 경우는 있어도 파멸에 이르지는 않지만, 독한 마음을 품고 분노를 쌓으며 마음에 성낸 생각을 새기면 생사를 거듭하는 동안에 서로 원수가 되고 되갚음을 하게 된다.

사람은 애착과 집착으로 인하여 이 세간에 홀로 태어나며 홀로 죽는다. 사람은 결국 혼자 왔다가 혼자 간다. 미래의 과보는 아무도 대신 받아주는 자가 없고 자기 자신이 모두 받아야 한다. 그리고 착한 일과 악한 일은 그 과보가 다르다. 선에는 행복이, 악에는 불행의 결과가 온다는 것은 엄숙한 인과법칙의 도리로서 정해져 있다. 제각기 스스로가 지은 업을 짊어지고 정해진 과보대로 가야 하는 것이다.

●●● 그러므로 사람들은 건강할 때에 도를 구하여 인생의 진실을 발견해야 한다. 영원한 진리의 길을 멀리 하고 다시 무엇을 믿고 무엇을 즐거워하랴. 그런데도 사람들은 선을 행하면 복을 얻고, 도를 행하면 덕을 얻는 것을 믿지 않으며, 다시 사후에 생이 있다는 것을 모르며, 베풀면 행복을 얻는 것을 모르고, 선악이 짓는 인과의 도리를 도무지 믿지 않는다.

마음이 어두워, 길흉화복이 생기는 원인은 모른 채, 다만 일어난 결과에 괴로워한다. 모든 것은 항상된 것이 없어 만사는 바뀌고 변하므로 괴로운 일도 예외 없이 자주 나타난다.

그런데도 괴로워할 줄만 알고 정법을 배움이 없으며, 미래에 대한 생각이 없이 다만 눈앞의 욕심에만 사로잡혀 물질을 탐닉한다.

137
불법佛法 만난 다행

●　범부들은 애정에 이끌려 온갖 근심 걱정에 결박되어 긴 세월이 지나도록 풀지 못한다. 거기에 다시 심한 탐욕에 빠지게 되니 나쁜 생각에 휘말려 일을 저지르고 사람들과 다투며 참된 도를 가까이 할 줄 모른다. 그래서 목숨이 다할 때까지 온갖 고통을 겪게 된다.

이런 사람들이 하는 짓이란 진리에 거슬리고 어김으로 여러 재난을 자초하여 이 세간에서도 괴롭고 후세에서도 편안함이 없는 삶을 거듭하게 된다.

참으로 세간의 모든 형상은 분주하게 변하고 쉼 없이 바뀌어 간다. 믿을 것이 못 되고 의지가 될 곳이란 그 어디에도 없다.

그런 허망한 삶 속에 있으면서도 사람들은 애욕에 탐착하고 있으니 안타깝고 한심스럽기 그지없는 일이다.

•• 이 세간에는 다섯 가지 큰 악惡이 있다.

첫째는 중생들이 서로 싸우고, 서로 해치는 것이다. 둘째는 부자 · 형제 · 부부 · 친족들이 바른 도리를 지키지 않고 마음과 말이 같지 않아 진실이 없는 것이다. 셋째는 삿된 마음을 품고 사람과 사람 사이에 질서 있는 바른 관계를 지키지 않는 것이다. 넷째는 선善을 생각하지 않고 서로 공경할 줄 모르며 다른 사람을 경멸하는 것이다. 다섯째는 게으르고 은의恩義를 모르며 탐욕을 부려 타인에게 피해를 주는 것이다.

••• 세간 범부들은 괴로움 속에 태어나 살며 온갖 악한 일을 즐겨 하면서도 선한 일을 할 줄 모른다. 그래서 다시 또 괴로움을 받게 된다.

법문을 듣고도 믿지 않으므로 스스로 반성하지 않고 자기만을 생각하고 남에게 베풀 줄을 모른다.

욕심과 번뇌에 시달려 괴로워하고 다시 그 결과에 괴로워한다. 이는 참으로 비참한 노릇이다.

그러므로 사람들은 깊이 생각하여 나쁜 일을 멀리하고 힘써 착한 일을 행하지 않으면 안 된다. 영화로운 봄은 오래가지 않는다. 마침내 뿔뿔이 헤어져야 한다. 이 세간에서 오래가는 즐거움이란 무엇이 있을까?

다행히 지금 부처님 법을 만났으니, 오직 부처님 법을 믿고 부처님 국토에 태어날 것을 발원하지 않으면 안 된다. 결코 자기를 욕심에 내맡겨 거룩한 가르침을 어기는 사람이 되어서는 안 된다.

사람들은 머나먼 옛적부터 미혹의 세계를 돌고 도는 동안 근심과 괴로움에 빠진 일은 차마 말로 다할 수 없다. 더욱이 오늘에 이르러서도 아직 미혹을 다하지 못했다.

그런데 이제 불법을 만나 부처님의 거룩한 명호名號를 듣고 믿게 되었다는 것은 이 얼마나 다행이며 유쾌한 일이랴.

사람들은 누구나 미혹의 생을 받아 늙고 병드는 고통 받는 일을 멀리 여의어야 한다. 이 세간에서 탐착할 것이란 아무것도 없다.

마땅히 마음을 가다듬고 몸을 바르게 하여 선을 행하고 악을 멀리하여 마음의 거침과 어지러움을 없애야 하며, 말과 행이 진실하며 겉과 안이 서로 응하여 스스로를 구하고 다시 다른 사람들을 구하도록 힘써야 한다. 오직 힘써야 한다.

이 땅의 반야바라밀다 결사운동, 다시 불 지피소서

오늘은 불기 2550년 2월 27일,

큰스님께서 적멸을 보이신 지 어언 일곱 돌을 맞이하는 날입니다.

큰스님의 한량없는 자비섭화의 크신 은덕으로 불연 맺은 저희 불자들은 아침 일찍 이곳 보현도량 도피안사 대웅전, 큰스님의 진영 앞에 모여 경건히 머리 숙인 채, 큰스님을 그리워하고 있습니다.

돌이켜 생각해 보면 큰스님께서는 모진 병고 속에서도 이 시대의 지중한 불사를 짊어지고 평생을 지내셨습니다. 그 얼마나 힘들고 괴로우셨습니까? 순간순간 몰아치는 혹독한 병고를 감내하시며 대비의 다함없는 마음으로 저희들을 인도하시느라 그 얼마나 뜨거운

속 눈물을 흘리셨습니까? 대비구세 보살의 병을 몸과 마음에 고스란히 안고 온갖 고통을 묵묵히 감내하신 큰스님, 우리 큰스님.

그런데 큰스님은 마냥 미소이셨습니다. 찾아가 뵈올 때마다 위의威儀 반듯이 정좌하시고, 상처받은 가슴을 어루만지시는 환한 미소로 저희들을 맞아주셨습니다.

'어찌 저럴 수가 있을까?'

뼛속을 후벼 파는 고통과 일체 중생의 아픔을 짊어진 고뇌 가운데서 큰스님은 무섭거나 힘들지도 않으셨습니까? 숨 막히지도 않으셨습니까?

이제야 알 것 같습니다.

저희가 병들어 보니,

병들어 아파 방바닥을 뒹굴며 죽음의 공포 앞에 서 보니,

큰스님께서 내보이신 병이 이르지 못하는 곳의 참 도리를

이제야 겨우 조금 알 것 같습니다.

이제야 알 것 같습니다.

저희가 혼돈 속에 빠지고 보니,

저희가 여지없이 무너져 보니,

큰스님의 크나큰 진리의 힘, 강물 같이 도도한 신앙의 힘,
이제야 겨우 조금 알 것 같습니다.

큰스님의 그 장엄하신 법력, 지금에야 조금 알 것 같습니다.
생사해탈이 허구가 아니라 실재이며
생사의 고통 가운데 뛰어들어야,
생사해탈이 연꽃 같은 미소로 피어난다는 놀라운 진실!
이제야 겨우 조금 알 것 같습니다.

'아, 이런 분. 이 세상에 몇 분이나 될까?
세상 사람들 속에 있으면서 물들지 않고,
고통 가운데 있으면서 두려워하지 않고,
깨달음 가운데 있으면서 내세우지 않고,
잡지와 책으로
시와 노래로
언어와 눈빛으로
피땀과 열정으로
불멸을 증거하신 분,
이 세상에 과연 몇 분이나 될까?'

큰스님, 법주 큰스님.

도솔산 도피안사 향적당 뒤뜰에 꽃들이 피어날 채비를 서두르고 있습니다.

맑은 꽃들이 새록새록 피어날 준비를 서두르고 있습니다.

큰스님 몸소 거니시던 그 길 언덕에는,

맑은 꽃들이 가득 피어오를 봄날을 예비하고 있습니다.

봄이 가까이 와 있습니다.

이제 큰스님 오실 때가 가까웠나 봅니다.

실로 간 적이 없으셔도 어찌 하겠습니까.

큰스님 어서 오시지요.

맑은 꽃의 미소로 다시 오시지요.

여기 기다리는 사람들 많습니다.

아니, 저희들 이렇게 무릎 꿇고 기다리고 있습니다.

아아, 보현도량의 법주 큰스님.

어서 오시지요.

'마하반야바라밀다'

이렇게 외치면서 그 진영 박차고 나오시지요.

'마하반야바라밀다'

이렇게 준엄하게 깨우쳐 주십시오.

아직도 대립과 혼란이 요동치는 조국 강산에,

다시 한 번 법의 당간을 튼튼하게 세워 주십시오.

방황하는 이 땅의 동포들 앞에,

다시 한 번 법등(法燈) 드높이 걸어 주십시오.

순수불교의 깃발 하늘 높이 걸어 주십시오.

도솔산 개산조 큰스님.

지금 바로 때가 되지 않았습니까.

오실 때가 되지 않았습니까.

만인의 가슴속으로 다시 오실 때가 되지 않았습니까.

큰스님의 미소, 큰스님의 음성, 큰스님의 모습.

그 모두가 그립습니다. 너무나 그립습니다.

큰스님, 개산조 큰스님.

도피안사의 신선한 아침 언덕에 피어오를 꽃과 더불어,

이제 저희들 곁으로 다시 오소서.

죽어 가는 사람들 앞에,

죽어도 죽지 아니하는 부처님 생명의 문을 활짝 열으소서.

고통으로 울고 있는 사람들 앞에
무한생명의 넉넉한 미소를 보이소서.

아아 큰스님, 우리들의 큰스님.
간절히 바라옵나니 이 땅의 반야바라밀다결사운동,
다시 불 지피소서.
구국구세의 보현행원, 다시 울려 퍼지게 하소서.
보현도량 도솔산 도피안사. 큰스님이 여신 이 도량에,
선남선녀들이 구름처럼 모여들게 하소서.
고요하고 온화한 그 미소, 다시 나투소서. 사바하.

나무 마하반야바라밀다

불기 2550년 2월 27일
보현도량 도솔산 도피안사
사부대중 일동 지심복축

지은이 金河堂光德大禪師

금하당 광덕대선사金河堂光德大禪師, 1927-1999는 멀리 고려 말 혼란기로부터 비롯된 불교정법 유실과 근세 조선대 500여 년 동안 억불정책의 핍박으로 인한 굴절과 왜곡, 일제강점기의 왜색화된 불교까지, 그 모든 오류와 어긋남을 부처님 정법으로 바로 세워 한국불교의 정통성을 회복하기 위해 반야바라밀다 결사운동을 일으켰다. 그 일은 한국불교를 중흥하는 일일뿐만 아니라 민족문화의 정체성을 재확립하기 위한 전 불교도적이며 동시에 거족적인 자각운동이다. 반야바라밀다를 숭신, 실천하는 대한민국시대의 불교신앙 결사운동을 위해 대선사는 위법망구爲法忘軀의 대의를 시종일관 펼친 현대 한국불교의 반야행원사상 실천가였다.

이러한 대선사는 1927년 4월 4일 경기도 화성에서 출생, 24세가 된 1950년 가을 지병인 폐결핵 요양 차 부산 범어사로 입산했다. 그로부터 본원本願의 숙연宿緣으로 사람의 한계를 넘나드는 위법망구爲法忘軀의 고행정진을 통해 마침내 불법을 오득체달(悟得體達, 1954년 부산 동래 금정사)한 뒤, 수년 동안 보임(保任 : 온전하게 간직하여 잃어버리지 않음. 保護任持의 준말)하였다. 이 기간에 지병이었던 폐결핵도 저절로 완치되었으니 세인의 상식으로는 미처 이를 수 없는 경지에 들어섰음을 뜻한다. 특별한 치료 없이 오직 수행정진만으로 병을 이겼다는 것은 불법의 오득과 보임을 통해 부처님의 크나큰 가호와 인도하심의 은혜를 입었음을 말해주고 있다고 할 것이다.

그 후 대선사는 입산한 지 만 10년만인 1960년 4월에 드디어 동산대종사東山大宗師로부터 계를 받았다. 이는 마치 중국 당대 선종禪宗의 육조六祖인 혜능조사께서 이미 행자시절에 불법의 참공부를 이루고 수계 후에는 반야바라밀다 법문을 시작으로 줄곧 교화의 길을 걸었던 일과 같다고나 할까. 대선사도 수계 후, 오로지 통합종단인 조계종의 건설과 발전, 동국대학교 건학이념의 구현을 통한 불교학 발전을 위해 일찍이 그 유례가 없을 만큼 지극한 보살행으로 구종구교救宗救校에 온 힘을 기울여 매진했다.

대선사는 한국불교의 두 가지 큰 일의 토대를 마련해 놓은 뒤 거기서도 머무르지 않고 마침내 1974년 9월 '불광회佛光會'를 창립하여 동년 11월 월간 '불광'을 창간하여 문서를 매체로 한 반야바라밀다 사상운동을 시작했다. 이어서 다음 해인 1975년 10월 독립운동의 불교계 본거지인 서울 종로구 봉익동 소재 대각사에서 문서포교를 바탕으로 하여 '불광법회'를 창립, 그야말로 본격적인 반야바라밀다결사 불광운동의 시작을 내외에 다시 천명했다.

대선사의 이 새로운 불교운동은, 교단 내적으로는 고려 말 혼란기의 정법 유실과 조선시대 500여 년 동안의 억불정책, 일제강점기의 왜색화로 인한 불교의 심각한 훼손을 복구하여 부처님 본래의 가르침을 되찾는 일이었고 외적으로는 민족의 정신문화를 바로 세우는 일대 장거였다.

그것은 오랫동안 본분의 유실, 굴절과 왜곡, 오인과 강제로 인해 불교가 잘못 인식되어 전해지던 한국불교의 신세타령 · 업타령 · 한숨타령의 소극적이며 부정적이고 퇴폐적이며 어두운 분위기를 불교 본래의 지혜광명 · 자비광명의 밝음으로 되돌려 오직 부처님의 참 뜻을 되살리는 데 뜻을 둔 것이다.

대선사는 반야바라밀다의 숭신과 역행, 반야교설에 의한 혁신적인 설법, 획기적인 정법호지正法護持의 호법신앙, 불자들의 신앙을 키울 수 있는 새로운 수행공동체의 결성 등을 통해 수백 년 동안 불교계에 드리워진 어둑한 그늘과 패배적인 오류의 어둠을 일거에 걷어내어 모든 무지를 일소하여 일로 정법正法을 현창하는 길로 나아갔다.

그러기 위해 우선 불교의식佛敎儀式의 한글화, 20여 종에 이르는 경전의 국역과 저술활동, 밝고 적극적인 부처님의 가르침을 담은 찬불가 보급 등을 통해 재가불자들 스스로가 주체적이며 적극적인 수행을 하도록 이끌었다. 그것은 모든 불자들의 자발적인 수행을 바탕으로 하여 한국불교를 부처님 본 뜻으로 되돌리려는 획기적인 중흥불사였다.

반야바라밀다 사상운동으로 평생을 일관한 대선사는 안으로는 한국불교 미래의 나아갈 길을 열었으며, 후학들에게는 만세의 전범과 사표가 되었고, 밖으로는 한국의 정신문화가 뻗어나가야 할 지표를 제시했으며, 또한 인류의 평화와 번영의 새로운 희망의 등불이 되었다. 이는 바로 대선사가 부처님의 대비구세를 구국구세로 구체화한 위법망구爲法忘軀의 보살행을 펼친 현대 한국불교의 사상가였음을 말해 주는 단적인 증거라고 할 것이다.

여러 어려운 여건 속에서도 조금도 물러서지 않고 일평생 저 보현대사의 교화를 내보인 대선사는 1999년 2월 27일 오후 2시 무렵 법랍 48세, 세수 73세로 서울 불광사에서 사바의 연을 조용히 거두고 대원적 무상적멸에 들었다.

엮은이 編者 松巖堂 至元和上

松巖堂 至元 화상은 대선사의 문인門人으로 현재 경기도 안성 도피안사의 주지 소임을 보며 스승의 가르침을 정리하고 있다. 스승의 '새불교운동'에 대한 규범을 반야바라밀다 결사로 체계화하여 홈페이지에 올렸으며, 특히 대선사의 행화를 집록한 '광덕스님 시봉일기'(10권 중 7권 발간)를 8년째 편찬하고 있다.(홈페이지-http://dopiansa.or.kr)